中山大学法学文丛

《鹿特丹规则》统一海运规则可行性研究

——以“一带一路”为背景

陈石 / 著

法律出版社
LAW PRESS · CHINA
——北京——

图书在版编目(CIP)数据

《鹿特丹规则》统一海运规则可行性研究 : 以“一带一路”为背景 / 陈石著. -- 北京 : 法律出版社, 2021

(中山大学法学文丛)

ISBN 978-7-5197-5007-7

Ⅰ. ①鹿… Ⅱ. ①陈… Ⅲ. ①国际航运公约-研究 Ⅳ. ①D993.5

中国版本图书馆 CIP 数据核字(2020)第 190233 号

《鹿特丹规则》统一海运规则可行性研究
——以“一带一路”为背景
《LUTEDAN GUIZE》TONGYI HAIYUN GUIZE KEXINGXING YANJIU
—YI “YI DAI YI LU” WEI BEIJING

陈 石 著

责任编辑 黄倩倩
装帧设计 臧晓飞

出版发行 法律出版社
编辑统筹 学术·对外出版分社
责任校对 杨锦华 王沁陶
责任印制 陶 松
经 销 新华书店

开本 710 毫米×1000 毫米 1/16
印张 12.5 字数 200 千
版本 2021 年 9 月第 1 版
印次 2021 年 9 月第 1 次印刷
印刷 北京建宏印刷有限公司

地址:北京市丰台区莲花池西里 7 号(100073)
网址:www.lawpress.com.cn
投稿邮箱:info@lawpress.com.cn
举报盗版邮箱:jbwq@lawpress.com.cn

销售电话:010-83938349
客服电话:010-83938350
咨询电话:010-63939796

书号:ISBN 978-7-5197-5007-7
定价:62.00 元

凡购买本社图书,如有印装错误,我社负责退换。电话:010-83938349

序

国际海运规则的统一化问题一直是海商法领域的热点问题,特别是《鹿特丹规则》,其对海运规则统一化有何助推作用,能否或何时生效?这些问题都是海商法学界和海运实务界所普遍关注的。陈石博士的专著《〈鹿特丹规则〉统一海运规则可行性研究——以"一带一路"为背景》,围绕上述这些问题展开系统的论述。难能可贵的是,该书把这些问题放置于"一带一路"的时代背景下来讨论,使该书不仅具有理论价值,还具有现实意义。

该书立足于国际海运实践,因应"一带一路"倡议对国际海运规则统一的现实需求,并结合中国国情,从海商立法统一化的历史沿革入手,阐述了《海牙规则》《维斯比规则》《汉堡规则》的适用实践和立法局限性,以及《鹿特丹规则》的出台顺应了国际海运规则的统一趋势。陈石博士结合"一带一路"倡议对国际海运规则统一的迫切需求,从形式统一、实质统一和统一保障三个角度,深入论述了《鹿特丹规则》试图调整"海运+其他"模式这种扩大适用范围的做法顺应时代的发展潮流,对原有三大国际海运条约规则的更新以及电子运输记录等新制度的设计起到了重要的推动作用。该书在海商法领域不乏创新性的观点。例如,《鹿特丹规则》对海运规则统一化的法律意义,“一带一路”建设对国际海运规则的法律挑战,以及批准或加入《鹿特丹规则》的可能性分析,等等。

陈石博士在该书中所阐述的中国选择,从中国的国情出发,结合中国的实际,提出的选择方案独具匠心,对后续研究具有积极的参考价值。该研究对解决理论研究和实践领域中的争议问题,具有较大的学术价值和应用价值,特别是对于评估《鹿特丹规则》在“一带一路”建设中的潜在作用有积极意义。

我是陈石博士在中山大学做博士后期间的合作导师,对其研究成果即将付梓表示祝贺。学无止境,衷心希望陈石博士百尺竿头更进一步,在海商法理论和实践研究方面勇于探索,贡献更多高质量的成果。

2021 年 1 月 17 日于广州康乐园

目　　录

第一章 绪 论

第一节 研究背景

本书题为《〈鹿特丹规则〉统一海运规则可行性研究——以“一带一路”为背景》，其中海运规则特指国际海上货物运输规则，而《鹿特丹规则》全称为《联合国全程或者部分海上国际货物运输合同公约》（United Nations Convention on Contracts for the International Carriage of Goods Wholly or Partly by Sea，以下简称《鹿特丹规则》）便是2008年出台的最新的一个国际海运公约。① 除此之外，尚有三个已经生效的国际海运公约，即1924年《统一提单的若干法律规则的国际公约》（International Convention for the Unification of Certain Rules of Law Relating to Bills of Lading，以下简称《海牙规则》），②1968年《修改统一提单的若干法律规则的国际公约议定书》（Protocol to Amend the International Convention for the Unification of Certain Rules of Law Relating to Bills of Lading，以下简称《维斯比规则》）③和1978年《联合国海上货物运输公约》（United

---

① 参见联合国国际贸易法委员会官网：http://www.uncitral.org/uncitral/zh/uncitral_texts/transport_goods/2008rotterdam_rules.html，最后访问日期：2018年1月30日。

② 参见《统一提单的若干法律规则的国际公约（海牙规则）》，载中华人民共和国商务部条约法律司官网：http://tfs.mofcom.gov.cn/article/date/j/ak/200212/20021200058434.shtml，最后访问日期：2018年1月30日。

③ 参见《修改统一提单的若干法律规则的国际公约议定书》，载中华人民共和国商务部条约法律司网：http://tfs.mofcom.gov.cn/article/date/j/ak/200212/20021200058431.shtml，最后访问日期：2018年1月30日。

Nations Convention on the Carriage of Goods by Sea，以下简称《汉堡规则》）。[①] 由于《维斯比规则》是对1924年《海牙规则》的修订，故而《海牙规则》加上修订部分的《维斯比规则》才是一个完整的新的国际公约，二者结合的文本也被学界称为1968年《海牙—维斯比规则》，而《维斯比规则》仅指1968年修订部分的议定书。1924年《海牙规则》、1968年《维斯比规则》和1978年《汉堡规则》这三个公约并不是替代性关系，而是并行存在的“三足鼎立”之关系。其中《海牙规则》是缔约国数量最多，且在航运实践中影响力最大的一个国际海运公约。但由于已生效的国际海运公约制定时间较为久远，难以满足新的贸易和航运实践需求，也并不能很好地平衡船货双方的利益，故而新公约的出台具有特定的时代背景和现实意义。换言之，《鹿特丹规则》的出台是因为随着科学技术和航运实践的发展，现有生效的传统国际海运规则未能规制现代运输中出现的新的做法，包括集装箱化所带来的多式联运、门到门运输合同和使用电子运输单据等。[②] 但是《鹿特丹规则》能否被国际社会所接受则取决于诸多因素的影响，其中不仅仅是公约文本因素，更重要的是国际航运因素和国际经贸因素，当然还会有政治因素和国内法因素等。那么，《鹿特丹规则》到底能不能真正实现国际海运规则的统一化？其规则是否具有可行性？还是说其生效后面临的形势会变成更复杂的国际海运公约“四足鼎立”之关系？这便是需要结合公约文本等因素加以综合判断预测的。

国际海运规则的统一化之上级概念便是海商立法统一化，再上级概念则是法律统一化。对法律统一化的追求被视为是逻辑理性的自然推理，或者说法律统一化的进程或发展趋势已被国际社会所普遍认可。法律统一化的根源在于经济全球化，而起源则是因为经济全球化下的跨国经济活动增多，各国之间不同的法律会有冲突，而这些频繁的法律冲突则给各国经济交往带来不便。虽然冲突规则可以在一定程度上解决法律冲突的问题，但冲突规则作为国内法其本身亦可能会有冲突，且统一冲突规

---

① 参见《联合国海上货物运输公约》，载联合国国际贸易法委员会官网：http://www.uncitral.org/uncitral/zh/uncitral_texts/transport_goods/Hamburg_rules.html，最后访问日期：2018年1月30日。

② 联合国大会第六十三届会议决议（A/RES/63/122）；参见张永坚：《国际海上货物运输法律制度统一化中的中国选择》，载《清华法治论衡》2014年第1期。

则并不能从根本上解决法律冲突，因此制定规范当事人权利义务的实体法是更直接的办法。[①] 法律统一化的最为重要的两个路径是国际公约和示范法，这两个方法各有利弊，但单纯从理论层面看，采用国际公约这一路径显然是最直接且效果最好的解决法律冲突的方案。但影响国际公约生效的因素很多，在国际公约尚不能生效的情况下，采取公约方法的示范法运行模式发挥示范法作为"软法"的作用，在实践层面先行使用国际公约的规则及原则亦有助于该公约的生效，这种方法跟各国在一定程度上借鉴已有的国际公约的规则及原则解决现实问题有着异曲同工之妙。而海商立法的统一化除了具有一般的法律统一化的特性外，还有自身的价值追求和成因，这也为《鹿特丹规则》的出台提供了宏观理论层面的必要性支撑。但结合中国在构建"一带一路"倡议这个大背景下对国际海上货物运输规则统一化的紧迫需求，就有必要从实践微观层面去回应"一带一路"倡议给国际海运规则统一带来了什么新的契机？或者说随着"一带一路"倡议的实施，《鹿特丹规则》是否有更大的必要性？

由于中国并未加入上述任何公约，其解决国际海上货物运输合同纠纷的法律依据是包括行政法规在内的 1993 年《中华人民共和国海商法》（以下简称《海商法》）及其司法解释等。[②] 这些国内法体系当然无法应对中国和"一带一路"沿线国之间国际海上货物运输所引起的各类法律问题。[③] 因此，中国作为发起国在发展"一带一路"国际海运和"海运 + 其他"联运的同时，必须加快多边或双边国际海上货物运输规则体系构建和参与的步伐，以确保"一带一路"倡议的成功。[④] 而《鹿特丹规则》作为最新的国际海运公约，其起草过程中除有各国政府参与外，还向与国际海上货物运输相关的国家协会和国际组织等收集资料和意见，结合最后的公约文本来看，可以说是最符合当下贸易和航运实践的规则，而且能解决其他几个生效公约所未能规制的问题。一个国际公约从起草到出台需要耗费大量的时间和精力，即便是现在再着手起草新的国际海运公约，也未必

① 参见丁丁：《国际统一法运动评介》，载《对外经济贸易大学学报》1999 年第 3 期。
② 参见陈石：《论〈鹿特丹规则〉对"一带一路"重要性》，载《中国海商法研究》2016 年第 1 期。
③ 同上。
④ 同上。

能在《鹿特丹规则》的基础上有多大的进步，毕竟公约文本的形成本身就是各方利益平衡的结果，难以做到尽善尽美。如果说《鹿特丹规则》具有可行性和必要性，那中国作为“一带一路”倡议的发起国且兼具贸易大国和航运大国的双重身份，就有必要结合国家利益去考虑是否加入并推动该公约的生效。若是选择谨慎暂不加入的态度，那么在“一带一路”倡议背景下，面对贸易和航运实践的发展，中国也有必要去制定并推动国际海上货物运输规则体系的构建，从而在国际海运中获得更大的话语权。

第二节 《鹿特丹规则》是与非

《鹿特丹规则》是中国首次派代表参与公约起草的国际海上货物运输公约，大连海事大学司玉琢教授作为中国政府代表团团长用了十年的时间全程参与了《鹿特丹规则》的制定和研讨，从公约起草阶段就撰文对其主要内容和基本进展加以论述，并带领大连海事大学教师团队攻克了2003年国家社科基金项目“国际货物运输法律统一研究”和2005年交通部课题“联合国统一海上货物运输公约研究”等。① 在公约出台之前，除了司玉琢教授外也有不少学者就公约草案中涉及的关键问题予以评述及提出建议，②按照论文的发表时间，包括邬先江撰写的《论CMI运输法草案有关控制权的规定》，③赵月林撰写的《对〈运输法草案〉“运费”一章的评述》，④朱作贤等撰写的《论〈海牙规则〉“首要义务”原则——兼评UNCITRAL运输法承运人责任基础条款》和《对提单“提货凭证功能重大

① 参见司玉琢主编：《海商法》，法律出版社2003年版，第164～167页；司玉琢主编：《国际货物运输法律统一研究》，北京师范大学出版社2012年版，“序”。

② 参见何志鹏：《〈鹿特丹规则〉的中国立场》，载《中国海商法年刊》2011年第2期。

③ 参见邬先江、陈海波：《论CMI运输法草案有关控制权的规定》，载《中国海商法年刊》2001年第12卷。

④ 参见赵月林：《对〈运输法草案〉“运费”一章的评述》，载《中国海商法年刊》2002年第13卷。

变革反思"——评〈UNCITRAL 运输法草案〉的相关规定》,[①]蒋跃川撰写的《论权利转让——评〈UNCITRAL 运输法草案〉关于权利转让的规定》和《关于无单放货的立法尝试——评〈UNCITRAL 运输法草案〉关于无单放货的规定》,[②]刘昕撰写的《海运货物控制权问题研究——兼评UNCITRAL 运输法草案第 11 章的规定》,[③]屈广清等撰写的《UNCITRAL〈运输法草案〉对提单持有人诉权的保护及其借鉴》,[④]杨明芳撰写的《浅议运输法草案扩大适用于航次租船合同》,[⑤]郭萍等撰写的《论海运承运人单位赔偿责任限制所涵盖的损失类型——兼对 UNCITRAL〈运输法〉(草案)的评论》,[⑥]杨荣波撰写的《论电子运输单据转让的法律构筑——兼论〈UN 运输法〉草案》,[⑦]向力撰写的《论海运条约冲突的解决模式——以联合国货物运输法草案为中心》,[⑧]余妙宏撰写的《UNCITRAL 运输法公约(草案)托运人制度之变革及对策》,[⑨]陈琳撰写的《论国际运输法统一下的海商法"上岸"——以〈UNCITRAL 运输法草案〉为起点》,[⑩]等等。

---

① 参见朱作贤、司玉琢:《论〈海牙规则〉"首要义务"原则——兼评 UNCITRAL 运输法承运人责任基础条款》,载《中国海商法年刊》2002 年第 13 卷;朱作贤、王晓凌、李东:《对提单"提货凭证"功能重大变革反思——评〈UNCITRAL 运输法草案〉的相关规定》,载《中国海商法年刊》2005 年第 16 卷。

② 参见蒋跃川:《论权利转让——评〈UNCITRAL 运输法草案〉关于权利转让的规定》,载《中国海商法年刊》2003 年第 14 卷;司玉琢、蒋跃川:《关于无单放货的立法尝试——评〈UNCITRAL 运输法草案〉关于无单放货的规定》,载《中国海商法年刊》2003 年第 14 卷。

③ 参见刘昕:《海运货物控制权问题研究——兼评 UNCITRAL 运输法草案第 11 章的规定》,载《江苏社会科学》2004 年第 2 期。

④ 参见屈广清、王淑敏、杜萱:《UNCITRAL〈运输法草案〉对提单持有人诉权的保护及其借鉴》,载《大连海事大学学报(社会科学版)》2004 年第 2 期。

⑤ 参见杨明芳:《浅议运输法草案扩大适用于航次租船合同》,载《理论界》2005 年第 9 期。

⑥ 参见郭萍、李晓枫:《论海运承运人单位赔偿责任限制所涵盖的损失类型——兼对 UNCITRAL〈运输法〉(草案)的评论》,载《中国海商法年刊》2006 年第 17 卷。

⑦ 参见杨荣波:《论电子运输单据转让的法律构筑——兼论〈UN 运输法〉草案》,载《大连海事大学学报(社会科学版)》2006 年第 4 期。

⑧ 参见向力:《论海运条约冲突的解决模式——以联合国货物运输法草案为中心》,载《中国海商法年刊》2008 年第 19 卷。

⑨ 参见余妙宏:《UNCITRAL 运输法公约(草案)托运人制度之变革及对策》,载《大连海事大学学报(社会科学版)》2008 年第 4 期。

⑩ 参见陈琳:《论国际运输法统一下的海商法"上岸"——以〈UNCITRAL 运输法草案〉为起点》,载《海南大学学报(人文社会科学版)》2008 年第 5 期。

自《鹿特丹规则》于2008年通过至今,《鹿特丹规则》一直是海商法学界关注的焦点。从中国知网所能搜到的国内学术期刊上发表的与《鹿特丹规则》直接相关的文章能有三百多篇,考虑到海商法这一学科在中国法学界的“小众研究”位置,不得不说早已引起了相关广泛的关注。① 一时间,《鹿特丹规则》也成为硕博学位论文的研究热点,如武汉大学的闻银玲、华东政法大学的吕鸣和章博、大连海事大学的王堉苓和王威、复旦大学的余筱兰博士等博士论文都是以此为题进行的研究,有的还在此基础上出版了专著。② 更有司玉琢、韩立新、胡正良、於世成、张丽英、朱曾杰、吴焕宁、王肖卿、胡长胜等专家就《鹿特丹规则》相关问题出版了著作。③ 其中张丽英教授的著作《〈鹿特丹规则〉对进出口的影响》就是在受商务部委托调研的基础上就《鹿特丹规则》对我国国际贸易的影响进行研究评估,并提出应对公约适用的政策措施建议。④ 而胡正良教授的著作《〈鹿特丹规则〉影响与对策研究》也是在受中国海商法协会的委托向航运业调研的基础上形成的。⑤ 除了学者调研以外,还有一些作者依靠自身的视野和经验撰文发声。⑥ 在无单放货、承运人责任、控制权转移、港口责任、法院或仲裁庭选择、法律选择等问题上,国内外学者已有了较

---

① 参见何志鹏:《〈鹿特丹规则〉的中国立场》,载《中国海商法年刊》2011年第2期。

② 参见闻银玲:《海运履约方法律制度研究》,法律出版社2010年版;吕鸣:《〈鹿特丹规则〉与相关货物运输公约的冲突及其协调》,上海人民出版社2013年版;王威:《国际航运发展之〈鹿特丹规则〉中海运履约方法律制度研究》,法律出版社2013年版;余筱兰:《〈鹿特丹规则〉承运人制度研究——兼论对中国相关法律制度的影响》,中国政法大学出版社2015年版。

③ 参见司玉琢主编:《国际货物运输法律统一研究》,北京师范大学出版社2012年版;胡正良、於世成、郏丙贵等:《〈鹿特丹规则〉影响与对策研究》,北京大学出版社2014年版;吴焕宁主编:《鹿特丹规则释义》,中国商务出版社2011年版;王肖卿:《运输单证与运输责任——鹿特丹规则的影响》,厦门大学出版社2014年版;胡长胜:《〈鹿特丹规则〉下的强制性体制研究——基于规范效力的一种分析》,厦门大学出版社2013年版;张丽英等:《〈鹿特丹规则〉对进出口的影响》,中国政法大学出版社2013年版。

④ 参见《商务部就〈联合国全程或部分海上国际货物运输合同公约〉对我进出口的影响开展专题研究》,载中华人民共和国商务部条约法律司官网:http://tfs.mofcom.gov.cn/article/bc/201007/20100707009933.shtml,最后访问日期:2018年1月30日。

⑤ 参见胡正良:《行业大调查:港航企业对〈鹿特丹规则〉普遍持不支持态度》,载航运界官网:http://www.ship.sh/column_article.php?id=1752,最后访问日期:2018年1月30日。

⑥ 参见孙勇志、郭春风:《〈鹿特丹规则〉“适用范围”的比较研究》,载《青岛远洋船员学院学报》2010年第3期。

多的分析，而何志鹏教授在2011年也撰文对相关文献进行过梳理。[①]

自《鹿特丹规则》面世以来所引发的热议不断，特别是质疑声由小变大，在2011年10月29日举行的中国国际经济法学会年会上递交的有关《鹿特丹规则》的论文就有14篇，[②]而《国际经济法学刊》在2011年第18卷第4期出版的海商法论文专辑更是有6篇文章在不同程度上对《鹿特丹规则》提出了质疑。[③] 就国内学者对中国是否应批准加入《鹿特丹规则》的态度上，主要可以分为以下几种：

第一类是以王祖温、李海、司玉琢、莫世健等教授为代表的支持加入派。全国人大代表、大连海事大学原校长王祖温教授曾在2011年"两会"期间提出我国加入《鹿特丹规则》利大于弊，应早日加入公约。[④] 作为中国政府代表团成员的李海教授认为《鹿特丹规则》较好地平衡了在现今条件下的船货双方利益，是一个值得珍惜的统一国际海上货物运输合同法律的机会。[⑤] 司玉琢教授将《鹿特丹规则》的先进性概括为"平衡利益、寻求统一、顺应时代、促进发展"这16个字，从总体上对公约持有肯定态度并认为公约对中国而言是大有益处的。[⑥] 从司玉琢教授以《鹿特丹规则》为主题所作的几次讲座发言来看，我国有关部门在公约刚出台之时组织有关单位对其进行评估，但意见不一，由他负责的法律组的意见当然是予以正面评价并支持，但近期也会组织第二次评论。莫世健教授作为《鹿

---

① 参见何志鹏：《〈鹿特丹规则〉的中国立场》，载《中国海商法年刊》2011年第22卷第2期。

② 参见《2011年中国国际经济法学会年会暨学术研讨会论文集》。

③ 参见吴焕宁：《对〈鹿特丹规则〉性质的质疑》，载《国际经济法学刊》2011年第4期；张永坚：《对〈鹿特丹规则〉的态度选择》，载《国际经济法学刊》2011年第4期；张丽英：《从货方视角看〈鹿特丹规则〉》，载《国际经济法学刊》2011年第4期；郭瑜：《中国不应加入〈鹿特丹规则〉的若干理由》，载《国际经济法学刊》2011年第4期；Jose M. Alcantara 等：《〈鹿特丹规则〉引发的忧虑》，李俊译，载《国际经济法学刊》2011年第4期；何丽新、陈永灿、程闽：《海上货物运输国际公约：四分格局还是一统天下——从〈鹿特丹规则〉生效要件说起》，载《国际经济法学刊》2011年第4期。

④ 参见王祖温：《我国应早日加入〈鹿特丹规则〉》，载《现代物流报》2011年3月15日，第A8版。

⑤ 参见李海：《〈鹿特丹规则〉：一个值得珍惜的统一法律的机会》，载《中国海商法年刊》2010年第1期。

⑥ 参见司玉琢：《〈鹿特丹规则〉的评价与展望》，载《中国海商法年刊》2009年第1~2期。

特丹规则》坚定不移的支持者，曾多次撰文表达了对公约的支持，[①]更是在2012年发表了《〈鹿特丹规则〉是非论》对反对派提出的观点旗帜鲜明地进行辩驳，从创新与守旧的是与非、追求完美与追求现实的是与非，以及价值判断和判断价值的是与非这三个方面表达了上述立场选择的不同直接导致的对公约的态度和解读的不同。[②] 实际上，也有支持派的学者承认《鹿特丹规则》存在一定的不完美，正如蒋跃川和朱作贤教授从《鹿特丹规则》的立法特点出发指出其制度虽存在不完善之处，但总体上是先进的，希望国际社会能尽早接受该公约。[③] 类似的观点也可以参考王肖卿教授的《务实考虑加入〈鹿特丹规则〉》一文。[④]

第二类是以朱曾杰、张永坚、胡正良、张丽英等教授为代表的谨慎保守派。其观点主要是认为《鹿特丹规则》的创新需要接受评估检验，特别是需要考虑国家利益而得谨慎对待。朱曾杰教授认为要等到中国的主要经贸关系国家成为缔约国时中国才批准或加入，[⑤]在对公约表示消极评估的同时也肯定了其特色和创新。[⑥] 张永坚教授认为司玉琢教授所提出来的《鹿特丹规则》的“平衡利益、寻求统一、顺应时代、促进发展”这些特征是属于各公约均应具有的共性特征，不足以代表或反映某一具体公约的独有特点，不具备作为对特定公约态度选择的依据，认为中国现在不应参加这个公约。[⑦] 胡正良教授认为中国暂不宜批准或加入《鹿特丹规则》主要是受目前和今后一个时期我国国际航运、国际贸易和其他相关行业生产力发展总体水平和总体国际竞争力的制约，但必须看到该公约的先

---

① See Shijian Mo, *Future Development of China's Maritime Law in Light of the New UN Convention on the Carriage of Goods*, Asian Business Lawyer, Spring 2009, pp. 31 – 54. John S Mo, *Determination of Performing Party's Liability under the Rotterdam Rules*, 18 Asia Pac. L. Rev. (2010), pp. 243 – 258. 莫世健：《中国在“鹿特丹时代”国际海运秩序构建中角色的理性思考》，载《中国海商法年刊》2011年第22卷第1期。

② 参见莫世健：《〈鹿特丹规则〉是非论》，载《国际经济法学刊》2012年第2期。

③ 参见蒋跃川、朱作贤：《〈鹿特丹规则〉的立法特点及对其中涉及重大利益的几个问题的分析》，载《中国海商法年刊》2010年第21卷第1期。

④ 参见王肖卿：《务实考虑加入〈鹿特丹规则〉》，载《中国海商法年刊》2011年第22卷第4期。

⑤ 参见朱曾杰：《初评〈鹿特丹规则〉》，载《中国海商法年刊》2009年第1～2期。

⑥ 参见朱曾杰：《再评〈鹿特丹规则〉》，载《中国海商法研究》2012年第1期。

⑦ 参见张永坚：《对〈鹿特丹规则〉的态度选择》，载《国际经济法学刊》2011年第4期。

进性和前瞻性及其所代表的国际海上货物运输法律的发展方向。[①] 而张丽英教授从货方视角，认为《鹿特丹规则》使货方举证责任提高，涉及货方责任的内容增多，使货方很难真正从中获益，从而质疑船货双方的利益是否能达到真正的平衡。[②] 但她并不否认《鹿特丹规则》使船方与货方的关系在法律规定上看起来是平衡的，或者说她也承认公约文本在制度设计上平衡了各方利益。[③] 在国内各相关利益方对新公约尚未充分认识以及各相关行业权衡结果尚未明确之前，应以审慎的态度对待《鹿特丹规则》。[④]

第三类则是以吴焕宁、郭瑜等教授为代表的反对派。其中态度最为激烈的是吴焕宁教授。她在《对〈鹿特丹规则〉性质的质疑》一文中态度坚决地表示反对《鹿特丹规则》，希望公约永远不要生效。在该文的论证中，吴教授基本否定了《鹿特丹规则》是海上货物运输法公约，不可归纳为合同法，不是关于提单或运输单证的公约，不是一项多式联运公约，也不是法律适用法性质的公约，故而从这五个方面分析认为《鹿特丹规则》名实不符，既不属于此也不属于彼，恍如我国古代灵兽“四不像”。[⑤] 尽管她并不否认公约看似左右逢源，兼顾了各方利益，且包含了多种公约的规定，但吴教授对《鹿特丹规则》持强烈反对的态度，而不论是否考虑国家利益。[⑥] 而郭瑜教授撰文认为中国就不应该加入《鹿特丹规则》。郭瑜教授在《中国不应加入〈鹿特丹规则〉的若干理由》一文中从司法管辖权和法律适用范围受到不对等限制，船、港、货三方利益受到不同程度的损害，公约本身的统一性、先进性不具有充分说服力，不会被动适用公约等九个方面认为中国急于签署或参加《鹿特丹规则》可能是草率甚至有害的。[⑦]

---

① 参见胡正良、於世成、郏丙贵等：《〈鹿特丹规则〉影响与对策研究》，北京大学出版社 2014 年版，第 451 页。

② 参见张丽英：《从货方视角看〈鹿特丹规则〉》，载《国际经济法学刊》2011 年第 4 期。

③ 同上。

④ 参见张丽英等：《〈鹿特丹规则〉对进出口的影响》，中国政法大学出版社 2013 年版，第 211 页。

⑤ 参见吴焕宁：《对〈鹿特丹规则〉性质的质疑》，载《国际经济法学刊》2011 年第 4 期。

⑥ 同上。

⑦ 参见郭瑜：《中国不应加入〈鹿特丹规则〉的若干理由》，载《国际经济法学刊》2011 年第 4 期。

实际上影响一个公约是否生效的因素很多，而一个国家在决定是否加入新公约时所考虑的国家利益也涉及各个相关行业的利益等，故而在《鹿特丹规则》的问题上不同的出发点或者说立场选择多导致的结论必然是不同的。就国内学术界而言，普遍可以达成共识的是认为《鹿特丹规则》至少有值得借鉴和吸收的合理内容或先进之处。中国《海商法》出台至今已有二十余年，那么在修改《海商法》之际也有必要在一定程度上采纳公约的内容。袁发强教授就提出以《鹿特丹规则》作为示范法是明智的选择，可以借此为契机推动中国《海商法》的修改。[①] 就借鉴《鹿特丹规则》修改中国国内立法的观点散见于各个学者的文章中。[②]

第三节　研 究 方 法[③]

任何论题的研究都是基于一定的理论基础，采用多种的研究方法。[④] 本书试图综合运用法学、经济学等多学科的理论，采用文献研究法、比较分析法、案例分析法、交叉学科研究法、伯克利观察法等多种方法。因此，本书中的研究方法也呈现多样化。

一是文献研究法。此方法是在论文撰写中普遍采用的研究方法。特别是作为一篇法律学科的文章，更是需要借鉴大量的法律条文，并对它们进行仔细研究分析，提取相关的法律规定。而对国际公约的研究分析则不可避免地要去探究当时的出台背景以及各条款的立法目的等，所涉国际条约包括 1924 年《海牙规则》、1968 年《维斯比规则》、1978 年《汉堡规则》、1980 年《联合国国际货物多式联运公约》(United Nations Convention on International Multimodal Transport of Goods，以下简称《多式联运公

① 参见袁发强：《谨慎迈进——中国对待〈鹿特丹规则〉的应有态度》，载《当代法学》2013 年第 4 期。

② 参见郭萍、张文广：《〈鹿特丹规则〉述评》，载《环球法律评论》2009 年第 3 期。

③ 本书有关研究方法曾受教于澳门大学法学院税兵教授，特此表示感谢。参见税兵：《非营利法人解释——民事主体理论的视角》，法律出版社 2010 年版，第 14 ~ 16 页。

④ 参见李海苓：《论我国民事上诉权的保护与限制》，燕山大学 2012 年硕士学位论文。

约》)以及2008年《鹿特丹规则》等。除了相关法律规范的分析,还需对国内外学者大量的相关著作、论文等进行学习研究,在前辈们的研究基础上进一步思考。

二是比较分析法。鉴于现有的三大国际公约的出台时期不同,其出台背景亦有所差异,甚至于说体现了不同价值取向的博弈。1924年《海牙规则》和1978年《汉堡规则》都是不同时期不同利益团体博弈后的结果,不同利益团体在特定时期的规则诉求会直接反映在公约文本上,而公约的出台背景也间接影响着公约生效后的发展方向。基于经济贸易和航运实践的发展需求,通过比较不同的国际公约和国内法去分析现有分散规则可能产生的不公平不公正等问题,从而去论证国际海运规则统一化的必要性。

三是案例分析法。法律的生命在于实践,不管是基于语言、文化还是主观差异,各方当事人对于同一个规则条款的解读可能是不一样的,那么到底应该采纳何种意见?同时,国际公约中的个别条款比较原则和抽象,这些并不具有很强可操作性的条款则更需要在实践中加以解释。就目前影响力和适用范围最广的海牙—维斯比规则体系而言,其规则亦是在海商法判例中加以丰富的,或者说要结合实践中的案例对规则加以解读。举例来说:对于船舶适航应从哪几个方面予以解读?哪些情况下构成合理绕航?船舶适货根据不同的货物对船舶本身又有什么不一样要求?这些问题都可以在司法判例和反复的航运实践中得以解答。本书研究的问题是一个在实践中提出并且需要在实践中解决的问题,实践性较强,因此更需要通过案例加以分析论证;但受制于作者语言能力及大陆法系国家法律数据库建设不完善,故而搜集使用的案例有限,这是影响本书质量的原因之一。

四是交叉学科研究法。在研究《鹿特丹规则》统一国际海运规则是否具有可行性之前,国际海运规则的统一是否具有必要性是一个需要先行论证的命题。而国际海运规则统一化的成因则要从经济因素、政治因素、社会因素和法律因素等多方面加以考量,这也决定了本命题在研究时需要结合其他学科的研究成果或理论。研究《鹿特丹规则》统一国际海运规则的可行性并不是一个单纯的法律问题,因为不管是国际海上货物运输法律统一化的成因,还是影响《鹿特丹规则》生效的因素,都要考虑经贸、航运和政治等因素。换言之，该命题的存在和发展是与特定的社会环境相联系的，但经济全球化是决定法律统一化的根本原因，故而必须充分借鉴经济学等学科的研究成果并将其与法学研究的特点相结合，才能解决如下问题：国际海运规则是否具有统一的必要性？《鹿特丹规则》作为国际海运规则统一化的结果是否能实现统一化的目标？而在“一带一路”倡议背景下，是否对国际海运规则的统一又有了更急迫的现实需求？同样地，《鹿特丹规则》随着“一带一路”倡议的落实是否会有更大的生效可能？除运用逻辑推理、法律解释等基本的法学分析工具外，本书还运用了经济学上的交易成本控制理论等，以证明统一国际海上货物运输法律的必要性。

五是伯克利观察法。伯克利观察法（Berkley Perspective），是指美国加州大学伯克利分校的一些法学者所推崇的将法学研究和政策性研究相结合的学术方向，强调法学理论应着眼于解决社会现实问题，及建设回应型法律。① “一带一路”倡议是国家层面的政策性战略，该书以“一带一路”为背景则需要考虑政策的出台、变动与落实，通过实践观察来探究在“一带一路”背景下，是否对国际海运规则的统一又有了更急迫的现实需求，从而进一步论证国际海运规则具有统一的必要性。同样通过观察航运新实践中出现的问题，将政策落实和法学研究相结合才能提出更为可行的解决路径。

第四节 写作思路

本书题为《〈鹿特丹规则〉统一海运规则可行性研究——以“一带一路”为背景》，共分为七章。

第一章为绪论，阐述研究背景、国内学者对《鹿特丹规则》的态度及研究方法等。

---

① 参见［美］P. 诺内特、［美］P. 塞尔兹尼克：《转变中的社会与法律：迈向回应型法》，张志铭译，中国政法大学出版社2004年版，“序”。

第二章为海商立法统一化理论基础。此章节运用历史分析法从海商立法统一化的历史沿革入手,纵向梳理了国际海商立法统一化的雏形、起源与发展,从现代国际海商立法的客观现象中也折射出各国海商法国际统一化的客观要求。在论述法律统一化的同时,则有必要对与之相类似的概念如法律协调化、法律趋同化等作辨析,但同时需要指出,国际海商立法的统一化并不必然是意味着国际海商统一立法,统一化和统一法这是两个不同的概念,或者说统一法只是统一化的其中一个路径而已。而本章不可回避的重点问题则是:为什么国际海商立法要统一化?国际海商法立法统一化又有何种价值追求与取向?这两个问题的回应也构成了应然层面上国际海商立法需要统一化的必要性。在法律统一化具有必要性这一点上达成共识后,面临的问题便是如何达成海商立法统一化。法律统一化的路径包括国际公约、示范法、法律指南、国际惯例的编纂和法律重述等十余种,但最为重要的两个主要路径便是国际公约和示范法。①正是由于这两个主要路径各有利弊,以至于联合国国际法委员会在主持《国家及财产的管辖豁免公约草案》的编纂过程中曾就采取国际公约还是示范法路径有过激烈争论,但单纯从理论层面看,示范法路径的结果并不是产生统一法而仍只是一系列的国内法,这些国内法之间仍会有一定的差异性,故而从制度运行的效果来看国际条约肯定是最佳选择。

第三章为国际海运规则统一化进程。本书着眼于讨论国际海上货物运输规则的法律统一化问题,那么就有必要去梳理现有规则是否已经实现了统一化或者说在何种程度上实现了统一化。本书所指的国际海运规则即国际海上货物运输规则,直接对应的现有已生效规则便是1924年《海牙规则》、1968年《维斯比规则》和1978年《汉堡规则》这三大公约,以及尚未生效的新公约也即2008年《鹿特丹规则》,这几个国际公约便是国际海上货物运输规则法律统一化的成果。每一个国际海上货物运输公约的出台都有一定的时代背景,1924年《海牙规则》便是资本主义海运大

① 参见吴思颖:《国际商事合同法统一化:原理、目标和路径》,法律出版社2011年版,第100~101页。

国和在海运方面相对落后的资本主义国家间矛盾尖锐化的结果。[①] 但在当时承运人处于绝对优势的背景下所能达成的利益妥协产物之《海牙规则》毕竟条文有限，导致的结果便是给了货方以最低的权利保障，规则是明显有利于船方的。随着科学技术和航运实践的发展变化，加之《海牙规则》在几十年间的实施过程中也出现了一些问题，为了适应20世纪50年代中期集装箱运输的出现及其广大发展中国家的经济力量不断增长的需要，1968年《维斯比规则》便在这样一个立法背景下孕育产生，其实质就是对《海牙规则》进行修改的产物。[②] 海牙—维斯比规则体系是目前在国际海运领域影响力最大、适用范围最广的国际海上货物运输规则体系，但该体系在提单运输中偏袒承运人权益而导致船货双方利益不公，以至于发展中国家包括第二次世界大战后新独立的国家要求建立新的国际经济秩序之呼声日益高涨。[③] 1978年《汉堡规则》就是在上述背景下由联合国国际贸易法委员会主持达成的妥协产物，但该公约并没有得到几个航运大国的支持，以至于其难以在航运实践中取代海牙—维斯比规则体系，故而发挥不了多大的作用。通过就1924年《海牙规则》、1968年《维斯比规则》和1978年《汉堡规则》这三大公约的出台背景和公约文本进行分析后，引出了以统一托运人、承运人和发货人在含有国际海上运程的“门到门”运输合同下所享权利和所承担义务为宗旨的新公约即2008年《鹿特丹规则》。从几个公约的出台背景和公约文本的起草商议讨论过程，结合贸易实践和航运实践的新发展，可以大体把握统一的国际海运规则在应然层面的发展趋势。

第四章为“一带一路”对国际海运规则统一的需求。本书第二章已经从理论宏观层面回应了国际海商立法需要统一化的必要性，本书立足于中国在构建“一带一路”倡议这个大背景下对国际海上货物运输规则统一化的紧迫需求，那么就有必要从实践微观层面去回应“一带一路”给国际海运规则统一带来了什么新的契机。从经济贸易的角度看，全球经

---

① 参见邱锦添：《鹿特丹规则与海牙规则、威斯比规则及汉堡规则之比较》，台北，元照出版有限公司2011年版，第64页。

② 参见张湘兰主编：《海商法》，武汉大学出版社2008年版，第140页。

③ 参见邱锦添：《鹿特丹规则与海牙规则、威斯比规则及汉堡规则之比较》，台北，元照出版有限公司2011年版，第92页。

济一体化是全球法律一体化的根本原因,而"一带一路"倡议的落实则进一步推动了区域乃至全球经济一体化。跨境电商的发展及其经济学理论中交易成本的控制需求都表明了作为服务于国际贸易的国际海运在发挥其重大作用的同时需要一套与之对应的可用规则。从航运实践的角度看,"一带一路"倡议的成功实践已经大力推动了"铁海联运"等多式联运新模式的迅速发展,传统已生效的三大国际海运公约仅调整单一的海上运输模式而无法与现代经济贸易和航运科技发展相匹配,以至于需要新的规则在更高程度和更大范围上实现国际海上货物运输法律制度的统一。除经济贸易和航运实践的正面需求外,从反向逻辑看,"一带一路"沿线136个国家有着各自的海商法,若是国际海运规则不统一则只能以传统国际私法的方法来确定准据法等方式来解决国际海上货物运输各国当事人之间的法律关系,分散的规则可能导致法的作用在一定程度上无法实现且不符合公平正义的价值取向,也不利于航运市场的公平竞争与稳定发展。总而言之,本章从微观层面论证了在"一带一路"倡议下国际海上货物运输规则更有统一化的必要性或者说有更为紧迫的现实需求。

第五章为《鹿特丹规则》对海运规则统一化的推动。本书前几个章节已经论证了国际海上货物运输规则具有统一化的必要性,那么《鹿特丹规则》作为最新的国际海上货物运输公约,是否能够满足现代经济贸易和航运科技发展的需求,能否实现国际海运规则的统一化,或者说能在何种程度上实现法律统一化的目标?这就有必要对《鹿特丹规则》文本本身进行分析。正如中国海商法泰斗司玉琢教授在评价《鹿特丹规则》所用的"寻求统一"一词一样,《鹿特丹规则》在诸多方面都体现了其对统一化的追求。在形式统一方面,从公约文本的全面性、实用性、传承性与现代化能反映其在规则统一方面的追求。而在规则实质统一方面,《鹿特丹规则》重新平衡承托双方责任基础,针对电子商务的发展等构成新的货物交付体系,面对现实中的"无单放货"等困境创设解决路径,在调整多式联运方面则构建了"海运+其他"模式多式联运规则,不管是空白领域全新规则的构建还是对旧规则的修改,《鹿特丹规则》都顺应了时代发展的需求。一项国际公约的成功与否,很大程度上取决于规则的实践,既然《鹿特丹规则》在实践中需要由法院和仲裁机构来解释和适用,如果具有不同法律背景和法律传统的法官、仲裁员都以本国法的知识体系、思维方式、法律理念和解释技巧去理解、解释《鹿特丹规则》，则《鹿特丹规则》统一海上货物运输法律制度的努力将付诸东流。[①] 显然条约在实践中肯定需要法律解释，如何克服解释者的主观局限性则或者说确立一套统一的解释方法则显得尤为重要，《鹿特丹规则》第 2 条规定了本公约的解释规则，而《维也纳条约法公约》作为一项其原则和规则被国际社会普遍认可的公约，其第三节“条约之遵守、适用及解释”的第 31 条至第 33 条所确立的国际公约解释原则可以作为补充，从而在实践层面将条约适用与解释作为《鹿特丹规则》统一的保障去进一步推动国际海上货物运输规则的统一化。结合“一带一路”对国际海运规则统一的现实需求点来看，《鹿特丹规则》对海运规则统一化的推动恰好能迎合“一带一路”的现实需求。

第六章为“一带一路”下《鹿特丹规则》前景分析。本书第六章节从公约文本的角度去分析了《鹿特丹规则》对海运规则统一化的推动。即便从法律逻辑上看，《鹿特丹规则》是一项完美的国际公约，各国也未必会选择去加入，毕竟一国在决定是否加入一个国际公约时会考虑诸多的因素，最根本的当然是本国利益。实际上影响《鹿特丹规则》是否生效的因素也不仅是公约文本本身，更重要的是国际航运因素和国际经贸因素，当然还会有政治因素和国内法因素。实际上《鹿特丹规则》能否取得主要航运大国和贸易大国的支持，将直接决定公约的生效与否以及发展方向。故而对《鹿特丹规则》被批准或加入的可能性进行分析时必须要考虑目前《鹿特丹规则》的签署状况，重点分析这些签署国对国际贸易和国际航运的影响力有多大。《鹿特丹规则》的生效与否很大程度上取决于兼具国际贸易大国和国际航运大国双重身份的国家，加之考虑到美国在国际社会的影响力及话语权，还有中国作为“一带一路”倡议的发起国，这两个具有国际贸易大国和国际航运大国双重身份的国家对于《鹿特丹规则》的生效与否及其发展方向将起着决定性的作用。除了各主权国家外，还不能忽视国际组织对国际公约的生效和发展所起的作用，更直接点

① 参见司玉琢、曹兴国：《海上货物运输法律制度的形式统一与实质统一——兼论〈鹿特丹规则〉第 2 条》，载《社会科学辑刊》2016 年第 1 期。

说便是国际组织对于作为其成员国的各主权国家有着很大的影响力。那么不管是利益中立的主要国际组织还是分别代表船方利益或者货方利益一方的主要国际组织,这些国际组织的态度在很大程度上也会逐渐体现在其成员国的态度上。本章在结合《鹿特丹规则》生效的主要因素后分析公约被批准或加入的可能性,最后便大胆预测《鹿特丹规则》的生效可能性,至于预测能否成功,则很大程度上取决于运气成分,毕竟影响因素太多了。而"一带一路"又是中国改变国际话语权较为弱势局面的良好机遇,将《鹿特丹规则》纳入"一带一路"语境下去看其前景则又多了一分光明。

第七章为结语。此章作为本书的结语主要了表达了三个层次的观点,其一,是国际海运规则统一的必要性已达成共识,分歧仅在于如何达成统一或者说对统一的规则该如何取舍。其二,是判断者对《鹿特丹规则》的评价自然会受其价值取向的影响,该价值取向决定了逻辑推论和判断结果。对《鹿特丹规则》的支持或反对,实际上也是判断者不同价值取向的冲突与碰撞,而笔者作为务实主义者从追求现实和追求提升中国国际海运话语权的角度自然会对该公约持有积极态度。其三,从提升国际海运话语权的角度看,中国应从规则制定和规则解释两个方面入手:若是《鹿特丹规则》生效应用,则应侧重于在规则的空间范围内寻求最符合中国利益的合法解释;若是《鹿特丹规则》暂时无法生效,中国则应考虑主导"一带一路"下国际海运规则的制定,其有效路径便是以《鹿特丹规则》为模板借鉴公约中的合理部分,对于难以接受或不满意的条款进行修正。总之,中国应抓住"一带一路"这个千载难逢的契机去提升本国在区域乃至全球的话语权,实现从规则的接受者到主导者的身份转换。

第二章　海商立法统一化理论基础

第一节　海商立法统一化的内涵

一、海商立法统一化的历史沿革

就海商立法发展历史的阶段划分而言，张湘兰等教授在著作中主张将其划分为古代、中世纪、近代和现代这四个阶段；①而傅廷中等教授则认为中世纪本身也属于古代，故而科学地划分应该是古代、近代和现代这三个阶段，但古代又可以区分为上古时期和中古时期（又称中世纪）。②上述观点差异同样存在于世界通史领域对各历史时期的划分上，不同历史时期生产关系的特征则影响着史学学者对各历史时期的认定，实际上史学界对上述时期的划分也并未形成完全统一的意见。③ 但这并不影响对海商立法统一化的认知，因为在近代之前海商立法的表现形式主要是君主的命令和习惯或海事判例汇编，包括上古时期的《汉穆拉比法典》

---

① 参见张湘兰主编：《海商法》，武汉大学出版社 2008 年版，第 6 ~ 9 页；赵德铭主编，何丽新等撰稿：《国际海事法学》，北京大学出版社 1999 年版，第 18 ~ 21 页。

② 参见傅廷中：《海商法论》，法律出版社 2007 年版，第 16 ~ 19 页。

③ 参见崔连仲等主编：《世界通史》（修订版），人民出版社 2017 年版，目录；辞海编辑委员会：《辞海》（第 5 册），上海辞书出版社 1999 年版，第 2888 ~ 2948 页；李纯武等主编：《简明世界通史》（上册），人民教育出版社 1981 年版，第 1 ~ 3 页；赵登明：《简明中外通史》（上），吉林文史出版社 2012 年版，第 1 ~ 449 页；赵登明：《简明中外通史》（下），吉林文史出版社 2012 年版，第 500 ~ 890 页；王曾才：《世界通史》（第三版），三民书局 2020 年版，第 1 ~ 10 页；刘宗绪：《人的理性与法的精神》，中国社会科学出版社 2003 年版，第 527 ~ 550 页；朱佳木：《对中国当代史定义、分期、主线问题的再思考》，载《当代中国史研究》2010 年第 1 期；王占阳：《“时代分期法”要论》，载《史学理论研究》1994 年第 3 期；雷海宗：《世界史分期与上古中古史中的一些问题》，载《史学教学》1957 年第 7 期。

(Code of Hammurabi)和《罗德法》(Lex Rhodia),及中世纪时期的《奥列隆惯例集》(Rôles d'Oléron)、《海事裁判集》(又称《康索拉底法》, Consolato del Mara)、《维斯比法》(Laws of Wisbuy)和英国《海事黑皮书》(Black Book of the Admiralty)等。① 而真正意义的海商成文立法则起源于近代各个主权国家相继制定了本国的海商法,这也跟近代这个历史时期资本主义生产关系在欧洲逐步得以确立有关,其中最为典型的国家立法应当是 1681 年法国路易十四颁布的《海事敕令》(又称《海事条例》, Ordonnance de la Marine),即欧洲第一部综合性的海商法典。② 此后拿破仑于 1807 年制定《法国商法典》的时候将上述《海事敕令》的私法部分纳入了该法典第二编海商部分,随后德国商法典、日本商法典也都照搬法国商法典的立法体系将海商法的内容作为专章或专篇列入商法典中,以至于也有观点认为法国商法典是海商法臻于完善的里程碑。③ 不仅是成文法国家,随着航海贸易的发展,判例法国家中英国和美国等国家也相应开展了一系列的海商立法,如英国 1855 年制定了《提单法》(Bill of Lading Act)和 1894 年制定了《商船法》(Merchant Shipping Act);美国则于 1893 年制定了《哈特法》(Harter Act),《哈特法》即是后文第三章论述《海牙规

---

① See J. Dyneley Prince, *Review: The Code of Hammurabi*, The American Journal of Theology, July 1904, pp. 601 – 609. Robert D. Benedict, *The Historical Position of the Rhodian Law*, The Yale Law Journal, February 1909, pp. 223 – 242. William Tetley, *International Encyclopedia of Comparative Law: Maritime Transportation*, Mohr, 2001, pp. 4 – 18. Travers Twiss, *The Black Book of the Admiralty With an Appendix*, Cambridge University Press, 2012, pp. 265 – 284. 由嵘、胡大展主编:《外国法制史》,北京大学出版社 1989 年版,第 22 页;沈木珠:《海商法比较研究》,中国政法大学出版社 1998 年版,第 10 页;陈安主编:《国际海事法学》,北京大学出版社 1999 年版,第 18 ~ 20 页;张湘兰主编:《海商法》,武汉大学出版社 2008 年版,第 6 ~ 7 页;傅廷中:《海商法论》,法律出版社 2007 年版,第 16 ~ 17 页;张湘兰主编:《海商法》,武汉大学出版社 2008 年版,第 6 ~ 7 页;[加]威廉·台特雷:《国际海商法》,张永坚等译,法律出版社 2005 年版,第 7 ~ 11 页。

② See William Tetley, *International Encyclopedia of Comparative Law: Maritime Transportation*, Mohr, 2001, p. 6. 傅廷中:《海商法论》,法律出版社 2007 年版,第 18 页;张湘兰主编:《海商法》,武汉大学出版社 2008 年版,第 7 页;陈安主编:《国际海事法学》,北京大学出版社 1999 年版,第 20 页。

③ See William Tetley, *Mixed Jurisdictions: Common Law v. Civil Law (Codified and Uncodified)*, Louisiana Law Review, Spring 2010, p. 694. 宋春林主编:《新编海商法》,青岛海洋大学出版社 1995 年版,第 1 页;[加]威廉·台特雷:《国际海商法》,张永坚等译,法律出版社 2005 年版,第 11 页。

则》时提及的被称为第一部国际海上货物运输公约的雏形。① 随着各主权国家相继通过制定本国法来调整国际海上货物运输中发生的各种关系,海商立法的国内性与海商事务的国际性之矛盾便日益激化,换言之,由于各国海商立法的差异性使国际海上货物运输中发生的纠纷无法得到妥善解决,给国际海事司法实践乃至国际航运业带来了诸多的不便,因此从19世纪以来各国航运业要求采取措施消除各国海商法的差异的呼声也日趋强烈。②

国际海商立法统一化的起源始于现代,而现代国际海商立法则反映了各国海商法国际统一化的客观要求。③ 为了通过各种适当的方法和活动促进国际海商法、海事惯例和海事实践作法等海商立法的统一,国际社会于1897年在比利时安特卫普成立了国际海事委员会(Comité Maritime International,CMI)这个非营利性的非政府间国际组织。④ 从国际海事委员会发布的2016年年鉴中可知在其成立至今百余年时间里,其制定了1910年《统一船舶碰撞某些法律规定的国际公约》(International Convention for the Unification of Certain Rules of Law Relating to Collision between Vessels,以下简称《船舶碰撞公约》)、1910年《统一海滩援助和救助某些法律规定公约》(International Convention for the Unification of Certain Rules of Law Relating to Assistance and Salvage at Sea,以下简称《救助公约》),1924年《海牙规则》、1957年《船舶所有人责任限制公约》(International Convention Relating to the Limitation of the Liability of Owners of Sea-going Ships)、1968年《维斯比规则》等一系列在国际航运市场中具有影响力的国际条约。⑤ 这些国际公约的制定都大大促进了国

---

① 参见傅廷中:《海商法论》,法律出版社2007年版,第18页;张湘兰主编:《海商法》,武汉大学出版社2008年版,第7页;陈安主编:《国际海事法学》,北京大学出版社1999年版,第20~21页。

② 参见傅廷中:《海商法论》,法律出版社2007年版,第18页;张湘兰主编:《海商法》,武汉大学出版社2008年版,第7页;陈安主编:《国际海事法学》,北京大学出版社1999年版,第21页。

③ 参见司玉琢等:《海商法详论》,大连海事大学出版社1995年版,第28页。

④ 参见国际海事委员会官网:http://comitemaritime.org/Home/0,271,1132,00.html,最后访问日期:2018年1月30日。

⑤ See *CMI Yearbook* 2016.

际海商立法的统一化,各有关公约的缔约国都在本国的海商法中吸收了公约所确立的基本制度,从而在一定程度上减少了法律冲突。[①] 由于海商法有广义和狭义之分,广义海商法是以海上运输和船舶有关的社会关系为调整对象的一切法律规范的总和,而狭义的海商法则是指调整海上运输和与船舶有关的平等主体之间的特定法律规范的总称。[②] 那么广义国际海商立法也就包括了公法领域有关海上安全和防止船舶污染等方面的立法活动,作为联合国专门机构之一的国际海事组织(International Maritime Organization,IMO)则致力于海上航行安全和防止船舶造成海洋污染,其前身是1959年成立的政府间海事协商组织(Inter-Governmental Maritime Consultative Organization,IMCO)。[③] 从其官方公约列表中可知该组织成立以来的数十年间,其制定了1969年《国际油污损害民事责任公约》(International Convention Relating to Intervention on the High Seas in Cases of Oil Pollution Casualties)、1792年《国际海上避碰规则》(Convention on the International Regulations for Preventing Collisions at Sea,COLREG)、1974年《国际海上人命安全公约》(International Convention for the Safety of Life at Sea,SOLAS)等一系列具有影响力的国际条约。[④] 上述国际公约得到了许多国家的认可和接受,即便是有的国家并未参加上述国际公约,但其在制定本国海商立法时都不同程度地参考或采用了这些国际公约的原则或规则,故而这些国际组织对促国际海商立法的统一都做出了重要贡献。[⑤]

除国际海事委员会和国际海事组织这些专门的海事组织外,联合国贸易和发展会议(United Nations Conference on Trade and Development,

---

① 参见傅廷中:《海商法论》,法律出版社2007年版,第19页。

② 参见司玉琢:《海商法专论》(第2版),中国人民大学出版社2010年版,第5页;曹兴国、初北平:《我国涉海法律的体系化完善路径》,载《太平洋学报》2016年第9期。

③ 参见国际海事组织官网,http://www.imo.org/en/Pages/Default.aspx,最后访问日期:2018年1月30日。

④ 参见国际海事组织官网,http://www.imo.org/en/About/Conventions/ListOfConventions/Pages/Default.aspx,最后访问日期:2018年1月30日。

⑤ 参见陈安主编:《国际海事法学》,北京大学出版社1999年版,第21页。

UNCTAD)也主持制定了1978年《汉堡规则》。[①] 而为了发展多式联运以满足贸易需求,其又于1980年5月24日在日内瓦主持通过的《多式联运公约》,虽然该公约至今无法获得国际社会认可,但也能表明国际社会已经意识到要统一多式联运规则。[②] 除此之外,还有联合国贸易法委员会于2008年制定通过的《鹿特丹规则》也积极参与国际海上货物运输规则的统一。[③] 总之,除上述国际组织外,还有国际商会等其他对国际海上贸易有影响力的国际组织也参与制定了有关国际航运贸易的规则,从而为海商法的统一作出贡献。[④] 除了上述国际组织制定供各国缔约参加的国际条约外,国际海商立法统一化运动的另一途径还包括通过制定民间规则的形式将国际海运实践中的一些习惯性规则制定成文件以供当事人在合同中约定适用,如关于共同海损里算的《约克—安特卫普规则》(该规则有1990年、1994年、2004年、2016年等多个版本)即属于这种性质。[⑤] 不管是各国缔约参加后成为统一法的国际公约,还是供当事人选择适用的民间规则或者是其他示范法规则,这些制度规则的存在都为国际海商立法的统一起到了推动作用,或者说海商法的国际趋同与统一的时代已经降临。[⑥] 同时,需要指出的是国际海商立法的统一化,并不必然意味着国际海商统一立法,统一化和统一法这是两个不同的概念,统一法只是统一化最直接、最主要的一个路径而已。

二、统一化、协调化与趋同化之概念辨析

(一)法律统一化

马克思在论述世界市场形成所导致的政治集中和趋同时就曾论及法律的统一问题,他认为各自独立的、几乎只有同盟关系的、各自不同的利

---

① 参见联合国国际贸易法委员会官网,http://www.uncitral.org/uncitral/zh/uncitral_texts/transport_goods/Hamburg_rules.html,最后访问日期:2018年1月30日。

② 参见莫世健主编:《国际经济法》(第2版),中国政法大学出版社2014年版,第184页。

③ 参见联合国贸易法委员会官网,http://www.uncitral.org/uncitral/zh/uncitral_texts/transport_goods/2008rotterdam_rules.html,最后访问日期:2018年1月30日。

④ See Patrick J. S. Griggs, *Uniformity of Maritime Law-An International Perspective*, 73 Tul. L. Rev. 1551(1999), pp. 2-5.

⑤ 傅廷中:《海商法论》,法律出版社2007年版,第19页。

⑥ 张湘兰主编:《海商法》,武汉大学出版社2008年版,第9页。

益、不同法律、不同政府、不同关税的各个地区,现在已经结合成为一个拥有统一的政府、统一的法律、统一的民族阶级利益和统一的关税的国家了。[①] 事实上这种法律统一化的进程一直从未停止过,早在 19 世纪末国际社会就已经开始了法律统一化的运动,且这个统一化的过程一直持续着。[②] 国内学者在论述法律统一化的同时,与之相类似的概念还有法律协调化、法律趋同化等,而国外学者用的英文表述亦有 Unification、Harmonization、Uniformization、Convergence 等,而这些概念经常被互相使用而混为一谈,故而在论述法律统一化概念的同时有必要对相关概念做一个辨析。[③] 逻辑上,不管是法律统一化、协调化还是趋同化,这些解决法律冲突的方法和途径的不同在理论中要比在实践中似乎更容易界定清楚,但不管怎样,在探讨和研究这些机制界定每一个过程的性质时,重要的是确认怎样以及在哪些方面能以最小的变化取得最大的效果,而不是

① 参见[德]马克思、恩格斯:《马克思恩格斯选集》(第 1 卷),人民出版社 1975 年版,第 255 ~ 256 页。转引自郭玉军:《经济全球化与法律协调化、统一化》,载《武汉大学学报(社会科学版)》2001 年第 2 期。

② 参见郭玉军:《经济全球化与法律协调化、统一化》,载《武汉大学学报(社会科学版)》2001 年第 2 期。

③ See Patrick J. S. Griggs, *Uniformity of Maritime Law-An International Perspective*, 73 Tul. L. Rev. 1551 (1999); Marc Ancel, *From the Unification of Law to its Harmonization*, 51 Tul. L. Rev. 108 (1976). Lawrence Berger, *Comment: Unification of the Law of Servitudes*, 55 S. Cal. L. Rev. 1339 (1981). Stephen L. Hayford, *Unification of the Law of Labor Arbitration and Commercial Arbitration: An Idea Whose Time Has Come*, 52 Baylor L. Rev. 781 (2000). Caslav Pejovic, *The Identity of Carrier Problem Under Time Charters: Diversity Despite Unification of Law*, 31 J. Mar. L. & Com. 379 (2000). Spencer Weber Waller, *Neo-realism and the International harmonization of Law: lessons from Antitrust*, 42 Kan. L. Rev. 557 (1994). George A. Zaphiriou, *Unification and Harmonization of Law Relating to Global and Regional Trading*, 14 N. Ill. U. L. Rev. 407 (1994). Yvonne N. Gierczyk, *The Evolution of the European Legal System: the European Court of Justice's Role in The harmonization of Laws*, 12 ILSA J Int'l & Comp L. 153 (2005). Loukas A. Mistelis, *Regulatory Aspects: Globalization, Harmonization, Legal Transplants, and Law Reform—Some Fundamental Observations*, 34 INT'L L. 1055 (2000). Donald M. Waesche, *Admiralty Law Institute Symposium: Marine Insurance: Choice and uniformity of Law generally*, 66 Tul. L. Rev. 293 (1991). Arthur M. Boal, *Efforts to Achieve International Uniformity of Laws Relating to the Limitation of Shipowners' Liability*, 53 Tul. L. Rev. 1277 (1979). Darren Adam Heitner, *Why Fantasy Sports Should Welcome uniformity of the Law: A Suggestion That the Uniform Law Commission Become Involved in Shaping Laws Concerning Fantasy Sports*, 66 DePaul L. Rev. 11 (2017).

理论上尽善尽美的建构。[①] 从历史发展来看,法律统一化运动起源于法律冲突的频繁出现给各国民商交往带来不便,而冲突规则作为国内法虽可在不同的法律规则中指引法官作出选择取得,但各国的冲突规则本身亦有冲突,而统一冲突规则仍不能从根本上消除法律冲突,故而制定规范当事人权利义务的实体法则是更直接的办法。[②] 边沁也曾指出:“所有国家的法律,甚至是任何两个国家的法律,假若在所有的观点上都一致,那是必不可取的,因为这是不可能的;可是,在所有文明国家的法律中,一些最重要的观点,应该是相同的,而且亦没有什么不便之处。”[③]

法律统一化指的便是通过各国谈判后同意的规则取代国内规定,通过在所有的成员国适用相同的规则(既包括冲突规则也包括实体规则)来消除冲突,这通常是以国际公约的形式实现的。[④] 对法律统一化的追求被认为是逻辑理性的自然推理,国家若不如此行事则被视为是不理智和不幸的。[⑤] 正如司玉琢教授将《鹿特丹规则》的先进性之一概括为“寻求统一”,[⑥]国际海商立法的统一化要为国际海上货物运输合同关系缔造一个特殊而又普适的法律秩序,适用统一的法律规则来排除或者替代国内立法,从而使法律恢复本身应具备的明确和稳定等基本属性。[⑦] 对于国际社会能够达成共识的国际海商立法部分领域,通过制定统一实体规则必然可以更有效地直接促成法律统一从而减少实践中的法律障碍之精神,而对于尚不成熟的领域,通过灵活地采纳适当的统一冲突规则亦不失为另外的选择和一种前进的策略。[⑧] 而就法律统一化的形式而言,国际

---

① 参见郭玉军:《经济全球化与法律协调化、统一化》,载《武汉大学学报(社会科学版)》2001年第2期。

② 参见丁丁:《国际统一法运动评介》,载《对外经济贸易大学学报》1999年第3期。

③ 参见法学教材编辑部、西方法律思想史编写组:《西方法律思想史资料选编》,北京大学出版社1983年版,第499页。

④ 参见郭玉军:《经济全球化与法律协调化、统一化》,载《武汉大学学报(社会科学版)》2001年第2期。

⑤ See Louis Marquis, International Uniform Commercial Law: Towards a Progressive Consciousness, *Ashgate Publishing Limited*, 2005, p. 10.

⑥ 参见司玉琢:《〈鹿特丹规则〉的评价与展望》,载《中国海商法年刊》2009年第1~2期。

⑦ 参见吴思颖:《国际商事合同法统一化:原理、目标和路径》,法律出版社2011年版,第23页。

⑧ 参见高润恒:《应收款转让法律的国际统一化趋势——以〈国际贸易应收款转让公约〉为中心》,载《政治与法律》2005年第4期。

条约和示范法等不同的统一方式在不同的历史阶段和不同的情境下发挥各自的作用，多元化的统一方式已经共同明显推动了私法领域法律统一化的进程。[①] 本文所指要实现的海商立法统一化便是要实现各国国内实体法的统一，即对各国在国际海上货物运输领域的国内法规则进行统一。

（二）法律协调化

法律协调化指的是通过协调冲突规则，使各国冲突规则趋于一致，从而令当事人无论在哪个国家诉讼都将适用相同的冲突规则。[②] 从普遍的意义上讲，法律冲突是指两个或两个以上的不同法律同时调整一个相同的社会关系而在这些法律之间产生矛盾的社会现象。[③] 法律冲突作为一种普遍的法律现象，导致的结果便是法官应选择何种国家的法律来裁判具体的案件，即法律选择上的矛盾。[④] 国际民商事法律冲突产生的原因在于各国法律制度的差异以及各国国民间存在着民商事交往，而各国一般都承认外国人在国内的民商事法律地位，又在一定条件下承认外国民商事法律在国内的域外效力。[⑤] 由于每一个国家都是根据自己的法律传统、理念、价值目标来制定自己的冲突规则，这些冲突规则往往又可能不同，故而用冲突法的方法来解决法律冲突也可能会导致冲突规则的冲突，这样子又增加了一层冲突，导致问题更为复杂。[⑥] 传统的冲突法规则解决法律冲突的方法始终难以克服这一缺点，即面对法律冲突问题，用相互冲突的冲突法规则来解决，达到互相冲突的处理结果。[⑦] 而法律冲突更本质的矛盾则包括了当事人法律义务的矛盾、法律义务或法律规范的不一致或不平等以及各国实体法之间存在的空缺等。[⑧] 民商事法律协调化的动机在于减少国家边界对民商事活动的影响，一方面通过为国际商事

---

① 参见张玲：《跨境破产法统一化方式的多元化》，载《政法论坛》2007 年第 4 期。

② 参见吴思颖：《国际商事合同法统一化：原理、目标和路径》，法律出版社 2011 年版，第 24 页。

③ 参见韩德培主编：《国际私法》（第 3 版），高等教育出版社、北京大学出版社 2014 年版，第 83 页；张相君：《海峡两岸民商事交往法律适用的实体法路径研究》，载《海峡法学》2011 年第 1 期。

④ 参见肖永平：《冲突法专论》，武汉大学出版社 1999 年版，第 3 页。

⑤ 参见涂广建：《澳门国际私法》，社会科学文献出版社 2013 年版，第 22 ~ 25 页。

⑥ 同上书，第 28 页。

⑦ 参见周海荣：《论当今国际私法的若干新动向》，载《中国法学》1988 年第 4 期；黄进主编：《国际私法》（第 2 版），法律出版社 2005 年版，第 105 页。

⑧ 参见韩德培主编：《国际私法新论》，武汉大学出版社 2003 年版，第 91 页。

交易创造一个特别的体系保留国内法对各国国内交易的适用;另一方面是通过协调化的国内法来调整国内交易从而促进一个共同市场、政治或经济团体的形成,以至于该团体中的所有成员国在其领土范围内就民商事法律协调化的领域上国家边界变得不太有意义。[①] 实际上,法律协调化指的便是通过协调冲突规则解决法律冲突,它是传统的解决法律冲突的方法,属于国际私法的范畴,并不影响各国实体法规则。[②] 作为解决冲突规范的冲突规则不同于一般的实体法规范,它是法律适用和选择规范,并不直接规定当事人的权利义务,而是间接调整当事人之间的法律关系,因此也缺乏一般法律规范所具有的明确性和预见性。[③]

法律协调化也只能在一定程度上协调法律规则解决法律冲突,从而导致“择地诉讼”现象,在追求程序正义的同时并不能保证实体正义,正因如此,国际社会便探索解决法律冲突的其他途径,于是便产生了统一实体法规范。[④] 而现代国际统一实体私法起源于欧洲中世纪时期逐渐形成的商业惯例,这种商业惯例又被称为“商人法”,[⑤]其随着航海贸易的发展而逐渐扩大到欧洲各国,最典型的实例便是大量的国际统一实体私法公约的诞生。[⑥] 法律协调化的最佳效果便是各国冲突规则趋于一致,但即便如此,各国的法院在适用相同冲突规则时也未必能指向同一个国家的实体法,因为这个过程还涉及识别、对连接点的确定等,其所能影响的范围还是非常有限的,并不涉及实质和深刻的国内法规则调整。[⑦] 但作为协调冲突的方式,法律协调化实际上在存在的不同的各国国内法之间创造了一种的关系,这种关系在维持各国国内法差异性的同时也促进法律

---

① See Roy Goode, *Reflections on the Harmonisation of Commercial Law*, The Amercian Journal of Comparative Law, January 1991, p. 54.

② 参见郭玉军:《经济全球化与法律协调化、统一化》,载《武汉大学学报(社会科学版)》2001年第2期。

③ 参见韩德培主编:《国际私法》(第3版),高等教育出版社、北京大学出版社2014年版,第91页;黄进主编:《国际私法》(第2版),法律出版社2005年版,第173页。

④ 参见邢艳红、郑伟:《论国际法律冲突》,载《北方经贸》2007年第9期。

⑤ 参见[英]施米托夫:《国际贸易法文选》,程家瑞编辑,赵秀文选译,中国大百科全书出版社1993年版,第5~8页。

⑥ 参见黄进主编:《国际私法》(第2版),法律出版社2005年版,第384~386页。

⑦ 参见吴思颖:《国际商事合同法统一化:原理、目标和路径》,法律出版社2011年版,第24~25页。

适用的统一与和谐。[①] 跟法律统一化相同的是法律协调化的实现主要也是通过国际公约和示范法等方式对冲突规则进行统一,而不同点在于法律协调化的过程仅针对冲突规则,而不涉及实体规则,故而显得相对简单些。这也是由于法律协调化不影响一国实质的国内法规则,因此法律协调化的推动或者进展要相对顺利,在无法实现实体规则法律统一化的情况下,法律协调化能通过降低冲突的概率在一定程度上有助于法律适用的明确性。

(三)法律趋同化

法律趋同化,是指不同国家的法律随着社会需求的发展,在国际交往日益发达的基础上,逐渐相互吸收、相互渗透,从而趋于接近甚至趋于一致的现象,其表现是在国内法律的创制和运作过程中,越来越多地吸收国际社会的普遍实践与国际惯例,并积极参与国际法律统一的活动等。[②] 法律趋同化的历史沿革可以追溯到古罗马帝国时期,罗马法的发展是在吸收了同罗马国家有经贸关系的其他民族的法律规范和法律制度后形成了"万民法"的私法体系。[③] 到中世纪,西欧大陆中罗马法和基督教会法冲突下的有机融合使罗马法占据主导,这便是对先进的法律价值、法律文化和法律秩序的追求结果。[④] 法律趋同化发展到当下,大陆法系和英美法系也在逐渐趋于融合状态,[⑤]实践中两大法系在诸多法律领域之间的趋同并不罕见。[⑥] 不同国家法律之间的相互吸收和相互渗透的重要途径便是法律移植,换言之法律移植会导致规则的融合乃至趋于一致。而当代世界法律发展中法律移植是一个普遍的现象,也是一个基本的发展趋

---

① See Martin Boodman, *The Myth of Harmonization of Laws*, The Amercian Journal of Comparative Law, Autumn 1991, p. 702.

② 参见李林:《全球化背景下的中国立法发展》,载《学习与探索》1998 年第 1 期;李双元主编:《市场经济与当代国际私法趋同化问题研究》,武汉大学出版社 1994 年版,第 3 页。

③ 参见刘益灯、万先运:《法律趋同:法制现代化的必然选择——兼论法的国际化和本土化》,载《浙江社会科学》2000 年第 3 期。

④ See Harold J. Berman, *Law and Revolution*, Harvard University Press, 1983, p. 204.

⑤ See John Henry Merryman, *On the Convergence (and Divergence) of the Civil Law and the Common Law*, 17 Stan. J Int'l L. 65 (1981), p. 357.

⑥ See Kai Schadbach, *The Benefits of Comparative Law: A Continental European View*, 16 B. U. Int'l L. J. 331 (1998), pp. 341 – 343.

势。[1] 实际上同一条法律规则在不同的国家间或民族间发生变迁或法律移植是很常见的现象。[2] 但法律作为一种文化的表现形式,在进行法律移植时要经过本土化的过程,不同的法律文化导致本土化后的法律多样化。[3] 换言之,即便是同一条法律规则在不同国家间进行法律移植后,也可能会因为本土化的原因而出现法律冲突。法律的多样性和差异性决定了法律冲突的必然性,但共同需要(经济上的交流与合作时最基本的共同需要)会促使某个社会集团回到同国家社会的法律制度的协调行动中来。[4] 在全球化时代,决定和影响法律移植的因素主要是经济上的需要,还有政治的决断和人类的共同价值,[5]而文化对法律移植的影响力逐渐减弱,甚至已出现了不受文化限制的法律移植。[6] 法律移植导致的结果便是法律趋同化的加剧。[7] 法律趋同化是法律制度或者说部分法律制度发展的一个趋势,意味着法律制度将会呈现趋于一致的状态。[8] 从国际海商立法的历史沿革来看,1807 年《法国商法典》将《海事敕令》的私法部分纳入了该法典第二编海商部分,随后德国和日本等国家在制定商法典时也以其为蓝本在本国的商法典立法体系中为海商法的内容设定专章或专篇,这亦是法律趋同化的例证。实际上罗马私法体系被后世许多国家所继受,各大法系的形成及相互交融都是法律趋同的化的典型例证,法律趋同化的走势更为明显。[9]

---

① 参见何勤华:《法的移植与法的本土化》,载《中国法学》2002 年第 3 期。

② See Alan Watson, *Legal Transplants: An Approach to Comparative Law* (*2nd edition*), University of Georgia press, 1993, p. 21.

③ 参见[美]格伦顿等:《比较法律传统》,米健等译,中国政法大学出版社 1993 年版,第 6 页。

④ 参见李双元:《走向 21 世纪的国际私法——国际私法与法律的趋同化》,法律出版社 1999 年版,第 588 页;郭玉军、李伟:《李双元法律趋同化思想研究——谨以此文贺李双元先生九十华诞》,载《时代法学》2016 年第 5 期。

⑤ 参见高鸿钧:《法律移植:隐喻、范式与全球化时代的新趋势》,载《中国社会科学》2007 年第 4 期。

⑥ 参见高鸿钧:《文化与法律移植:理论之争与范式重构》,载《环球法律评论》2008 年第 5 期。

⑦ 参见李双元、李赞:《全球化进程中的法律发展理论评析——“法律全球化”和“法律趋同化”理论的比较》,载《法商研究》2005 年第 5 期。

⑧ See Lawrence M. Friedman, *Borders: On the Emerging Sociology of Transnational Law*, 32 Stan. J Int'l L. 65 (1996), p. 72.

⑨ 参见李双元、于喜富:《法律趋同化:成因、内涵及在“公法”领域的表现》,载《法制与社会发展》1997 年第 1 期。

法律趋同化倾向于将冲突规则和实体规则结合起来，比法律协调化要更进一步，但不如法律统一化来得直接，因为法律统一化的重要途径便是通过参加国际公约的方式用新的规则来取代有分歧的国内法规则而消除冲突，不同的国内法规则便完全被取代了。[①] 换言之，法律统一化是通过刻意努力实现各国国内法的实体规则统一从而消除冲突，但法律趋同化更多的是通过有意或者无意的融合使不同国家之间的法律冲突尽可能减少，最大的效果便是使规则趋于高度一致。而法律趋同化与法律协调化的不同则主要在于法律趋同化的结果是不同国家之间的实体规则和冲突规则都会趋于一致，而法律协调化则只是协调冲突规则，使不同国家间适用相同的冲突规则，并不涉及实体规则。法律趋同化与法律协调化的不同点还在于二者的主动程度的差别，法律协调化是一个刻意的谈判过程旨在产生冲突规则去解决法律冲突，而法律趋同化更多的是在无意识状态下为了共同利益而自然引发的法律制度的共同发展。[②] “虽然受不同法系、不同国家的法律思想、法律制度的历史和民族特点限制，法律统一化的不同路径在法律趋同化的过程中作用不同，但随着各国法律文化的进一步交流与渗透以及它们在国际社会所追求的目标的一致性，那些经国际条约或国际惯例等应用实践证实是先进的、完善的、符合本国国情的立法例将进一步被各国所借鉴或吸收，从而化解各国国内法那些难以通过效仿而达到协调一致的法律制度之间的冲突，也使国内立法与国际立法的协调性进一步增强。”[③]

三、海商立法统一化的价值追求

（一）自由与正义

在一个正义的法律制度所必须予以充分考虑的人的需要中，自由占

---

① 参见郭玉军：《经济全球化与法律协调化、统一化》，载《武汉大学学报（社会科学版）》2001年第2期；吴思颖：《国际商事合同法统一化：原理、目标和路径》，法律出版社2011年版，第25页。

② See Carol Harlow, *Voices of Difference in a Plural Community*, 50 AM. J. COMP. L. 339 (2002), pp. 341 – 342.

③ 郭玉军、李伟：《李双元法律趋同化思想研究——谨以此文贺李双元先生九十华诞》，载《时代法学》2016年第5期；李双元、李赞：《全球化进程中的法律发展理论评析——“法律全球化”和“法律趋同化”理论的比较》，载《法商研究》2005年第5期。

有一个显要的位置，并被法律所保护。[①] 保障社会持续发展的前提条件便是普遍而广泛地认可关于自由地行使权利和保证允诺践行这些规则。[②] 也就是说，对于正常的市场交易而言，给予买卖各方充分的自由交易权利是保障市场繁荣发展的前提。对于自由的追求可以散见在约翰·洛克、让-雅克·卢梭、伊曼努尔·康德和赫伯特·斯宾塞等各个哲学家的著作中，而对自由的实践也可以落实到各个国家的法律原则和规则之中，正如法谚有云“法不禁止即自由”。[③] 在私法领域，所有的法律制度都应当努力追求和践行“自由”这一核心价值，但是无限度的自由可能被肆无忌惮的群体滥用，为了整个社会的福利需要限制某些自由，这也是自由社会的经验。[④] 这从国际海上货物运输公约的出台背景便可以窥知一二。由于契约自由原则的发展，承运人在经历了多次海事判决之后逐渐认识到仅凭天灾和海难这一类的免责事项已经不足以保护自身的利益，于是承运人凭借自己在航运市场中的优势地位开始在提单中规定一些条款以减轻自己的责任或者排斥自身的义务，直至1880年免责条款的数量已达到最高峰，甚至连承运人照料货物的过失、船员故意行为以及船舶不适航等都在免责之列。[⑤] 这种做法在英国、法国、意大利、德国、荷兰等欧洲国家和其余英联邦国家中得以实践和纷纷效仿。[⑥] 此举引发了美国、日本、澳大利亚、加拿大等代表货主利益的国家抗议，因此，货主利益国家试图通过国内立法来约束承运人在海上货物运输中的契约自由，从而限

---

① 参见[美]E. 博登海默：《法理学：法律哲学与法律方法》，邓正来译，中国政法大学出版社2004年版，第298页。

② See Louis Marquis, *International Uniform Commercial Law: Towards a Progressive Consciousness*, Ashgate Publishing Limited, 2005, pp. 12-16.

③ See Immanuel Kant, *Metaphysical Elements of Justice*, Translated by John Ladd, Hackett Publishing, 1999, pp. 43-46.

④ See Oscar Handlin, Mary Flug Handlin, *The Dimensions of Liberty*, Harvard University Press, 2013, p. 23.

⑤ 参见傅廷中：《海商法论》，法律出版社2007年版，第202页。

⑥ See Michael F. Sturley, *The History of COGSA and the Hague Rules*, Journal of Maritime Law and Commerce, January 1991, pp. 4-5.

制承运人的免责事项。[①] 其中美国于1893年制定的《哈特法》可被称为是《海牙规则》的雏形,其确定了承运人最低限度的义务,即船舶适航和货物处于承运人控制之下的应尽义务,以及否定了承运人的一些免责情形,如承运人因疏忽导致的货物损毁的责任不得免除等,在过失免责中仅保留了船长和船员的航海过失免责。[②]

国际海运社会意识到《哈特法》的有效性,但国内法毕竟不能很好地约束他国的国际承运人,这也最终促进国际海事组织制定了一套国际化规则。[③] 随着航运国内立法的发展,货方、船方和保险人均意识到缔结国际航运协议以保证航运业公平竞争的必要性,[④]《海牙规则》就是在上述背景下,资本主义海运大国和在海运方面相对落后的资本主义国家间矛盾尖锐化的结果。[⑤] 自由是有界限的,无限制的经济自由更会导致垄断的产生,这也是人们愿意接受约束的原因。[⑥] 正如笔者认同恶法非法的观点一样,无限度的自由或者说有违正义的自由便不是真正的自由。这个时候法律便被用来调和相互冲突的自由或者被用来使自由的价值同社会秩序中相互抵触的目的达成平衡。[⑦] 由于科学技术的水平高低及其人类对于自然的探索程度都会影响海上运输的风险大小,故而不同时期下承托双方责任分配应当要有所调整,对于正义的判断应当结合当下各个因素进行。国际海商立法运用法律手段在一定程度上遏制契约自由原则

---

① See Michael F. Sturley, *The History of COGSA and the Hague Rules*, Journal of Maritime Law and Commerce, January 1991, pp. 5 – 6. Joseph C. Sweeney, *Happy Birthday, Harter: A Reappraisal of the Harter Act on its 100th Anniversary*, Journal of Maritime Law and Commerce, January 1993, pp. 30 – 31.

② See Joseph C. Sweeney, *Happy Birthday, Harter: A Reappraisal of the Harter Act on its 100th Anniversary*, Journal of Maritime Law and Commerce, January 1993, pp. 2 – 29.

③ See George F. Chandler, A Comparison of "COGSA", the Hague/Visby Rules, and the Hamburg Rules, *Journal of Maritime Law and Commerce*, April 1984, p. 235.

④ 参见莫世健主编:《国际经济法》(第2版),中国政法大学出版社2014年版,第142页;郑志军:《国际海运承运人之履行辅助人责任问题研究》,华东政法大学2011年博士学位论文。

⑤ 参见邱锦添:《鹿特丹规则与海牙规则、威斯比规则及汉堡规则之比较》,台北,元照出版有限公司2011年版,第64页。

⑥ See John Hospers, *Libertarianism: A Political Philosophy for Tomorrow*, Create Space Independent Publishing Platform, 2013, p. 313.

⑦ 参见[美]E. 博登海默:《法理学:法律哲学与法律方法》,邓正来译,中国政法大学出版社2004年版,第306页。

在国际海运领域的作用，在客观上达到了规制提单的目的，这也是当代海商法的发展趋势之一，即限制无限度的自由和追求正义。[①] 在自由和正义的平衡中，国际海商立法统一化所追求的是正义的基础上的最大限度的交易自由，从而促进国际航运市场的繁荣发展。总而言之，法律寻求正义，亦会保护自由，自由与正义二者是任何私法都要追求的价值所在，而国际海商立法则更要去平衡这两种价值。

（二）秩序与效率

秩序是法的最基本的价值之一，其存在是人类社会一切活动的必要前提。[②] 秩序指的是社会进程中的一致性、连续性和确定性，而无序则意味着无规则现象，即从一个事态到另一事态的不可预测的突变情形。[③] 换言之，秩序意味着有规则，且被普遍遵守从而达到一种可预测行为结果的稳定状态；反之则社会关系的稳定性将消失，人类行为的后果就变得不可预测。在经济活动中，如果没有一个广泛的、全面的共识，则无法保证生产出来的产品会对有些人有用，也无法保证人们可以找到自己想要的东西，因此，生产活动需要人们相互协作通过沟通和谈判以获取权利的转让或交换。[④] “人类社会在处理问题及行为方式常有这样的惯性，即如果有某种方法在实施后产生了良好的效果，人们在处理相类似的问题和行为上，为避免不断的花费时间、精力、资源去探索其他的方法，常常把该种方法搬来套用，得出相同的结果。”[⑤]恩格斯曾说过：“在社会发展某个很早的阶段，产生了这样一种需要：把每天重复着的产品生产、分配和交换用一个共同规则约束起来，借以使个人服从生产和交换的共同条件。这个规则首先表现为习惯，不久便成了法律。”[⑥]而在经济活动中对秩序追

---

① 参见傅廷中：《海商法论》，法律出版社 2007 年版，第 21 页。

② 参见张文显主编：《法理学》，高等教育出版社、北京大学出版社 1999 年版，第 224 页。

③ See Iredell Jenkins, Justice as Ideal and Ideology, in Carl J. Friedrich and John W. Champman (ed.), *Justice: Essays* (Yearbook of the American Society for Political & Legal Philosophy, Nomos VI), Atherton Press, 1963, pp. 204 – 209.

④ 参见吴思颖：《国际商事合同法统一化：原理、目标和路径》，法律出版社 2011 年版，第 17 页。

⑤ 参见阮防：《法律的价值目标——富有正义、效率的秩序》，载《法学》1994 年第 7 期。

⑥ 中共中央马克思恩格斯列宁斯大林著作编译局：《马克思恩格斯选集》（第 2 卷），人民出版社 1995 年版，第 221 页；阮防：《法律的价值目标——富有正义、效率的秩序》，载《法学》1994 年第 7 期。

求的原动力便是对财富的追求，如何有效地降低交易成本以最大限度地积累个人财富和社会财富，这便需要一个相对固定的能够保障交易高效率顺利进行的秩序，就海上货物运输贸易而言这个秩序是国际性的，其应为海上贸易当事人提供确定的可预测未来结果的法律秩序。[①] 在正常的市场交易过程中，作为卖方当然会希望以最高的价格售出自己的商品或服务，而买方自然是想要以最低的价格购买对方的产品或服务。于是，在交易自由的状态下同一市场中的同一商品或服务的价格便会逐渐呈现一致性，而这个趋势的产生是基于交易各方多次实践的结果。[②]

同商品或服务价格一样，在交易过程中的其他事项，如责任的分配等，买卖双方基于利己性的角度都会争取自身权益的最大化，而这些在反复多次的商业实践中都会慢慢形成惯例，从而提高交易效率以降低交易成本，寻求财富积累的最大化。从一个给定的投入量中获得最大的产出，以最小的资源消耗取得同样多的效果，便是经济学家常说的"价值最大化"或"以价值最大化的方式配置和使用资源"。[③] 国际海上货物运输贸易作为一种经济活动，所有交易方作为经济人都会从效率出发，去衡量交易的收益，在每次交易的收益量比较固定的情况下，效率的提高会最大化地惠及交易各方。[④] 正如对"一带一路"沿线欧亚国家而言，口岸与物流效率对国家之间贸易流量的促进作用最大，进口国口岸与物流效率每提升1%，两国间贸易流量将增加2.61%。[⑤] 效率价值不同于正义和自由等道德范畴的价值，而是属于经济范畴，这也是市场经济的必然要求。[⑥] 而效率和秩序是相互作用、对立统一的关系，秩序是实现效率的前提，而效率的实现又能促进稳定的秩序。[⑦] 海商立法的统一化能够实现法律本身所具有的秩序价值，去协调和处理海上货物运输法律关系，使交易各方得

---

① 参见孙希尧：《国际海事私法统一研究：条约角度》，知识产权出版社2014年版，第41页。

② 参见吴思颖：《国际商事合同法统一化：原理、目标和路径》，法律出版社2011年版，第18页。

③ 参见张文显主编：《法理学》，高等教育出版社、北京大学出版社1999年版，第243页。

④ 参见孙希尧：《国际海事私法统一研究：条约角度》，知识产权出版社2014年版，第41页。

⑤ 参见孔庆峰、董虹蔚：《"一带一路"国家的贸易便利化水平测算与贸易潜力研究》，载《国际贸易问题》2015年第12期。

⑥ 参见张文显主编：《法理学》，高等教育出版社、北京大学出版社1999年版，第244页。

⑦ 参见谢邦宇、朱科敏：《秩序·公平·效率——市场法律价值目标模式定位》，载《法学》1995年第4期。

以预测自身行为的后果，同时又能在构建稳定的社会关系之同时促进效率，以降低交易成本从而增加个人及社会财富的积累。海商法作为民商事法律，通过以效率为中心的制度改革和构建，为经济主体设定最有效率的交易模式和诉讼程序，保证人们以最可靠、最安全、最简便的手续，最少的时间、精力和物质耗费，达到期待的经济目标。[①]

第二节　海商立法统一化的成因

一、经济因素

随着科技的进步，世界各国通过广泛地贸易往来和投资合作促成了彼此间经济上的相互渗透和相互依存之共荣俱损的架构模式。[②] 在国际经济这个大市场下，任何一个国家的经济都不可能完全脱离于整个世界经济的格局而独立发展，“闭关锁国”已被历史证明是不可行的。[③] 经济全球化的重要特征便是各国在经济上高程度相互依赖，这一点从亚洲金融风暴所造成的影响来看已经足够加以印证。[④] 毋庸置疑，经济全球化已成为国际经济发展的大趋势，对于这一点应该可以达成国际共识。事实上，不管采用与全球化相类似的国际化、一体化、相互依存等概念，全球化都是一种不争的客观事实，且早已超出当初的经济领域向思想、政治、文化乃至法律等诸多领域渗透。[⑤] 在世界经济全球化的进程中，如何拓展和加强各国在经济领域内的相互合作，如何平衡和协调经济利益上的矛盾，缩小经济发展水平上的差异，必然要求从方便国际交往和加强国际

---

① 参见张文显主编：《法理学》，高等教育出版社、北京大学出版社 1999 年版，第 250 页。

② 参见李茂军：《浅析经济全球化对法律的影响——兼评“法律全球化”理论》，载《中国青年政治学院学报》2002 年第 3 期。

③ 参见李双元、张茂、杜剑：《中国法律趋同化问题之研究》，载《武汉大学学报（哲学社会科学版）》1994 年第 3 期。

④ 参见王贵国：《经济全球化与全球法治化》，载《中国法学》2008 年第 1 期。

⑤ 参见郭玉军：《经济全球化与法律协调化、统一化》，载《武汉大学学报（社会科学版）》2001 年第 2 期。

合作的角度出发来进行全盘考虑和解决。[1] 不可否认经济全球化的进程在不断加速，其中关贸总协定“乌拉圭回合”谈判取得成功是最有力的证明。[2] 于是乎在国际关系中，经济因素相对于政治因素而言越来越居于主导地位，成为影响国际交往的重要因素，为了追求利益，各国由于政治分歧所产生的矛盾因经济交往而趋于缓和。[3] 即便是在第一次世界大战结束到第二次世界大战爆发期间，各国为了维护其共同利益也先后制定了不少国际统一实体法公约，其中就包括 1924 年《海牙规则》等。[4]

随着战后全球整体局势趋于相对稳定，各国间的经济往来日益频繁，全球经济飞速发展，各主要国家的对外贸易额占其国民生产总值的比例越来越高，也就意味着国际贸易对每个国家的经济影响也日益显著。[5] 世界各国间的关系从政治对抗转为经济融合，这种转变客观上为国际统一立法奠定了基础，提供了可能性。[6] 与之相适应的，国际统一实体私法的发展也步入了一个崭新的阶段，越来越多的国际组织参与和促进实体私法国际统一活动。[7] 经济全球化对法律的最大挑战之一就在于我们能否建立一套相互配合、连贯的政策法规体系。[8] 世界各国对经济利益的共同诉求也决定了需要一套规则体系来发挥法律应有的作用。经济全球化的发展在客观上要求分散的国内法规则之间要相互协调，其中《联合国国际贸易销售合同公约》是在横向的交易法方面实现这种协调的例证，而 WTO 则是在纵向的政府对外贸易管制方面实现更大范围协调的例证，这些成功的例证也为国际海上货物运输法领域的国际协调和统一提供了实

---

① 参见刘益灯、万先运:《法律趋同:法制现代化的必然选择——兼论法的国际化和本土化》，载《浙江社会科学》2000 年第 3 期。

② 参见李双元、张茂、杜剑:《中国法律趋同化问题之研究》，载《武汉大学学报(哲学社会科学版)》1994 年第 3 期。

③ 参见司玉琢主编:《国际货物运输法律统一研究》，北京师范大学出版社 2012 年版，第 45 页。

④ 参见黄进主编:《国际私法》(第 2 版)，法律出版社 2005 年版，第 385 页。

⑤ See John H. Jackson, *The World Trading System: Law and Policy of International Economic Relations*, MA MIT Press, 1997, pp. 6 - 8.

⑥ 参见司玉琢主编:《国际货物运输法律统一研究》，北京师范大学出版社 2012 年版，第 45 页。

⑦ 黄进主编:《国际私法》(第 2 版)，法律出版社 2005 年版，第 385 ~ 386 页;李双元主编:《市场经济与当代国际私法趋同化问题研究》，武汉大学出版社 1994 年版，第 97 ~ 151 页。

⑧ 沈宗灵:《评“经济全球化”理论》，载陈安主编:《国际经济法论丛》第 4 卷，法律出版社 2001 年版，第 9 页。

证条件。[1] 市场化的经济势必对法律有严重的依赖,各国经济的相互依赖程度越高则越需要具有强制性和具体细致的国际规范,这些国际规范不仅仅在国际层面发挥作用,更以强制性的拘束力融入国内法,也会逐渐导致各国的法律规范、执法原则和标准及法律价值等不断向趋同的方向发展。[2] 就国际海上货物运输而言,其服务于国际贸易,在长期的贸易和航运实践中产生了一定的规则和惯例,而这些规则和惯例反映到书面的提单中去又因各国普遍使用而逐渐被国际立法甚至于各国国内立法所接受。从最初的1924年《海牙规则》出台,到之后修订的1968年《维斯比规则》,以及承运双方重新博弈的1978年《汉堡规则》,有关国际海上货物运输公约的出台都与当时的市场经济有着密不可分的关系,而这些统一国际立法的尝试和实践也对国际海运经济起了一定的促进作用。可以说,经济全球化就是国际海商立法统一化的根本原因。[3]

二、政治因素

各国的政治对立或者分歧必然会阻碍法律统一化。在“冷战”结束后,国际局势发生了很大变化,求和平、盼稳定、促发展已成为世界人民的共同心声,世界各种力量纷纷进行新的组合,各国政府也在探索应该建立一个什么样的国际新秩序。[4] 在发展成为主旋律的当下,经济全球化需要全球性的合作,这种合作的成功与深度在很大程度上受国际社会的和平程度所影响。随着“冷战”的结束,国际关系从战后一国主导到多国调节的过程和国际政治关系从两极走向多极的发展过程同时得到加速,这一时代背景促进国际合作成为当今世界的主潮流,促进了国际民商事关系的飞速发展,为法律促进国际民商事合作、维护国家经济安全和和平发

---

① 司玉琢主编:《国际货物运输法律统一研究》,北京师范大学出版社2012年版,第45页。

② 王贵国:《经济全球化与全球法治化》,载《中国法学》2008年第1期。

③ See Adelle Blackett, *Globalization and Its Ambiguities: Implications for Law School Curricular Reform*, 37 Colum. J. Transnat'l L. 57 (1998 - 1999), p. 58.

④ 参见孙建社:《浅谈和平与发展、国际关系民主化与和谐世界》,载《江苏社会科学》2007年第6期;孙建社:《中国倡导国际关系民主化的重大战略意义》,载《南京师大学报(社会科学版)》2004年第3期。

展创造了条件。[1] 和平和发展的时代主题是对当代国际政治秩序和经济秩序的现状及其发展前景的准确判断和科学抽象。[2] 国际社会是国际法发挥作用的客观环境,要使国际社会处于和平的状态,则更应发挥国际法的作用,更要让国际社会的各实体在彼此关系中拥有规则意识,主动遵循法律规则。[3] 如今国际政治格局正处在"冷战"后时期,不但大国之间逐渐从"对抗"转向"缓和",各意识形态的对立也因国家之间在经济上相互依赖程度的进一步加强而趋于淡化,法律领域达成共识的可能性大大增加。[4]

在以和平和发展为主题的当代国际关系中,国际民商事关系是最基本的国际关系,国际民商事交往是国家间交往的主要内容,通过开展国际民商事交往活动谋求提升本国的经济实力是各国的基本策略。[5] 政治始终同一定的生产方式相联系,它来源于经济,服务于经济,可以说"政治的基础是经济,由经济基础决定并为了追求经济利益"。[6] 正如我国主张尽最大努力以和平方式解决南沙群岛问题,主张各方在尊重国际法尤其是国际海洋法的基础上解决有关争端,在此之前则"搁置争议,共同开发"。[7] 国家领土是一国行使最高排他性主权的空间范围,即便是在领水存在划界纠纷的情况下,为了全球性的和平和发展,所涉争议国家亦能在一定程度上达成共识去共同追求自身的经济目的。当然,国际合作和和平解决国际争端、禁止非法使用威胁或武力等都是国际法基本原则,这些基本原则也约束着世界各国去维护国际社会的和平。[8] 同时,各种类型

---

① 参见郭玉军、徐锦堂:《从统计分析看我国涉外民商事审判实践的发展》,载《中国国际私法与比较法年刊》(第11卷),北京大学出版社2008年版,第137页。

② 参见杨建、仲昭慧:《"和平与发展"主体范畴的意蕴解读与价值诉求》,载《西南科技大学学报(哲学社会科学版)》2010年第2期。

③ 参见贾兵兵:《国际公法:理论与实践》,清华大学出版社2009年版,第5页。

④ 参见李双元、张茂、杜剑:《中国法律趋同化问题之研究》,载《武汉大学学报(哲学社会科学版)》1994年第3期。

⑤ 参见孙建:《论国际私法对维护和促进中国和平与发展的作用》,载《法学杂志》2010年第8期;黄进、孙珺:《中国国际私法与两岸关系的和平发展》,载《学习与探索》2013年第7期。

⑥ 舒国滢主编:《法理学导论》,北京大学出版社2006年版,第285页。

⑦ 参见邵津主编:《国际法》(第5版),北京大学出版社2014年版,第121页。

⑧ 参见《关于各国依联合国宪章建立友好关系及合作之国际法原则之宣言》,1970年联合国大会正式记录,第二十五届会,补编第十八号(A/8018)。

的以追求地区或世界和平和发展为目标的国际政治、经济组织不断涌现，在国际事务中也扮演了越来越重要的角色，而这些组织也常常是以实现法律相互接近或者统一为其重要任务的。① 政治关系的基本状况是法的状况的主要依据，其为法的发展提供了条件和环境，也可以影响和制约法的内容，或者说直接导致法的发展变化。② 可以说，只要是和平和发展这两大主题构成的这个国际社会大背景不变，国际政治格局处于不对抗的缓和状态，基于对利益的共同追求，经济全球化和法律统一化的走势也将是不可逆转的。③

三、社会因素

现代社会是科技社会，人类已经从发展科技、利用科技，转变为受科技影响，被科技控制，当然也不可能对这种强势力量毫无回应。④ 科技的主要任务是创造物质财富，直接满足人类的社会需要，其成果主要是物化形态的东西。⑤ 但科技发展在使人们以更高效率获取更大利益的时候，往往也可能会引发新的不公平，甚至有可能使现有的秩序陷入混乱。⑥ 要实现科技兴邦与依法治国，则需要辩证地处理好作为生产力层面渗透性因素的科技和作为上层建筑的法律这二者之间作用与反作用的互动关系。⑦ 随着科学水平和航海技术的提升，承运人在海上货物运输上的风险也相对降低，那么就需要在承运人和托运人之间重新分配与之相匹配的较为平衡的责任体系。21 世纪作为信息时代，信息技术的发展即是经济全球化的动力，也促进了电子商务在国际海上货物运输领域的实践和发展，如电子报关、使用电子单证等现象，这都需要有统一的国际海运规

---

① 参见李双元、张茂、杜剑：《中国法律趋同化问题之研究》，载《武汉大学学报（哲学社会科学版）》1994 年第 3 期。

② 参见舒国滢主编：《法理学导论》，北京大学出版社 2006 年版，第 286 页。

③ 参见刘益灯、万先运：《法律趋同：法制现代化的必然选择——兼论法的国际化和本土化》，载《浙江社会科学》2000 年第 3 期。

④ 参见舒国滢主编：《法理学导论》，北京大学出版社 2006 年版，第 287 页。

⑤ 参见黄瑞雄：《科学危机与“追问技术”》，载《自然辩证法研究》2010 年第 6 期。

⑥ 参见侯纯：《科技与法律的价值整合》，载《科技与法律》2004 年第 1 期。

⑦ 参见周学忠、詹伟：《试论科技与法律的辩证互动关系》，载《延安大学学报（社会科学版）》2004 年第 5 期。

则加以规范。[①] 新的科技产品甚至可能会给关联各方带来新的生活关系，而这种关系由于是新型的，以至于需要新的法律规范来确定和调整关联各方的权利和义务。就海上货物运输领域而言，除了电子单证外，目前普遍使用的多式联运等新型的运输方式也需要有新的国际海商立法来加以调整。科学技术的发展给社会造成的影响，具体到海上货物运输领域而言则体现集装箱运输、多式联运和电子商务的发展等方面，这些变化所引发的新的法律关系则需要由法律进行规范。

除科技以外，另一个社会因素就是文化，文化本身影响着法律的内容和形式，而法律共同体之间的国际交流则更促进文化和法律的融合，实际上文化水平的高低也制约着法律的野蛮和文明程度。[②] 各国的学者、教授、专家、法官、律师、仲裁员及其立法机关工作人员在不同行业内部和不同行业之间的相互交流与学习，对法律问题进行共同研究、探讨，通过学者著作的翻译、介绍、传播、学习、讨论以及国际专业学术会议和国际政治经济组织中的国际会议的召开，既促进了法学专业学术的交流和发展，也促进了各国法律规范的趋同。[③] 这种交流不仅局限于法律层面，还有文化层面，是不同国家在包括知识、观念、社会意识形态等方方面面相互影响的结果。中西文化孕育下形成的中西法律表现出中西文化的不同特征，表明文化差异在一定程度上影响了法律的差异，而对文化的了解则有助于了解具体法律制度和法律思想的形成原因及其特征。[④] 在海上货物法律统一的过程中，这些长期参与国际交流活动的各国专家和学者也参与了国际公约起草过程中的讨论和协商，通过对争议问题的充分沟通有助于解决问题，减少彼此之间的法律差异，最终尽可能消除法律冲突以实现统一的目的。[⑤] 虽然法律是不可能完全同时通万国而同一的，[⑥]但基于

---

① 参见司玉琢主编：《国际货物运输法律统一研究》，北京师范大学出版社 2012 年版，第 47 ~ 48 页。

② 参见舒国滢主编：《法理学导论》，北京大学出版社 2006 年版，第 289 页。

③ 参见陈建：《“法律全球化”小议》，载陈安主编：《国际经济法论丛》（第 4 卷），法律出版社 2001 年版。

④ 参见段秋关：《简议法律文化》，载《政治与法律》1990 年第 1 期。

⑤ 参见司玉琢主编：《国际货物运输法律统一研究》，北京师范大学出版社 2012 年版，第 47 页。

⑥ 参见杨鸿烈：《中国法律发达史》（第三版），台北：台湾商务印书馆，1988 年版，第 1 页。

人类的共同需要却能造成法律趋于统一的图景。[①]

四、法律因素

国家主权意味着一国可以在其领土范围内完全行使控制和管辖权力,其中就包括立法权和司法权等主权事项。但由于各国经济交往的增多,各国发现一味地追求绝对的国家主权而坚持民族本位思想是不利于正常的国际经济活动的。这一点从国家豁免原则从绝对豁免到相对豁免的发展中可以窥探一二,各国已经慢慢意识到要经济融合,必须对主权权力进行一部分让渡或对国家主权进行新的解读。各种国际交往的增加,也迫使各国的立法者更多地从“普遍主义”或“世界主义”出发,而不是从“特殊主义”或“国家主义”出发,来指导本国的法制建设,因此各国法制原来的“国家本位”或“民族本位”,已有被“国际社会本位”取代的趋势。[②] 每一种文明的形态都必须去发现最适合其意图和目的的法律,法律也必须与日益变化的文明状况相适应,而社会的义务就是不断地制定出与新的情势相适应的法律。[③] 国际社会共同关注的问题要求各主权者在解决国际民商法律冲突问题时,不能简单地只顾及自己的利益,也不能仅靠单方的努力解决共同的法律冲突,而是不仅需要协商和妥协,更需要合作,即需要放弃主权优位思想,通过平位协调来解决法律冲突。[④] 资本主义生产方式已决定了该生产方式下的经济必然是全球的,国际范围内的社会关系发生重大变化所引起的法律趋同化和法律统一化就是现存国际格局下所能作出的法律方面的反应。[⑤] 经济全球化在带来巨大的经济效益及调动全球资源的优势互补效应之同时,作为资源分配调节机制的

---

① 参见[法]勒内・罗迪埃尔:《比较法概论》,陈春龙译,法律出版社1987年版,第11页。

② 参见李双元、张茂、杜剑:《中国法律趋同化问题之研究》,载《武汉大学学报(哲学社会科学版)》1994年第3期。

③ 参见[美]E.博登海默:《法理学:法律哲学与法律方法》,邓正来译,中国政法大学出版社2004年版,第147页。

④ 参见李双元、李金泽:《世纪之交对国际私法性质与功能的再考察》,载《法制与社会发展》1996年第3期。

⑤ 参见司玉琢主编:《国际货物运输法律统一研究》,北京师范大学出版社2012年版,第47页。

法律规则也在很大程度上体现出规则之间的趋同性。①

就法律自身发展来看，法律的趋同化更是各种法律制度由歧异、冲突到协调、融合的必然表现。② 实际上若是各国法律差异过大，甚至在法律原则上也都大相径庭，那么当一个国家的国民走向另一个国家时，如果适用行为地法律或者其他与他本国差异太大的法律，则他肯定会感到不适应与不协调，会出现潜在的矛盾与冲突。③ 这亦是法本身的规范作用所要求的，即法自身表现出来的对人们的行为或社会关系的可能影响，如指导、评价、预测、强制、教育等。④ 若当事人本身对法律适用都不明确，则无法预测自己的行为后果，也不能判断自己该如何行为，这将失去法律对人们行为的指导作用。如果所有的交易适用的法律在全世界是统一的，那么世界将变得更加美好，统一的法律使人们在法律上具有更多的可预见性和安全感。⑤ 法的社会作用是指法为实现一定的社会目的和任务而发挥的作用，其中就包括维护社会秩序与和平及控制和解决社会纠纷与争端等，若是当事人连适用何种法律都不知道，那么何以预测自己的行为后果或判断自己该如何行为，这将必然导致法的社会作用无法实现。⑥ 法律趋同化是法律统一化的基础，法律统一化则是法律趋同化的高级表现形式和必然发展结果。⑦ 国际海上货物运输立法统一化始于 1924 年《海牙规则》，随后又产生了 1968 年《维斯比规则》和 1978 年《汉堡规则》，这些国际公约直接影响了 20 世纪 90 年代后的各国海商立法，包括

---

① 参见黎四奇：《国际经济一体化视野中的法律规则趋同化现象反思》，载《时代法学》2006 年第 1 期。

② 参见刘益灯、万先运：《法律趋同：法制现代化的必然选择——兼论法的国际化和本土化》，载《浙江社会科学》2000 年第 3 期。

③ 参见周后春：《经济全球化与国际私法的变革——李双元教授国际私法思想评析》，载《时代法学》2016 年第 4 期；刘益灯、万先运：《法律趋同：法制现代化的必然选择——兼论法的国际化和本土化》，载《浙江社会科学》2000 年第 3 期；徐鹏：《论人权条约监督机制的趋同化》，载《武大国际法评论》2012 年第 2 期。

④ 参见舒国滢主编：《法理学导论》，北京大学出版社 2006 年版，第 38 页。

⑤ 参见[英]施米托夫：《国际贸易法文选》，赵秀文译，中国大百科全书出版社 1993 年版，第 98 页。

⑥ 参见舒国滢主编：《法理学导论》，北京大学出版社 2006 年版，第 40 ~ 41 页。

⑦ 参见车丕照：《法律全球化——是现实？还是幻想?》，载陈安主编：《国际经济法论丛》（第 4 卷），法律出版社 2001 年版，第 32 页。

中国《海商法》在内的不少国家有关海上货物运输的法律都相应地吸收和借鉴了上述公约的内容，这亦是在国际海上货物运输领域法律趋同化的表现，而这些趋同又为国际海上货物运输领域根据时代特征进行新的国际统一奠定了法律基础。[①] 但也正是目前国际海运存在三个生效公约，又基于各国主权原则，可以自愿选择加入或者不加入国际公约，全球约 200 个国家或地区有一部分加入了其中一个公约或者多个公约，而还有很多国家没有加入任何一个公约，多个公约规则并存的情况类似于没有公约规则，因为不同的分散规则意味着国际海上货物规则并没有实现真正的统一。

第三节 海商立法统一化的主要可行路径

一、国际条约

国际条约，是指国家间、国家与国际组织间或国际组织相互间所缔结“而以国际法为准之国际书面协定”，而不论用什么名称（如条约、协定、公约、议定书）。[②] 通常，一个国家不仅通过制定国内法，而且通过缔结或参加国际条约来处理涉及本国的涉外民商事法律关系，尤其是多边国际条约在民商事法律的统一化过程中发挥着日益重要的作用。[③] 在已有国际海上货物运输领域，不管是已经生效的传统三大国际海运公约即《海牙规则》、《维斯比规则》和《汉堡规则》，还是尚未生效的《鹿特丹规则》，都属于多边国际条约对相关规则进行统一的成果。就国际条约而言，一项生效的条约自缔约国符合条约规定的生效要件之日起对该国具有效力，即该国要受其条约义务的约束，条约当然要适用于该缔约国。从国际条约法的理论和各国实践来看，如果要在一国国内执行一个根据国际法对

---

① 参见司玉琢主编：《国际货物运输法律统一研究》，北京师范大学出版社 2012 年版，第 47 页。

② 参见《维也纳条约法公约》第 2 条；周鲠生：《国际法》（上册），商务印书馆 1976 年版，第 13～14 页；邵津主编：《国际法》（第 5 版），北京大学出版社 2014 年版，第 12 页。

③ 参见黄进主编：《国际私法》（第 2 版），法律出版社 2005 年版，第 49 页。

该国已生效的国际条约，特别是要在该国法院适用该条约的规定裁判案件，需要通过该国国内法把该条约并入该国法律体系。[①] 而条约在缔约国国内的适用问题，则涉及国际法与国内法的关系问题，具体来说就是缔约国为了履行条约义务，不能没有在国内执行条约的相关措施，不过这项执行措施究竟采取何种方式则属于国内法范畴。[②]

在实践中各国在国内推行国际法通常有自动纳入和立法转化两种做法，二者的区别在于生效条约对缔约国而言是可以整体直接适用而纳入国内法体系还是每次适用都要有权机构赋予具体条约的可适用性。许多国家以规则的来源为标准，交替使用这两种方法。[③] 但不管各国采用何种方式去履行本国作为缔约国的条约义务，也不论条约规则在各缔约国法律体系中的表现形式为何，有一点是肯定的，那就是缔约国是有义务使本国的国内法规则与其缔约的条约相适应。[④] 就民商事法律而言，通常情况是缔约国法律体系中包含该条约及其国内立法两套平行的规则，缔约国为了履行公约义务则通常会修改自己的国内法从而使与之冲突的规则被统一的法律规则所取代，故而国际统一实体法公约在消除法律冲突方面被认为是最直接、最彻底的方式。[⑤] 从解决法律冲突的角度来讲，通过国际统一实体法条约这一正式文件来实现法律规则统一的效果当然是最好的，但也正因如此，采用该方式在实践中亦处于一定的困境。其中最重要的一点便是国际条约从起草到批准通过及后续修改等一系列程序都涉及国家公权力的运作，政治因素无所不在的影响使国际条约的制定进程举步维艰，而作为妥协的产物，所产生的规则也有着天然的缺陷。[⑥] 但即便如此，亦不会有更好的方式能够直接彻底地实现法律规则统一的效果，而条约困境随着经济全球化导致经济因素比政治因素对民商事条约影响力更大，即便是妥协的产物也能在妥协的范畴内解决紧

---

① 参见李浩培：《条约法概论》，法律出版社 1987 年版，第 380 页。

② 参见余敏友、周阳：《论从建设社会主义法治国家角度构建条约在我国的适用模式》，载《武汉大学学报（人文社会科学版）》2000 年第 2 期。

③ 参见贾兵兵：《国际公法：理论与实践》，清华大学出版社 2009 年版，第 83 ~ 84 页。

④ 参见韩德培主编：《国际私法问题专论》，武汉大学出版社 2004 年版，第 239 页。

⑤ 参见吴思颖：《国际商事合同法统一化：原理、目标和路径》，法律出版社 2011 年版，第 104 页。

⑥ 同上书，第 123 页。

迫的共识问题。

二、示范法

示范法是由学者、专家或由其组成的职业团体、学术团体草拟的法律文本,用以推荐给各法域在立法时予以借鉴或采纳,其主要作用体现于不同法域之间的法律统一化过程中。① 国际上具有重大影响力的示范法则有联合国国际贸易法委员会的《国际商事仲裁示范法》和《电子商务示范法》,以及国际统一私法协会的《国际商事合同通则》等,②这些示范法被国际社会各国所普遍接受,这些示范法原则和规则也实际影响着商事领域的各方当事人。③ 联合国国际法委员会在主持编纂《国家及财产的管辖豁免公约草案》的过程中,对于该草案以何种形式出现就有两种针锋相对的意见,一种主张采取公约方式,另一种则主张采取示范法方法。④ 而示范法在一国国内实践最成功的例子可谓是 1952 年美国法学会与统一州法全国委员会合作制定的《统一商法典》,该法典被称为"美国法制的最大成就",美国共 50 个州全部采纳了该法典。⑤ 除了示范法起源地的美国广泛运用该路径实现美国各州的法律统一化以外,该路径在同属于普通法系的加拿大也得到了推行,并在客观上起到了协调和统一加拿大国内法的作用。⑥ 综上,可以说示范法作为法律统一化的路径之一,和国际公约一样被逐渐接受。

相比于国际公约而言,示范法可以涉及任何国家,而不限于颁布示范

---

① 参见曾涛:《全球化视野中的示范法》,载《法制与社会发展》2006 年第 3 期;王勇:《条约保留〈实践指南〉论述——兼论中国的对策》,载《华中师范大学学报(人文社会科学版)》2012 年第 2 期。

② 参见曾涛:《全球化视野中的示范法》,载《法制与社会发展》2006 年第 3 期。

③ 参见翁国民、曹慧敏:《论示范法在中国的应用》,载《浙江大学学报(人文社会科学版)》2006 年第 4 期。

④ 参见联合国大会文件 A/ C. 6/ 54/ L. 14、A/C . 6/ 55/ L. 14,转引自曾涛:《论示范法的理论基础及其在中国的运用》,载《法商研究》2002 年第 3 期;王勇:《条约保留〈实践指南〉论述——兼论中国的对策》,载《华中师范大学学报(人文社会科学版)》2012 年第 2 期。

⑤ 参见朱景文:《比较法社会学的框架和方法——法制化、本土化和全球化》,中国人民大学出版社 2001 年版,第 131 页。

⑥ 参见肖永平、杜涛:《当代多法域国家区际法律冲突协调模式研究》,载韩德培主编:《中国国际私法与比较法年刊》,法律出版社 1998 年版。

法的国际组织成员国,因其具有高度的弹性,采纳示范法的国家可以对其做一定的修改,因此能使各国在更大程度上将其所认同的示范法条款转化为其国内法从而实现有关条款的法律统一化。[①] 亦有学者认为,任何一种有助于各国法律协调的统一化模式都是值得称赞的,其中通过精心制定示范法来完成法律统一是适宜的方式。[②] 同样地,示范法的优点亦是缺点,因缺乏国家责任的保障,本身不具有法律约束力的示范法虽然其条文载有一套统一法任意性规则,但不能被国内法院直接主动适用,其结果并不是产生统一法而仍只是一系列的国内法,这也使其运行的效果在理论上来说远不如国际条约好。[③] 对比了国际公约和示范法这两种路径对于国际社会追求法律统一的优缺点之后,示范法方法作为统一化的路径之一未尝不可一试。[④] 特别是在国际公约难以生效施行的同时,该国际公约也将可能起到示范法的作用,比如我国《海商法》第四章、北欧四国海商法中海上货物运输合同的规定、1988 年澳大利亚《海上货物运输规则》(Carriage of Goods by Sea Regulations)、1999 年《俄罗斯联邦商船航运法典》(The Merchant Shipping Code of the Russian Federation)第八章"海上货物运输合同"的规定,都采取了"混合责任制度",即在海牙—维斯比规则体系的基础上不同程度地移植、吸收或借鉴了《汉堡规则》中合理、成熟的成分,[⑤]这就是所谓的公约方法的示范法运行模式,即一国拒绝参加国际公约或对公约的某些条款提出保留,本身就意味着该公约或该条款不能对其产生约束力,示范法没有产生效力,而拒绝参加公约后,国内无相应的规范时,各国在一定程度上借鉴已有的国际公约的规定解

---

① 参见吴思颖:《国际商事合同法统一化:原理、目标和路径》,法律出版社 2011 年版,第 116 页。

② See Konrad Zweigert & Hein Kötz, *An Introduction to Comparative Law* (*Third Edition*), Translated by Tony Weir, Clarendon Press, 1988, pp. 24 – 25.

③ 参见吴思颖:《国际商事合同法统一化:原理、目标和路径》,法律出版社 2011 年版,第 116 页。

④ See Kurt H. Nadelmann, *Uniform Legislation Versus International Conventions Revisited*, The American Journal of Comparative Law, Winter-Spring 1968. Peter Hay, Symposium Editor. The International Unification of Law: A Symposium, *The American Journal of Comparative Law*, Winter-Spring 1968, pp. 49 – 50.

⑤ 参见胡正良、於世成、郏丙贵等:《〈鹿特丹规则〉影响与对策研究》,北京大学出版社 2014 年版,第 251 页。

决现实问题，这一运行模式与示范法的操作并无本质区别。[①] 示范法方法从一开始就照顾到了国际社会的主体差异性，它允许各个主体对示范法决定采用与否以及采用一部分还是全部，它并不强求法律整齐划一地被普遍使用，而是促进示范法被逐步采纳。[②] 回归到国际海商立法，即便《鹿特丹规则》在短期内无法生效施行，其也可以通过公约方法的示范法运行模式发挥示范法作为“软法”的作用，进而能实际上为《鹿特丹规则》在日后实现国际海上货物运输法律统一奠定基础。[③]

---

① 参见檀吓俤：《公约方法的示范法运行模式分析》，载《新西部》2008 年第 6 期。

② 参见曾涛：《论示范法的理论基础及其在中国的运用》，载《法商研究》2002 年第 3 期。

③ 参见胡正良、於世成、郑丙贵等：《〈鹿特丹规则〉影响与对策研究》，北京大学出版社 2014 年版，第 251 ~ 252 页。

第三章　国际海运规则统一化进程

第一节　绪　　论

目前国际上已经生效的国际海运公约便是1924年《海牙规则》、1968年《维斯比规则》和1978年《汉堡规则》这三大公约，但这三个公约并不是替代性关系，而是并行存在的"三足鼎立"之关系。其中1924年《海牙规则》先后有89个国家或地区批准和加入。[①] 1968年《维斯比规则》作为1924年《海牙规则》修改的产物仅有30个国家或地区批准或加入，其中有部分《海牙规则》缔约国如美国、日本和西班牙等并没有批准或加入该公约。[②] 1978年《汉堡规则》作为政治妥协的产物虽有34个缔约方先后批准或加入了该公约，但这些缔约方主要是航运不发达的国家，甚至有十余个是内陆国家。[③] 特别需要指出的是，作为兼具航运大国和贸易大国双重身份的中国并没有加入上述任何一个国际海运公约，其适用的依然是国内法规则，但中国《海商法》在起草和制定中则参考了上述三个公约的内容，在中国《海商法》的规则中可以寻到上述三个公约的规则与原则的影子。如果说第一个公约的出现在一定程度上实现了国际海上货物运输规则的统一，至少是局部或者部分的统一，那么第二个和第三个并行存在的公约之出现则导致了又一个不统一的格局，特别是这些公约的缔约

---

① See *CMI Yearbook* 2015, pp. 449 – 455.

② See *CMI Yearbook* 2015, pp. 455 – 456.

③ 参见联合国国际贸易法委员会官网：http://www.uncitral.org/uncitral/zh/uncitral_texts/transport_goods/Hamburg_status.html，最后访问日期：2018年1月30日。

国还不尽相同,更直接地说这些公约各自的局部统一实际上就是缺乏全球统一性的表现。《海牙规则》的弊端在于过于偏袒承运人利益,即便是修改后的《维斯比规则》也无法彻底改变利益严重失衡的局面,然而在当时,承运人处于绝对优势地位,该公约的存在至少保障了货方的最低权利,可以说是有胜于无。而《汉堡规则》跟先前已生效的国际海运公约相比单方面大大加重承运人的责任,这在承运人占优势地位的航运局势下必然无法获得航运大国的支持,以至于其难以发挥作用,更无法取代海牙—维斯比规则体系了。贸易实践和航运实践不断发展,特别是海上货物运输集装箱化及其“门到门”运输的普及,再加上电子商务的兴起,现实对上述领域国际统一立法有紧迫的需求,无法可依是法律的消极冲突,跟法律的积极冲突即同一法律关系可适用多个法律规则一样,都不利于国际民商事交易。

《海牙规则》作为一项有关提单的国际实体私法条约,乃是当时地位完全不对等的船货双方利益妥协之产物,其在限制承运人缔约自由的滥用之同时设定了强制性规范从而给予货方最低的权利保障。也正因为承运人的绝对优势地位,船货双方的谈判是不可能完全对等或趋于对等的,而《海牙规则》能达成的统一则是极为有限的,其最大意义便是核心条款即第 3 条和第 4 条有关承运人的义务和责任,可以说该公约的实质是承运人海上货物运输合同责任的公约。而《维斯比规则》在一定程度上修改了《海牙规则》使新公约能更加适应集装箱时代的航运实践发展需求及维护船货双方的利益平衡,但《维斯比规则》并未彻底改变《海牙规则》在条文设计中严重偏向承运人利益的局面,特别是新公约对承运人免责事由没有任何的修订。《海牙规则》的部分缔约国如德国、法国、英国、意大利、荷兰、比利时、新加坡等贸易大国或航运大国批准或加入了新公约,但也有部分《海牙规则》缔约国如美国、日本、西班牙等并没有批准或加入新公约。[①] 至此,在国际海运中形成了两套并行的国际海上货物运输体系。[②] 而发展中国家仍要求对《海牙规则》进行实质性的修改,第二次世界大战后,发展中国家在国际事务的作用逐步提高,《汉堡规则》正是

---

① See *CMI Yearbook* 2015, pp. 455 – 456.

② 莫世健主编:《国际经济法》(第 2 版),中国政法大学出版社 2014 年版,第 153 页。

在发展中国家为国际航运领域争取新的国际经济秩序的斗争中产生的。[①]《汉堡规则》对《海牙规则》进行了实质性修改,主要体现在加重了承运人的责任,在责任基础上采取了过失责任制,取消了航海过失免责和火灾过失免责。[②] 但《汉堡规则》单方面大大加重了承运人的责任,故而在规则设计上难以让航运大国接受,从公约最后的缔约情况即三十余个缔约方主要是航运不发达国家,甚至有十余个是内陆国家来看,就可以得知《汉堡规则》对国际航运的影响力很小,在航运实践中根本无法取代海牙—维斯比规则体系,故而发挥不了多大的作用。还有如中国一样尚未加入任何一个国际海运公约的国家,其解决国际海上货物运输纠纷依靠的主要还是国内法规则,而各国不统一的国内法规则又会导致一定的冲突。正是由于国际海上货物运输法律不统一的现状,不利于国际海上货物运输和国际贸易的开展,国际社会经过反复讨论才最后决定由联合国国际贸易法委员会制定新的海上货物运输公约以寻求真正的统一。[③]

第二节　1924 年《海牙规则》

一、公约背景

1924 年《海牙规则》(Hague Rules)全称为《统一提单的若干法律规则的国际公约》(International Convention for the Unification of Certain Rules of Law Relating to Bills of Lading),[④]该公约于 1924 年 8 月 25 日在比利时首都布鲁塞尔签署通过,并于 1931 年 6 月 2 日起正式生效。[⑤] 自

---

① 参见莫世健主编:《国际经济法》(第 2 版),中国政法大学出版社 2014 年版,第 153 页。

② 参见焦杰、居伊—勒菲佛尔:《鹿特丹规则中海上货物承运人的责任——法律迷宫?》,载《比较法研究》2011 年第 4 期。

③ 参见司玉琢主编:《国际货物运输法律统一研究》,北京师范大学出版社 2012 年版,第 68 页。

④ 参见《统一提单的若干法律规则的国际公约(海牙规则)》,载中华人民共和国商务部条约法律司:http://tfs.mofcom.gov.cn/article/date/j/ak/200212/20021200058434.shtml,最后访问日期:2018 年 1 月 30 日。

⑤ See Maharaj Nagendra Singh, *International Maritime Law Conventions*, Volume 4, Stevens & Sons, 1983, pp. 3037 – 3045.

1930年6月2日起，先后有89个国家或地区批准和加入《海牙规则》。[①] 其中包括了美国、德国、日本、法国、英国、意大利、荷兰、比利时、西班牙、新加坡等国际上主要的贸易大国或航运大国。[②] 虽然中国(内地)并没有参加《海牙规则》，但依照1997年6月4日和1999年10月15日中国外交部驻比利时大使馆致比利时外交部部长的信函申请该公约在中国香港特别行政区和中国澳门特别行政区回归后继续适用于这两个特别行政区，[③]故而《海牙规则》也还适用于中国香港特别行政区，[④]以及中国澳门特别行政区。[⑤] 从性质上讲，《海牙规则》是有关提单和国际海上货物运输合同领域当事人权利义务的国际实体私法条约。[⑥] 国际条约在缔约国的适用有直接适用和间接适用之分，而《海牙规则》对于缔约国而言，主要是通过各缔约国制订的国内法而间接适用，换言之缔约国通过制定或修改相应的海商立法从而使其国内立法与公约相一致。[⑦] 而中国(内地)虽然没有参加《海牙规则》，但该公约对中国《海商法》的制定起了极大的影响作用，特别是国内法第四章海上货物运输合同的内容在很大程度上参考了公约的规定。[⑧]《海牙规则》作为第一部有关海上货物运输的国际公约，是迄今为止缔约国最多且在国际航运业影响力最大的一个生效公约。[⑨] 其重要性不仅源于该公约是第一部企图规范海上货物运输单据及相应权利与义务的国际公约，更是因为该公约为随后确定的诸多海上货

---

① *CMI Yearbook* 2015, pp. 449 – 455.

② 参见联合国商品贸易统计数据库(UM Comtrade Database)：https://comtrade. un. org/labs/data-explorer/，最后访问日期：2018年1月30日。

③ CMI Yearbook 2015, p. 449.

④ 参见香港特别行政区政府律政司官网：http://www. doj. gov. hk/chi/laws/interlaw. html#Private International Law，最后访问日期：2018年1月30日。

⑤ 参见澳门特别行政区政府印务局官网：http://www. io. gov. mo/cn/legis/int/rec/1146，最后访问日期：2018年1月30日。

⑥ 参见屈广清、刘萍：《关于〈海牙规则〉第10条的理解和解释问题——兼论〈海牙规则〉在我国的适用》，载《河北法学》2005年第10期。

⑦ 参见邱锦添：《鹿特丹规则与海牙规则、威斯比规则及汉堡规则之比较》，台北，元照出版有限公司2011年版，第72页。

⑧ 参见司玉琢主编：《国际货物运输法律统一研究》，北京师范大学出版社2012年版，第3页。

⑨ 参见莫世健主编：《国际经济法》(第2版)，中国政法大学出版社2014年版，第143页。

物运输规则立下了模范及基本框架。[①] 但《海牙规则》是在当时的主要海运大国影响下制定的，它仍然更多地保护了承运人的利益，其实质还是代表主要海运国家利益的，船货双方利益的极大不对等也是当今需要对《海牙规则》进行全面修改或者说《海牙规则》已不适应当下需求的主要原因之一。[②]

最早的提单格式是14世纪左右承运人给商人签发的一种货物收据，这种货物收据的出现是航运实践中为了适用贸易和运输的分离而待货物装船后由承运人签发的，从而货主不再随船同行。[③] 但在承运人处于绝对优势地位的航运市场中，提单内容呈现承运人免责事由无限扩大的趋势，这并引发了代表船方利益和代表货方利益的不同国家之间的矛盾和冲突。作为货方利益的代表国家之美国并于1893年出台了《哈特法》对承运人的最低限度义务和过失免责情形进行规制。国际海运社会意识到《哈特法》的有效性，但国内法毕竟不能很好地约束他国的国际承运人，这也最终促进了国际海事组织制定一套国际化规则。[④] 随着航运国内立法的发展，货方、船方和保险人均意识到了缔结国际航运协议以保证航运业公平竞争的必要性，[⑤]《海牙规则》就是上述背景下在资本主义海运大国和在海运方面相对落后的资本主义国家间矛盾尖锐化的结果。[⑥] 换言之，《海牙规则》是船货双方利益妥协的产物，一方面限制了“缔约自由”下的承运人在提单中肆无忌惮地添加免责条款，另一方面也开创了国际海上货物运输中的强制性规范，从而在当时承运人处于绝对优势的背景下，虽规则有利于船方但也给了货方以最低的权利保障。

---

① 参见康复明：《海上货运规范研究——鹿特丹规则与货物控制权》，台北，文笙书局股份有限公司2012年版，第11页。

② 参见毕武卿：《对〈海牙规则〉和〈汉堡规则〉的比较研究》，载《河北大学学报（哲学社会科学版）》1990年第1期。

③ See John F. Wilson, *Carriage of Goods by Sea*, 4th edition, Longman, 2001, pp. 119 - 120.

④ See George F. Chandler, *A Comparison of "COGSA", the Hague/Visby Rules, and the Hamburg Rules*, Journal of Maritime Law and Commerce, April 1984, p. 235.

⑤ 参见莫世健主编：《国际经济法》（第2版），中国政法大学出版社2014年版，第142页。

⑥ 参见邱锦添：《鹿特丹规则与海牙规则、威斯比规则及汉堡规则之比较》，台北，元照出版有限公司2011年版，第64页。

二、《海牙规则》对国际海运规则的统一

《海牙规则》正文共16条，另有一签字议定书，其中实质性条款为公约第1条至第10条，而第11条至第16条则为公约的生效、批准加入和退出等程序性条款。[①]《海牙规则》的9个实质性条款中，第1条是有关公约名词含义的界定，[②]第2条是关于承运人权利和义务的概括性规定，[③]第3条是关于承运人的适航义务和管货义务的规定，[④]第4条是关于承运人免责事由的规定，[⑤]第5条是关于承运人自愿放弃权利和豁免以及增加责任和义务的规定，[⑥]第6条是关于特殊交易事项缔约自由的规定，[⑦]第7条是关于承运人和托运人就货物装卸前后的责任承担之缔约自由的规定，[⑧]第8条是有关责任限制的现行法效力不受本公约影响的规定，[⑨]第9条是有关货币单位的规定，[⑩]第10条是公约适用范围的规定。[⑪]该公约所涉及的一切提单均应遵从最低准则，这些准则界定了不能为相反的约定改变承运人所应承担的赔偿责任，也界定了承运人在当事双方

---

① See Maharaj Nagendra Singh, *International Maritime Law Conventions*, Volume 4, Stevens & Sons, 1983, pp. 3037 – 3045.

② See *International Convention for the Unification of Certain Rules of Law Relating to Bills of Lading*, Art. 1.

③ See *International Convention for the Unification of Certain Rules of Law Relating to Bills of Lading*, Art. 2.

④ See *International Convention for the Unification of Certain Rules of Law Relating to Bills of Lading*, Art 3.

⑤ See *International Convention for the Unification of Certain Rules of Law Relating to Bills of Lading*, Art. 4.

⑥ See *International Convention for the Unification of Certain Rules of Law Relating to Bills of Lading*, Art. 5.

⑦ See *International Convention for the Unification of Certain Rules of Law Relating to Bills of Lading*, Art. 6.

⑧ See *International Convention for the Unification of Certain Rules of Law Relating to Bills of Lading*, Art. 7.

⑨ See *International Convention for the Unification of Certain Rules of Law Relating to Bills of Lading*, Art. 8.

⑩ See *International Convention for the Unification of Certain Rules of Law Relating to Bills of Lading*, Art. 9.

⑪ See *International Convention for the Unification of Certain Rules of Law Relating to Bills of Lading*, Art. 10.

未另行协议前可享受的豁免权。[①] 其中第3条共8款和第4条共6款有关承运人的义务和责任之规定是该公约的核心条款,这两条共14款在公约文本中所占的篇幅比例也最重。《海牙规则》的核心制度就是关于承运人的责任,因此从本质上说,将《海牙规则》认定为关于承运人海上货物运输合同责任的公约更为妥当。[②] 该公约的核心内容主要包括如下六个方面:

(一)承运人最低限度义务标准之适航义务

正如《海牙规则》第3条第8款所规定的承运人不得在运输合同中减轻本条规定的责任和义务,[③]适航义务是《海牙规则》建立的承运人最低义务标准之一,任何提单条款都不得限制或者排斥承运人的适航义务。[④] 具体体现在《海牙规则》第3条第1款之规定要求"承运人须在开航前和开航时恪尽职责:(a)使船舶适于航行;(b)适当地配备船员、装备船舶和供应船舶;(c)使货舱、冷藏舱和该船其他载货处所能适宜和安全地收受、运送和保管货物"。[⑤] 历史上曾有严格适航责任、恪尽职责适航责任及其船东过失责任这三种不同程度的适航责任,从《海牙规则》上述条款分析可知其采取的是恪尽职责适航责任。[⑥] 那么对于船舶适航的理解,可以从如下三个方面进行分析:首先,适航义务的时间为开航前和开航时,换言之,开航之后承运人则不再承担船舶适航义务,即承运人的适航义务并不是贯穿整个海上货物运输过程之中。有关于船舶适航的时间至少应该开始于货物装船之时直至船舶开始航行这一段期间,而不是某两

---

① 参见张湘兰:《海牙规则和维斯比规则及其法律效力》,载《武汉大学学报(哲学社会科学版)》1996年第2期。

② 参见吕鸣:《〈鹿特丹规则〉与相关货物运输公约的冲突及其协调》,上海人民出版社2013年版,第20页。

③ See *International Convention for the Unification of Certain Rules of Law Relating to Bills of Lading*, Art 3. 8.

④ See John D. Kimball, *Shipowner's Liability and the Proposed Revision of the Hague Rules*, Journal of Maritime Law and Commerce, October 1975, p. 223.

⑤ See *International Convention for the Unification of Certain Rules of Law Relating to Bills of Lading*, Art 3. 1.

⑥ 参见李守芹:《论适航责任》,载《中国海商法年刊》1992年第3卷。

个时间点。[①] 而时间点的界定对于这段时间的判断又极为关键，直接决定了这段时间的长短。开航前可以界定为货物装船之时，但何为开航？有的判例认为船舶为了开航而移泊即为航程开始，而有的判例则认为航程开始于船舶为了驶离而起锚之时，似乎各案又有不同的处理。[②] 但在《海牙规则》下承运人只要保证船舶在开航前对船舶适航恪尽职责，即便船舶在航行过程中或在中途港口出现瑕疵，承运人都不用承担船舶不适航的法律责任。[③] 其次，适航义务的程度是要求承运人恪尽职责，这也就意味着该程度标准是主观标准，而不要求船舶适航是绝对适航。换言之，承运人对于船舶不能发现的潜在缺陷，是不负赔偿责任的，这一点在《海牙规则》第 4 条第 2 款(p)项中得以体现。[④]《海牙规则》起草者给承运人的恪尽职责义务最早出现在 1893 年美国《哈特法》中，该义务的标准由法院解释为和普通法中的注意义务基本等同。[⑤] 而当承运人需要聘请专业的代理人来检验船舶是否适航时，此时承运人恪尽职责的义务并不因为聘请他人进行检验而当然取消，其代理人在此过程中也要尽到恪尽职责的注意义务。[⑥] 最后，适航义务的内容包括船舶的适航、适员和适货。[⑦] 船舶的适航是一个相对概念，这与具体的航程有关，换言之，不同的航线和不同的季节可能产生的海上货物运输风险都不一样。那么，船舶的适航就必须要保证该船舶能够在整个航程中抵御可以预见的一般风险。[⑧] 至于适员指的是船舶要适当地配备船员，这里的适当应该包括取得对应等级证书的船员数量和有关船员分工符合相关资质要求。[⑨] 而适货指的是船舶应配备该航次所需要的各种设备和补给品，使货物能够处于适宜

---

① See Maxine Footwear Company, Ltd., and Morin v. Canadian Government Merchant Marine, Ltd., (1959) 2 Lloyd's Rep. 105.

② 参见莫世健主编：《国际经济法》(第 2 版)，中国政法大学出版社 2014 年版，第 143 页。

③ See John F. Wilson, *Carriage of Goods by Sea*, 4th edition, Longman, 2001, p. 191.

④ See *International Convention for the Unification of Certain Rules of Law Relating to Bills of Lading*, Art 4. 2. (p).

⑤ See John F. Wilson, *Carriage of Goods by Sea*, 4th edition, Longman, 2001, pp. 191 – 192.

⑥ Ibid., pp. 192 – 193.

⑦ 参见莫世健主编：《国际经济法》(第 2 版)，中国政法大学出版社 2014 年版，第 144 页。

⑧ 参见司玉琢：《海商法专论》(第 2 版)，中国人民大学出版社 2010 年版，第 84 页。

⑨ 同上。

的保管储存状态下完成本次航程。[①] 目前国际上衡量承运人是否妥善地配备船员的主要依据是《海员培训、发证和值班标准国际公约》(STCW公约)及所附的《海员培训、发证和值班规则》(STCW 规则)。[②] 事实上,承运人适航义务的内容要达到什么样的要求跟本次航程的航线和所运输的货物等息息相关,要根据个案进行综合判断。

(二)承运人最低限度义务标准之管货义务

《海牙规则》对承运人的第二项最低限度的义务要求之管货义务具体体现在第 3 条第 2 款之中,要求承运人应适当和谨慎地装载、搬运、配载、运送、保管、照料和卸载所运货物。[③] 正如《海牙规则》第 3 条第 8 款所规定的承运人不得在运输合同中减轻本条规定的责任和义务,运输合同中任何条款都不得限制或者排斥承运人的管货义务。[④] 那么对于管货义务的理解,也可以从如下三个方面进行分析:首先,管货义务的期限贯穿于整个海上货物运输过程之中,从货物在始发港码头由码头装卸工人开始装载到货物运送至目的港码头由装卸工人完全卸载至码头的整个期间,实际上是一种依惯例适用"钩到钩"原则的持续义务,在此期间内承运人都有管货义务。其次,管货义务的程度是要求承运人适当和谨慎,这被理解为要求承运人履行一项与注意义务大致相同的义务标准。[⑤] 谨慎意味着要认真,这一点意图较为明显,但适当则要求带有技术性和专业水平,且要根据不同的货物来调整,从而才能保证货物的完好。[⑥] 若是货物存在固有特性或缺陷,而承运人即便采用了一套在航运实践中普遍采取的能够应付该类货物在运输中的保存办法,则在此情况下也不应苛责承运人。换言之,谨慎和适当意味着承运人已经注意到了货物的特性并有能力已认真采取了符合一般实践的专业措施,这种标准应该是实践中管理货物所要求的普遍标准。最后,管货义务的内容包括装载、搬运、配载、

---

① 参见司玉琢:《海商法专论》(第 2 版),中国人民大学出版社 2010 年版,第 84 页。

② 同上。

③ See *International Convention for the Unification of Certain Rules of Law Relating to Bills of Lading*, Art 3. 2.

④ See *International Convention for the Unification of Certain Rules of Law Relating to Bills of Lading*, Art 3. 8.

⑤ See John F. Wilson, *Carriage of Goods by Sea*, 4th edition, Longman, 2001, p. 194.

⑥ 参见莫世健主编:《国际经济法》(第 2 版),中国政法大学出版社 2014 年版,第 144 页。

运送、保管、照料和卸载共七个方面。实践中，装载、搬运、配载和卸载这四项工作往往由承运人委托装卸公司完成，那么承运人在装卸公司或装卸工人在此工作过程中造成的货物毁损或灭失也应当承担赔偿责任。[①]如若货物配载不当，还有可能导致船舶不适航，那么承运人就船舶不适航而导致的货物毁损或灭失当然也要承担责任。而货物的保管和照料不仅是船舶适航义务中的“船舶适货”之要求，承运人对于不同类型的货物，还要依照专业知识和一般的航运实践加以处理，从而保证货物的完好。至于运送，则意味着承运人要依合同约定或者依航运惯例或者依地理上的航线将货物完好地运送至目的港，换言之，承运人不得进行不合理的绕航。[②] 至于合理的绕航可能是因为海难救助、躲避风暴或政治因素、避免政府征用等为了船货双方的利益或其他合理理由，在合理绕航的情况下承运人不对此行为引起的货物毁损或灭失承担赔偿责任。[③]

(三)“钩至钩”的责任期间

《海牙规则》下承运人的责任期间跟其管货义务的责任期间是一致的，即从货物装上船时起至卸下船时止的一段期间，这也体现在公约的第1条第5款中。[④] 那么装货和卸货这两个时间点的确定对于承运人责任期间的计算就尤为重要，在实践中通常将《海牙规则》下的承运人责任期间理解为“钩至钩”，要求承运人要谨慎合适地处理装货至卸货的全过程。[⑤] 所谓“钩至钩”原则适用于用船上设备进行装卸的情况，而当使用港方设备进行装卸时，则将此时责任期间称为“舷至舷”原则，即要求货

① 参见司玉琢：《海商法专论》(第2版)，中国人民大学出版社2010年版，第86页。

② See Reardon Smith Line, Ltd. v. Black Sea & Baltic General Insurance Company, Ltd., (1939) 64 Li. l. rep. 229. Achille Lauro Fu Gioacchino & C. v. Total Societa Italiana Per Azioni, (1969) 2 Lloyd's Rep. 65.

③ See Scaramanga & Co. v. Stamp, (1880) 5 CPD 295 (CA). Hong Kong Fir Shipping Co. v. Kawasaki Kisen Kaisha Ltd., (1962) 1 ALL ER 474. Johnson v. Gore Wood & Co., (2001) 1 ALL ER 481. Duncan v. Koster (The Teutonia) (1872) L. R. 4 P. C. 171. Lyric Shipping Inc. v. Intermetals Ltd. and Another (the "al Taha"), [1990] 2 Lloyd's Rep. 117.

④ See *International Convention for the Unification of Certain Rules of Law Relating to Bills of Lading*, Art. 1. (e).

⑤ See Goodwin, Ferreira & Co. Ltd., and Others v. Lamport & Holt, Ltd, (1929) 34 Ll. L. Rep. 192. M. L. Hendriske, N. H. Margetson, N. J. Margetson, *Aspects of Maritime Law Claims under Bills of Lading*, Wolters Kluwer, 2008, p. 190.

物穿过船舷的那一刻为时间计算点。[①] 但张新平教授就曾指出,《海牙规则》规定的责任期间不但使托运的货物无法得到适当保障,而且在实务中常产生使用困难,以至于英国等国家均有扩大承运人责任期间至码头仓库业者领管货物时的判例。[②] 对承运人责任期间的质疑和解读跟航运实践的发展相关,不同的做法和判断标准适用于不同的时代背景,亦有观点认为不应该将装货这一过程分割成为两个部分来看待。[③] 而有时合同会规定装货义务由托运人或卸货义务由收货人依靠岸上的吊钩来实现,换言之承运人在此情况并不用履行装卸货义务,那么承运人的责任也可能提前转移,但必须是合同中有明确的条款规定。[④] 这些观点的变更对于其他海运国家也有一定的影响作用。[⑤]

(四)承运人责任基础之不完全过失责任制

《海牙规则》虽然不像《汉堡规则》一样单独有一个条款,即《汉堡规则》第5条直接写明承运人的责任基础。[⑥] 但一般认为《海牙规则》所采取的承运人责任基础是"不完全过失责任制",即承运人对其所承运的货物责任实行过失责任制,但是航海过失和火灾作为例外,即使承运人的代理人或受雇人有过失也不负责任。[⑦] 其责任基础散落在各个条款之中,直接可以体现在《海牙规则》第4条第2款所规定的承运人共17项免责事由之中。[⑧] "不完全过失责任制"作为《海牙规则》所采取的一项归责原则,对于确定承运人的义务和责任有着重要的作用。有关承运人责任基础的规定,在相关海运公约中始终处于一个中心的地位,因为其决定着海

---

① 参见张湘兰主编:《海商法》,武汉大学出版社2008年版,第139页;傅廷中:《海商法论》,法律出版社2007年版,第205页。

② 参见张新平:《海商法专题研究》,台北,月旦出版股份有限公司1995年版,第249~259页。

③ See Pyrene Company, Ltd. v. Scindia Steam Navigation Company, Ltd., (1954) 1 Lloyd's Rep. 321.

④ See John F. Wilson, *Carriage of Goods by Sea*, 4th edition, Longman, 2001, p. 195.

⑤ 参见郭瑜:《海商法教程》,北京大学出版2002年版,第102页。

⑥ See *United Nations Convention on the Carriage of Goods by Sea*, Art. 5.

⑦ 参见司玉琢:《提单责任基础的重大变革》,载《中国国际法年刊》,中国对外翻译出版公司出版社1984年版;王威:《〈鹿特丹规则〉下中国与泰国海运立法探讨》,载《东南亚纵横》2010年第7期。

⑧ See *International Convention for the Unification of Certain Rules of Law Relating to Bills of Lading*, Art. 4. 2.

上货物运输法的基本特色和价值趋向,也往往是利害各方最为关注的条款内容。[①] 而《海牙规则》之所以采取“不完全过失责任制”是由于历史条件所限,在当时船东有着绝对的优势地位加之海上风险巨大但航海技术水平落后,以至于船货双方最后较量的结果是公约对承运人只限定了最低限度的责任标准,原则上有过失要承担责任,但有些情况下有过失也免责。[②] 有关承运人免责事由中的过失免责条款和无过失免责条款将在随后第六部分之“有关承运人的免责事由”这一段中加以具体阐述。

(五)承运人责任限制的确定

承运人的责任限制是指在确认承运人已经负有赔偿责任的基础上,将其赔偿责任限制在一定数额内的权利,也称为承运人单位责任限制。[③]《海牙规则》第4条第5款规定了承运人对货物毁损或灭失的赔偿责任,在任何情况下于每件或每单位不超过100英镑,但托运人于装货前已申明该货物的性质和价值并在提单上注明者不在此限。[④] 结合《海牙规则》第9条第1款规定的本公约所提到的货币单位为金价。[⑤] 这也就意味着《海牙规则》所限定的承运人责任限制应该是相当于100英镑的黄金价值。但《海牙规则》第9条第2款又规定了缔约国若不以英镑作为货币单位的,得保留其与本公约所指的英镑数额以四舍五入的方式折合本国货币的权利。[⑥] 鉴于《海牙规则》所确定的承运人赔偿责任限制太低,许多国家后来通过国内立法的方式对此作了不同规定。[⑦] 换言之,对于一般

① 参见朱作贤、司玉琢:《论〈海牙规则〉“首要义务”原则——兼评UNCITRAL运输法承运人责任基础条款》,载《中国国际法年刊》2002年第13卷;向力:《国际海运业承运人责任体制的传承与发展——〈鹿特丹规则〉承运人责任规定介评》,载《中国海商法年刊》2009年第4期。

② 参见余筱兰:《鹿特丹规则承运人制度研究——兼论对中国相关法律制度的影响》,中国政法大学出版社2015年版,第19页。

③ 参见司玉琢:《海商法专论》(第2版),中国人民大学出版社2010年版,第88页。

④ See *International Convention for the Unification of Certain Rules of Law Relating to Bills of Lading*, Art. 5. 4.

⑤ See *International Convention for the Unification of Certain Rules of Law Relating to Bills of Lading*, Art. 9. 1.

⑥ See *International Convention for the Unification of Certain Rules of Law Relating to Bills of Lading*, Art. 9. 2.

⑦ 参见张湘兰主编:《海商法》,武汉大学出版社2008年版,第140页。

海运货物而言,每件或每单位的赔偿额最高不超过100英镑,但若托运人托运的是贵重物品且已按照货价的百分比支付了额外的运费,则应按照损失获得更多的赔偿。① 作为1924年订立的《海牙规则》,该项责任限制已经远远不能适应当今的社会需要,主要有以下原因:"首先,100英镑所代表的货物价值经过了多年的变化和通货膨胀,远不及当年的币值;其次,各国在承认《海牙规则》时是根据当时100英镑所代表的黄金价值转换成国内的货币单位,而如今各国货币的兑换价已不是当年所代表的数额了,以至于货主在寻求货损赔偿时可能会择地行诉;最后,《海牙规则》所规定的货物'单位'并不能适应集装箱运输时代的航运实践需求。"②换言之,《海牙规则》所确定的责任限制的计算单位和数额及其货币单位都引发了一定的争议,而过低的责任限制规定也是后来国际社会提倡修改《海牙规则》的重要原因之一。③

(六)承运人免责事由之过失免责

《海牙规则》第4条第2款规定了承运人有17项免责事由,除了最后一项是概括性免责的兜底条款规定以外,④其余16项可分为前2项之过失免责,⑤和其余14项"海上或其他能航水域的灾难、危险和意外事故;天灾;战争行为;公敌行为;君主、当权者或人民的扣留或管制,或依法扣押;检疫限制;托运人或货主、其代理人或代表的作为或不作为;不论由于任何原因所引起的局部或全面罢工、关厂、停工或者限制工作;暴动和骚乱;救助或企图救助海上人命或财产;由于货物的固有缺陷、性质或者缺陷所引起的体积或者重量的损失,或其他灭失或损坏;包装不良;标志不

---

① 参见傅廷中:《海商法论》,法律出版社2007年版,第209页。

② See John F. Wilson, *Carriage of Goods by Sea*, 4th edition, Longman, 2001, pp. 199－201. 莫世健主编:《国际经济法》(第2版),中国政法大学出版社2014年版,第149页;吕鸣:《〈鹿特丹规则〉与相关货物运输公约的冲突及其协调》,上海人民出版社2013年版,第38～44页。

③ 参见余筱兰:《鹿特丹规则承运人制度研究——兼论对中国相关法律制度的影响》,中国政法大学出版社2015年版,第20页。

④ See *International Convention for the Unification of Certain Rules of Law Relating to Bills of Lading*, Art. 4. 2. (q).

⑤ See *International Convention for the Unification of Certain Rules of Law Relating to Bills of Lading*, Art. 4. 2. (a)－(b).

当或不清;经谨慎处理所不能发现的潜在缺陷”之无过失免责。[①]《海牙规则》第4条第2款第1项过失免责条款规定了由于船长、船员、引航员或承运人的雇佣人在航行或管理船舶中的行为、忽视或过失引起的货物毁损或灭失,承运人可以免除赔偿责任。[②] 其中航行过失引起的货损可能因为船长或船员的过失而引起船舶触礁、搁浅、碰撞等所致,考虑到海上风险太大,在这些情况下可予以相应的免责。[③] 其实有关船长或船员航行或管理船舶的过错可以追溯到19世纪,但一般都只是对航行过错予以保护,而并不对承运人过失引起的损失予以免责。[④] 长期以来争论的焦点是第4条第2款第1项承运人过失责任的规则过于偏袒船方利益,对于广大处于货方地位的发展中国家来说极为不利,而以英国为首的海运国家极力想维持这一核心条款。[⑤] 实践中承运人同一个过失行为,常常会同时导致船舶和货物的双重危险,有时便很难区分这种情况是属于承运人在航行或管理船舶上的过失还是管货过失。[⑥] 这就得区分损失原因主要是由管货过失引起还是主要由于管理船舶义务过失所引起,亦要判断该行为的直接或间接目的及意图,因此要取决于个案加以处理。[⑦] 对于该条款所体现的承运人过失免责,一直都是国际海事立法争论的焦点,航运界的人士普遍主张保留这一免责事由,但贸易界人士则坚决主张

---

① See *International Convention for the Unification of Certain Rules of Law Relating to Bills of Lading*, Art. 4. 2. (c) - (p).

② See *International Convention for the Unification of Certain Rules of Law Relating to Bills of Lading*, Art. 4. 2. (a).

③ See President of India v. West Coast Steamship Company (the "portland Trader"), (1964) 2 Lloyd's Rep. 443. Complaint of Grace Line (1974) AMC 1253. Lachmi Singh, *The Law of Carriage of Goods by Sea*, Bloomsbury Professional, 2011, p. 236.

④ See Seven Seas Transportation Ltd. v. Pacifico Union Marina Corporation (the "satya Kailash" and "oceanic Amity"), (1984) 1 Lloyd's Rep. 588.

⑤ 参见张湘兰主编:《海商法》,武汉大学出版社2008年版,第140页。

⑥ See Eun Sup Lee, Seon Ok Kim, *A Carrier's Liability for Commercial Default and Default in Navigation or Management of the Vessel*, Transportation Law Journal, Vol. 27, 2000, p. 206.

⑦ See Gosse, Millerd, Ltd. v. Canadian Government Merchant Marine, Ltd., (1928) 32 Ll. l. rep. 91 Compania Sud Americana De Vapores Sa v. Sinochem Tianjin Import and Export Corporation (the "aconcagua"), (2011) Lloyd's Rep. Plus 36. Leval & Co., Inc. v. Colonial Steamships, Ltd., (1961) 1 Lloyd's Rep. 560.

废除该免责事由。[①] 该项过失免责在司法实践中引发了很多的争议，不少国家也都认为此项规定确实不尽合理，国际海事立法的趋势是将其废除或者进一步限制其适用。[②] 至于第4条第2款第2项过失责任之火灾免责，公约规定了承运人只对其实际过失或私谋所引起的火灾承担赔偿责任。[③] 承运人的私谋行为不仅包括故意的作为，也包括故意的不作为。[④] 而该项火灾过失免责仅限于承运人本人实际过失或私谋所引起的除外，也就意味承运人的雇佣人等即便有过失造成火灾，承运人也可以免责。[⑤] 但对引发火灾的原因进行举证是一件困难的事情，特别是该承运人是一家上市公司时，该上市公司的具体经营行为往往会通过其代理人或雇佣人完成，那么在这种情况下判断某一项具体的行为或决策到底是基于该上市公司自身的行为还是其代理人或受雇人的行为就更加困难了。[⑥] 因此，对于火灾的举证责任及举证责任的分配上，是否要双方都在一定程度上承担举证责任，学界亦有争论。[⑦] 但从公约出台背景和条文措辞来看，承运人只需要对火灾发生的事实加以举证，只要发生火灾事实，那么承运人原则上就可以享有免责。承运人不需要对其是否享有免责加以举证，除非货方索赔人举证承运人存在实际过失或私谋行为，且这些行为是导致火灾发生的事由，在这种情况下承运人才需要加以抗辩。但需要注意的是，承运人享有火灾免责的前提是已经尽到了其作为承运

---

① 参见傅廷中：《海商法论》，法律出版社2007年版，第206页。

② See Report by the Secretariat of UNCTAD: Bill of Ladiing, TD/B/C. 4/ISL/6/Rev. 1, pp. 39 – 40. Stephen Girvin, *Carriage of Goods by Sea*, 2nd edition, Oxford, 2011, pp. 469 – 470. Leslie Tomasello Weitz, *International Maritime Law: the Nautical Fault Debate* (*the Hamburg Rules, the U. S. COGSA* 95, *the STCW* 95, *and the ISM Code*), Tulane Maritime Law Journal, Summer 1998, p. 587.

③ See *International Convention for the Unification of Certain Rules of Law Relating to Bills of Lading*, Art. 4. 2. (b).

④ 参见傅廷中：《海商法论》，法律出版社2007年版，第207页。

⑤ See Tempus Shipping Co., Ltd. v. Louis Dreyfus & Co., (1931) 40 Ll. l. rep. 217. Tempus Shipping Company, Ltd. v. Louis Dreyfus & Co., (1930) 36 Ll. L. Rep. 159. Walter L. Williams Jr., *The American Maritime Law of Fire Damage to Cargo: An Auto-Da-Fe for a Few Heresies*, William & Mary Law Review, Summer 1985, pp. 576 – 577.

⑥ See John F. Wilson, *Carriage of Goods by Sea*, 4th edition, Longman, 2001, p. 265.

⑦ See Hakan Karan, *The Carrier's Liability Under International Maritime Conventions: The Hague, Hague-Visby, and Hamburg Rules*, E. Mellen Press, 2004, p. 287.

人的最低义务要求之船舶适航义务,若是承运人并未尽到《海牙规则》第3条第1款所要求的船舶适航义务,则不能就之后发生的火灾享有免责。[①] 就承运人的免责事由而言,《海牙规则》第4条第2款前2项之承运人航行或管理船舶过失免责和火灾过失免责是最受争议的免责事由。[②]

第三节 1968年《维斯比规则》

一、公约背景

《海牙规则》的生效和实施在国际社会上取得了极大的成功,当时的大部分海运国家及主要的贸易国家都相继加入了《海牙规则》,从而使得国际海运市场维持了一段时间的稳定健康发展。[③] 但随着科学技术和航运实践的发展变化,加之《海牙规则》在几十年间的实施过程中也出现了一些问题,为了适应20世纪50年代中期集装箱运输的出现及广大发展中国家的经济力量不断提升的需要,《维斯比规则》便在这样一个立法背景下孕育产生,其实质就是对《海牙规则》进行修改的产物。[④] 当时国际社会关于建立国际航运新秩序的焦点就在对《海牙规则》的修改上,修改的主要理由在于:“第一,过低的承运人责任限制不能充分保护货方的合法利益;第二,《海牙规则》对承运人的受雇人或代理人的法律地位不明确以至于索赔人无法保护利益;第三,《海牙规则》对提单的证据效力规定不合理将导致交易不公平;第四,《海牙规则》并不能解决集装箱货物

---

① See Maxine Footwear Company, Ltd. , and Morin v. Canadian Government Merchant Marine, Ltd. , (1959) 2 Lloyd's Rep. 105.

② See Sze Ping-fat, *Carrier's Liability under the Hague, Hague-Visby and Hamburg Rules*, kluwer Law International, 2002, pp. 82 – 90.

③ 参见司玉琢主编:《国际货物运输法律统一研究》,北京师范大学出版社2012年版,第7页。

④ 参见张湘兰主编:《海商法》,武汉大学出版社2008年版,第140页。

运输下承运人的责任限制问题,各方对计算单位等有争议较大。”[①]虽然《维斯比规则》在一定程度上修改了《海牙规则》从而使新的国际航运公约能更加适应航运实践的发展需求和维护船货双方的利益平衡,但是《维斯比规则》并没有对《海牙规则》第4条第2款规定的承运人17项免责事由进行任何修订,其修改并不彻底或者说并不能改变《海牙规则》在条文设计中实质上偏袒承运人利益的局面,以至于该公约也遭到成为后起之秀的第三世界亚非拉国家的反对。[②]

1968年《维斯比规则》(Visby Rules)全称为《修改统一提单若干法律规定的国际公约议定书》(Protocol to Amend the International Convention for the Unification of Certain Rules of Law Relating to Bills of Lading),[③]该公约是对1924年《海牙规则》修订的议定文本,于1968年2月23日在比利时首都布鲁塞尔召开的第12届海洋法外交会议上签署通过。[④] 将公约简称为《维斯比规则》是因为该公约的草签地为波罗的海的果特兰岛区首府维斯比城,且可以中世纪著名的《维斯比法》诞生地维斯比城的显赫名声来提高公约的知名度。[⑤]《维斯比规则》第13条规定了生效要件是在收到十份批准书或加入书后三个月,[⑥]故而在第十个国家厄瓜多尔于1977年3月23日加入公约后的三个月,即1977年6月23日起《维斯比规则》正式生效。[⑦] 因为该公约是对1924年《海牙规则》的修订,故而

---

① 参见傅廷中:《海商法论》,法律出版社2007年版,第211~212页;邱锦添:《鹿特丹规则与海牙规则、威斯比规则及汉堡规则之比较》,台北,元照出版有限公司2011年版,第82页;康复明:《海上货运规范研究——鹿特丹规则与货物控制权》,台北,文笙书局2012年版,第29~31页。

② 参见余筱兰:《鹿特丹规则承运人制度研究——兼论对中国相关法律制度的影响》,中国政法大学出版社2015年版,第26页。

③ 参见《修改统一提单若干法律规定的国际公约议定书》,载中华人民共和国商务部条约法律司官网:http://tfs.mofcom.gov.cn/article/date/j/ak/200212/20021200058431.shtml,最后访问日期:2018年1月30日。

④ See Maharaj Nagendra Singh, *International Maritime Law Conventions*, Volume 4, Stevens & Sons, 1983, pp. 3045 – 3050.

⑤ 参见傅廷中:《海商法论》,法律出版社2007年版,第212页。

⑥ See *Protocol to Amend the International Convention for the Unification of Certain Rules of Law Relating to Bills of Lading*, Art. 13.

⑦ See Maharaj Nagendra Singh, *International Maritime Law Conventions*, Volume 4, Stevens & Sons, 1983, pp. 3049 – 3050.

《海牙规则》加上修订部分的《维斯比规则》才形成一个完整的新的国际公约,二者结合的文本也被称为是《海牙—维斯比规则》,而《维斯比规则》仅指1968年修订部分的议定书。截至目前,共有30个国家或地区批准或加入《维斯比规则》,其中包括了《海牙规则》的部分缔约国如德国、法国、英国、意大利、荷兰、比利时、新加坡等贸易大国或航运大国,但也有部分《海牙规则》缔约国如美国、日本、西班牙等并没有批准或加入新公约。① 虽然中国(内地)并没有参加《维斯比规则》,但依照1997年6月4日中国外交部驻比利时大使馆致比利时外交部部长的信函申请该公约在中国香港特别行政区回归后继续适用,②故而《维斯比规则》也还适用于中国香港特别行政区,③而跟《海牙规则》不一样的是中国澳门特别行政区并不适用《维斯比规则》。《维斯比规则》虽然是对《海牙规则》的修订,但并不意味着《海牙规则》因此失效,而是形成了两套并行共存的国际海上货物运输体系,学界也把通过《维斯比规则》这一议定书修订后的《海牙规则》之修改文本称之为《海牙—维斯比规则》。由于《海牙—维斯比规则》跟《海牙规则》的差别就是《维斯比规则》这一议定书的内容,而前文已经对《海牙规则》的主要内容做过分析,《维斯比规则》全文共17条,以下仅就主要修改部分加以分析。

二、《维斯比规则》对国际海运规则的统一

(一)扩大了公约的适用范围

《维斯比规则》第5条对《海牙规则》第10条之公约的适用范围加以修改,从而扩大了海上货物运输公约的适用范围。按照《海牙规则》第10条之规定,公约适用于任何缔约国所签发的一切提单。④ 对于该条款的理解,学术界则有两种不同的观点:若作出限制性解释,则该条款意味着《海牙规则》仅适用于缔约国签发的提单,而排除了非缔约国适用该公约

---

① See *CMI Yearbook* 2015, pp. 455 – 456.

② See *CMI Yearbook* 2015, p. 455.

③ 参见香港特别行政区政府律政司官网:http://www.doj.gov.hk/chi/laws/interlaw.html#Private International Law,最后访问日期:2018年1月30日。

④ See *International Convention for the Unification of Certain Rules of Law Relating to Bills of Lading*, Art. 10.

的可能性；但若作出扩大解释，则意味着非缔约国也可以选择适用《海牙规则》，即《海牙规则》在缔约国间具有强制使用性，而在非缔约国间具有任意适用性。① 作为一部海上货物运输的国际实体私法条约，其目的当然在于寻求统一以减少法律冲突带来的不利影响，故而将公约的适用范围作出扩大解释将更符合公约的立法宗旨。《维斯比规则》第 5 条直接明确扩大了适用范围至除了缔约国签发的提单外，只要货物从任一缔约国的港口起运，或者提单载有的或由提单证明的合同有规定该提单或该合同受本公约或本公约生效的任何国家国内法的立法约束，则公约的各项规定也适用于该提单或该合同下所签发的提单。② 这也就意味着不管船舶、承运人、托运人、收货人或任何其他有关人的国籍如何，也不论提单是在何处签发的，只要提单或运输合同中载明适用《维斯比规则》或受《维斯比规则》任一缔约国国内法约束的，《维斯比规则》就可以适用该海上货物运输，从而通过立法明确扩大了公约的适用范围。由于缔约国具有履行公约的义务，从而使其国内法保持跟《维斯比规则》相一致，故而适用公约缔约国的国内法也变相导致扩大公约的适用范围。

（二）提单对善意第三方的最终证据效力

《海牙规则》第 3 条第 4 款规定了提单所载内容应作为承运人收到该提单中所载货物的初步证据。③ 但是若提单发生背书转让给了善意第三人，而该善意第三人在购买提单时根本无法了解提单所载货物的真实状况，在这种情况下仍将提单所载内容视为提单中所载货物的初步证明的话，则对善意第三人而言是不公平的。④ 换言之，善意第三人只能凭借提单是否清洁来判断货物的实际情况，亦是相信提单所载的货物内容才购买的该提单，因此从信赖保护的角度来说也应该改变该条款的规定。⑤ 若是坚持提单所载内容对于善意第三人而言是初步证据的话，将会降低

---

① 参见屈广清、刘萍：《关于〈海牙规则〉第 10 条的理解和解释问题——兼论〈海牙规则〉在我国的适用》，载《河北法学》2005 年第 10 期。

② See *Protocol to Amend the International Convention for the Unification of Certain Rules of Law Relating to Bills of Lading*, Art. 5.

③ See *International Convention for the Unification of Certain Rules of Law Relating to Bills of Lading*, Art. 3. 4.

④ 参见司玉琢主编：《国际货物运输法律统一研究》，北京师范大学出版社 2012 年版，第 7 页。

⑤ 参见傅廷中：《海商法论》，法律出版社 2007 年版，第 214 页。

第三人对提单的信赖程度从而减少提单的流动性，进而限制国际贸易的流通。[①]《维斯比规则》第 1 条第 1 款对《海牙规则》第 3 条第 4 款加以修订，增加规定了“当提单已经转给善意第三人时，与此相反的证据不予接受”。[②] 换言之，提单在善意第三人面前拥有绝对的证据效力或者说对于善意第三人而言提单是最终证据，从而限制了承运人以货物真实情况与清洁提单的内容不符来对抗提单持有人，这实际上也确定了一项在法律上禁止翻供的原则。[③]

(三)提高了承运人的责任限制

《维斯比规则》第 2 条第 1 款规定了承运人的单位责任限制为每件或每单位货物金额的 10,000 法郎，或者货物每公斤毛重 30 法郎，二者以较高的金额为准。[④] 同时在该条第 4 款规定一个法郎是指一个含有纯度为 900/1000 的黄金 65.5 毫克的单位。[⑤] 因此也将《维斯比规则》的货币单位俗称为金法郎，相比于《海牙规则》第 4 条第 5 款所规定的承运人单位责任限制为 100 英镑而言，1968 年时的 10,000 法郎约等于 430 英镑，也就是说《维斯比规则》所规定的单位责任限制是《海牙规则》的三倍之多，大幅度地提高了赔偿限额的标准。[⑥] 而在 70 年代初期，由于连续两次爆发美元危机，以美元为中心的国际货币体系也宣告瓦解，汇率制度由固定汇率转变为浮动汇率，原有的货币含金量也已名存实亡。[⑦] 但法郎以黄金作为单一的定值标准会导致其价值因市场供求关系自由涨落过大，以至于承运人责任限制金额的实际价值无法保持稳定，于是在 1979 年通过了对《维斯比规则》的修订议定书。[⑧] 1979 年修订《维斯比规则议定书》(Protocol Amending the International Convention for the Unification of

---

① 参见莫世健主编:《国际经济法》(第 2 版)，中国政法大学出版社 2014 年版，第 151 页。

② See *Protocol to Amend the International Convention for the Unification of Certain Rules of Law Relating to Bills of Lading*, Art. 1. 1.

③ 参见张湘兰主编:《海商法》，武汉大学出版社 2008 年版，第 141 页。

④ See *Protocol to Amend the International Convention for the Unification of Certain Rules of Law Relating to Bills of Lading*, Art. 2. 1.

⑤ See *Protocol to Amend the International Convention for the Unification of Certain Rules of Law Relating to Bills of Lading*, Art. 2. 4.

⑥ 参见司玉琢主编:《国际货物运输法律统一研究》，北京师范大学出版社 2012 年版，第 8 页。

⑦ 傅廷中:《海商法论》，法律出版社 2007 年版，第 216 页。

⑧ 参见张湘兰主编:《海商法》，武汉大学出版社 2008 年版，第 142 页。

Certain Rules of Law Relating to Bills of Lading）于1979年12月21日在比利时首都布鲁塞尔签署通过，主要内容就是将承运人的单位责任限制计算单位变更为特别提款权，内容调整为每件或每单位货物金额的666.67个特别提款权，或者货物每公斤毛重2个特别提款权，二者以较高的金额为准，而不能使用特别提款权的缔约国仍可以使用金法郎作为计算单位。[①] 总而言之，不管是计算单位还是金额的调整，都是为了提高或稳定承运人的单位责任限制数额，从而保障货方的利益。且《维斯比规则》对单位责任限制采用双轨制，相比于《海牙规则》而言增加了以货物重量作为计算依据，以二者中计算出的较高金额作为责任限制标准，从而有助于相对公平地解决散装货和集装箱货物等不同类型的货物损失赔偿金额的计算。《维斯比规则》第2条第3款是为了顺应航运实践的发展的需要，增加规定了如果货物适用集装箱、托盘或类似的装运器具拼装时的货物计算标准，解决了是以整个装运器具作为赔偿单位还是以装运器具内部的货物件数分别计算赔偿的问题，即该装运本身就是一件或一单位。[②] 又由于《海牙规则》第4条第5款在规定承运人责任限制时用词是“在任何情况下”，难免会让人解读为承运人的责任限制是绝对的而即便在有过错的情况下也不可被剥夺，但这显然不是法律所追求的公平和正义的价值目标。[③] 故而《维斯比规则》第2条第5款立法明确了如经证实损失是由于承运人故意或明知可能造成损害而轻率地作为或不作为所造成的，则承运人或船舶无权享有本条所规定的责任限制的利益。[④] 总而言之，《维斯比规则》及其议定书对《海牙规则》中的单位责任限制的修订，既顺应了航运实践中集装箱运输模式的出现，也平衡了船货双方的利益，从而促进航运市场更加公平合理地发展，以实现法律之公平正义。

（四）明确了承运人的受雇人或代理人的法律地位

就承运人责任限制的适用主体而言，《海牙规则》仅规定了承运人享

---

① See Maharaj Nagendra Singh, *International Maritime Law Conventions*, Volume 4, Stevens & Sons, 1983, pp. 3050 – 3052.

② See *Protocol to Amend the International Convention for the Unification of Certain Rules of Law Relating to Bills of Lading*, Art. 2. 3.

③ 参见傅廷中：《海商法论》，法律出版社2007年版，第212页。

④ See *Protocol to Amend the International Convention for the Unification of Certain Rules of Law Relating to Bills of Lading*, Art. 2. 5.

有责任限制的权利,而并未赋予承运人的受雇人或代理人该权利。而发生于1953年的英国“喜马拉雅”案中,确定了这样一项规则,即承运人的受雇人无权享有承运人根据合同可以享受的权利,那么索赔人就可以避开合同之诉,以侵权为由请求承运人的受雇人承担赔偿责任。① 该项判决作出之后在航运界引起了强烈的反响,许多承运人担心此类做法会被推广应用到海上货物运输中使法律为承运人规定的各种权利和抗辩形同虚设。② 于是在该案判决出来之后,承运人纷纷在提单中增加“喜马拉雅条款”,大体可归纳为不管是根据合同还是侵权行为对承运人的受雇人或代理人提起的索赔,只要证明是其行为实在受雇或受委托范围之内的,就该海上货物运输所涉的索赔,承运人的受雇人或代理人可援引适用有关承运人的责任限制之保护。③ 甚至承运人会在提单中增设条款要求货主承诺不向承运人的代理人或受雇人及其承运人的分合同人等提出索赔。④ 从提单中增加“喜马拉雅条款”的方式虽然对货方规避法律起到了一定的抑制作用,但其本质上毕竟是合同条款而不是法律,货方可能会质疑该条款的效力,故而为了使该项规定能够普遍地约束当事人,《维斯比规则》第3条将“喜马拉雅条款”法定化。⑤ 但需要注意的是《维斯比规则》对责任限制扩大适用的范围仅及于承运人的受雇人和代理人,而不包括独立的缔约人,即承运人的分合同人,如码头港站经营人。随着“喜马拉雅条款”被引入《维斯比规则》之后,许多国家都在国内立法中纷纷进入该条款,如公约缔约国瑞典在1994年《瑞典海商法》第282、283条和第286条等条款确立了有关“喜马拉雅条款”的规定,还有诸多非缔约国如日本1992年《国际海上货物运输法》第20条、韩国1990年《商法典》第789条、中国《海商法》第58条等也纷纷引入了“喜马拉雅条款”之规定。⑥

(五)允许诉讼时效协议延长及增设追偿时效

《海牙规则》第3条第6款规定了货物毁损或灭失的诉讼时效为货物

① See Adler v. Dickson,(1954) 2 Lloyd's Rep 267,(1955) 1 QB 158.
② 参见傅廷中:《海商法论》,法律出版社2007年版,第215页。
③ See Scruttons Ltd. v. Midland Silicones Ltd. (1962) A.C. 446.
④ 参见司玉琢:《海商法专论》(第2版),中国人民大学出版社2010年版,第138页。
⑤ 参见傅廷中:《海商法论》,法律出版社2007年版,第215页。
⑥ 参见司玉琢:《海商法专论》(第2版),中国人民大学出版社2010年版,第139页。

交付之日或应交付之日起一年。[①] 但《海牙规则》并没有对当事人能否通过协议延长时效及承运人在作出赔付之后再向负有连带责任的第三人进行追偿的时效作出规定。[②]《维斯比规则》鉴于此对诉讼时效作出了更灵活的安排，在第1条第2款确认了当事人可以协议选择延长诉讼时效，换言之公约给了当事人在诉讼时效方面的更大合同自由。[③] 实际上，承运人同意延长诉讼时效也是航运实践中常见的做法，只是《维斯比规则》将该做法法定化了。[④] 而在追偿时效方面，由于先赔付一方需要找负有连带责任的第三方追偿，所以理应给予更充裕的时间，故而《维斯比规则》第1条第3款增加规定了只要在受诉法院所在地的法律允许的期间内，就可以向第三方提起追偿之诉，但准许的期间自提出此种赔偿诉讼的人已经解决了对他本人的索赔或者从起诉传票送达他本人之日起算不得少于三个月。[⑤] 也就是说承运人在向货方承担了货损赔偿责任之后，至少享有三个月的追偿时效可以向对该货损负有责任的任何第三人提起追偿之诉，从而保障了承运人的利益。[⑥]

第四节　1978年《汉堡规则》

一、公约背景

由于海牙—维斯比规则体系在提单运输中偏袒承运人权益而导致船货双方利益不公，发展中国家包括第二次世界大战后新独立的国家要求建立新的国际经济秩序之呼声日益高涨，因此联合国国际贸易法委员会

---

① See *International Convention for the Unification of Certain Rules of Law Relating to Bills of Lading*, Art. 3. 6.

② 参见傅廷中：《海商法论》，法律出版社2007年版，第216页。

③ See *Protocol to Amend the International Convention for the Unification of Certain Rules of Law Relating to Bills of Lading*, Art. 1. 2.

④ 参见莫世健主编：《国际经济法》（第2版），中国政法大学出版社2014年版，第152页。

⑤ See *Protocol to Amend the International Convention for the Unification of Certain Rules of Law Relating to Bills of Lading*, Art. 1. 3.

⑥ 参见司玉琢主编：《国际货物运输法律统一研究》，北京师范大学出版社2012年版，第8页。

成立了国际海运立法工作组来研究国际海运法规及海运习惯做法对发展中国家经济发展带来的影响及对策。[①] 1978 年《汉堡规则》(Hamburg Rules)就是在联合国国际贸易法委员会的主持下所达成的妥协产物,该公约全称为《联合国海上货物运输公约》(United Nations Convention on the Carriage of Goods by Sea),于 1978 年 3 月 31 日在德国汉堡签署通过,并于 1992 年 11 月 1 日生效施行。[②] 其确立了关于托运人、承运人和收货人在海上货物运输合同下的权利和义务的统一法律制度,全文共 34 条,比海牙—维斯比规则体系所涉公约的内容要广。[③] 截至目前共有 34 个缔约方先后批准或加入了《汉堡规则》,但这些缔约方主要是航运不发达的国家,甚至有十余个是内陆国家。[④] 中国内地和中国港澳特别行政区都没有加入或者批准该公约,而从《汉堡规则》的缔约方构成来看,该公约并没有得到几个航运大国的支持,以至于其难以在航运实践中取代海牙—维斯比规则体系,故而发挥不了多大的作用。与海牙—维斯比规则体系所构建的国际海运规则相比,《汉堡规则》主要是单方面大大加重了承运人的责任,主要体现将在下文论述。

二、《汉堡规则》对国际海运规则的统一

(一)引入了实际承运人制度

参照 1964 年 5 月 1 日签订的《统一非缔约承运人所办国际航空运输某些规则以补充〈华沙公约〉的公约》(《瓜达拉哈拉公约》)中的实际承运人这一概念,[⑤]《汉堡规则》第 1 条第 2 款首次将其引入至国际海运领域,将实际承运人界定为承运人委托执行货物运输或部分货物运输的任

---

① 参见邱锦添:《鹿特丹规则与海牙规则、威斯比规则及汉堡规则之比较》,台北,元照出版有限公司 2011 年版,第 92 页。

② 参见联合国国际贸易法委员会官网:http://www.uncitral.org/uncitral/zh/uncitral_texts/transport_goods/Hamburg_rules.html,最后访问日期:2018 年 1 月 30 日。

③ 参见联合国国际贸易法委员会官网:http://www.uncitral.org/pdf/chinese/texts/transport/hamburg/XI_d_3_c.pdf,最后访问日期:2018 年 1 月 30 日。

④ 参见联合国国际贸易法委员会官网:http://www.uncitral.org/uncitral/zh/uncitral_texts/transport_goods/Hamburg_status.html,最后访问日期:2018 年 1 月 30 日。

⑤ 参见司玉琢主编:《国际货物运输法律统一研究》,北京师范大学出版社 2012 年版,第 10 页。

何人,包括受委托执行这项运输的其他任何人,[①]从而就承运人和实际承运人的连带责任和追偿权作出规定,承运人对整个运输过程都要承担责任,而实际承运人对其实际执行的部分运输过程承担责任,二者在实际承运人的运输区域段承担连带责任,且不妨碍二者之间的追偿权。[②] 实际承运人制度的设计赋予了货方向实际从事货物运输的船东直接求偿的法定权利,从而有助于解决货方因合同承运人破产或者难以找到等原因而面临的困境。[③] 而实际承运人也当然享有公约赋予承运人及其受雇人或代理人的抗辩权利和责任限制权利。[④]

(二)进一步扩大公约的适用范围

除了《海牙—维斯比规则》所涉及的公约可适用范围外,《汉堡规则》第 2 条第 1 款增加了其他连结点以扩大公约的适用范围,其中包括海上货物运输合同所规定的在卸货港位于某一缔约国内时,或者在备选卸货港之一是实际卸货港且该卸货港位于某一缔约国内时,此时《汉堡规则》也适用于这两个不同国家间的海上货物运输合同。[⑤] 此外,《汉堡规则》第 2 条第 4 款还规定了在分批次运输的情况下,该公约适用于每批运输,从而对整个海上货物运输合同所涉及的多次运输适用,进而扩大了公约的适用范围。[⑥]

(三)延长了承运人的责任期间

随着货物运输方式变得不再单一,托运人交货和收货人收货都不仅局限于船边,往往延伸至码头堆场甚至内陆仓库,以至于因袭旧有的"从装到卸"责任期间的规定不再符合客观事实,且对货方来说极为不公。[⑦] 主要是承运人在海牙—维斯比规则体系下在货物装船前和卸货后这段时间内货物处于承运人掌管下的货运不负责,该点引发了发展中国家的极大不满。[⑧]《汉堡规则》第 4 条第 1 款规定了承运人的责任期间包括货物

---

① See *United Nations Convention on the Carriage of Goods by Sea*, Art. 1. 2.

② See *United Nations Convention on the Carriage of Goods by Sea*, Art. 10.

③ 参见司玉琢主编:《国际货物运输法律统一研究》,北京师范大学出版社 2012 年版,第 10 页。

④ See *United Nations Convention on the Carriage of Goods by Sea*, Art. 10. 2.

⑤ See *United Nations Convention on the Carriage of Goods by Sea*, Art. 2. 1.

⑥ See *United Nations Convention on the Carriage of Goods by Sea*, Art. 2. 4.

⑦ 参见傅廷中:《海商法论》,法律出版社 2007 年版,第 220 页。

⑧ 参见莫世健主编:《国际经济法》(第 2 版),中国政法大学出版社 2014 年版,第 154 页。

在装货港、在运输途中及其在卸货港处于承运人掌管的全部期间，即责任期间为“港到港”。[①] 相比于《海牙—维斯比规则》而言，《汉堡规则》所确定的承运人责任期间向两边延伸，不仅涵盖了承运人从收货到货物装船的期间，也包括了货物从船上卸货到收货人收货这段时间。

(四)责任基础变更与免责事由限制

有关承运人责任的条款可谓是国际海上货物运输公约的核心内容，不管是国际公约还是国内法，责任基础往往决定着该法律的基本特征与价值取向。[②]《汉堡规则》采用了推定过失原则，将举证责任分配给了承运人，只有承运人一方举证证明其为避免该事故发生及其后果已采取了一切所能合理要求的措施，否则就要承担货损或延迟交付的责任。[③] 与之相对应的就是废弃了海牙—维斯比规则体系下免责事由之航海过失免责和承运人火灾条款。海运发达国家对火灾免责的废除持反对态度，以至于妥协的结果就是将火灾的举证责任推给了索赔人，即由索赔人来举证证明承运人一方有过失。[④] 但作为货方的索赔人并不随船而行，通常是很难举证证明火灾的发生事由是因承运人的过失或疏忽所致，故而在发生火灾时，风险往往还是由货方实际承担。

(五)进一步提高了承运人的责任限额

《汉堡规则》延续了1979年修订《维斯比规则》议定书所采用的记账单位为国际货币基金组织所规定的特别提款权。[⑤] 公约第6条第1款规定了承运人对货物毁损或灭失的赔偿责任限额为每件或每一其他货运单位相当于835个特别提款权，或毛重每公斤2.5个特别提款权，以二者中较高数额为限。[⑥] 而对于非国际货币基金组织成员国且其国内法又不允许应用特别提款权的，则赔偿责任限额为每件或每一其他货运单位12,500金法郎，或毛重每公斤37.5金法郎。[⑦] 相较于海牙—维斯比规则

---

① See *United Nations Convention on the Carriage of Goods by Sea*, Art. 4. 1.

② 参见司玉琢：《海商法专论》(第2版)，北京：中国人民大学出版社，2010年版，第123页。

③ See *United Nations Convention on the Carriage of Goods by Sea*, Art. 5. 1.

④ 参见郭志刚：《三个海运提单公约的比较研究》，载《中国海商法年刊》，大连海运学院出版社1991年版。

⑤ See *United Nations Convention on the Carriage of Goods by Sea*, Art. 26. 1.

⑥ See *United Nations Convention on the Carriage of Goods by Sea*, Art. 6. 1.

⑦ See *United Nations Convention on the Carriage of Goods by Sea*, Art. 26. 2&3.

体系所确定的承运人责任限制而言,《汉堡规则》的不同主要是进一步提高了上限,跟1979年修订《维斯比规则》议定书所分别确定的666.67个特别提款权和2个特别提款权,足足提高了约25%。

(六)扩大了公约适用之货物范畴

在海牙—维斯比规则体系下,公约对国际货物运输的对象调整范围不包括活动物和舱面货,这跟公约制定之时的科技水平和运输方式有关,加之海上货物运输风险较大,故而承运人往往会在提单中约定对活动物和舱面货免责,从而由货主承担风险。[①] 但在《汉堡规则》制定前后,随着科技发展和运输方式变革,活动物不再局限于普通牲畜,舱面货也不只是价格低廉的普通货物,名贵的宠物和贵重的汽车等货物在海上货物运输中越来越多,在集装箱运输时代,若是再将这些货物排除在公约的适用范围外则对于货方来说极为不公。[②]《汉堡规则》第1条第5款对货物的定义中就明确了货物包括活动物,[③]除非是活动物自身固有的特殊风险或者承运人证明其已按照托运人的特别指示行事且损失是由该风险造成的,承运人才可不承担责任。[④] 至于舱面货,《汉堡规则》第9条就舱面货物运输的前提及其责任的分配进行了规定,从而扩大了公约所调整的货物范畴。[⑤]

(七)确定了保函的效力

随着航运贸易的发展,在没有欺诈意图的情况下承认一定范围内的保函效力已成了商业上的一种权宜之计或习惯的变通做法,特别是在船货双方对于货物的数量等有分歧而无从查验时出具保函可以免去许多麻烦。[⑥] 海牙—维斯比规则体系并未规定保函及其效力,但保函在国际贸易中又是一个不可回避的话题,故而《汉堡规则》对保函即损害赔偿保证书问题作出了规定以确定其效力。[⑦]《汉堡规则》承认保函在托运人和承

---

① See Gillespie Bros. & Co. Ltd. v. Roy Bowles Transport Ltd. Rennie Hogg Ltd. (THIRD PARTY), (1973) 1 Lloyd's Rep. 10.

② 参见傅廷中:《海商法论》,法律出版社2007年版,第222页。

③ See *United Nations Convention on the Carriage of Goods by Sea*, Art. 1.5.

④ See *United Nations Convention on the Carriage of Goods by Sea*, Art. 5.5.

⑤ See *United Nations Convention on the Carriage of Goods by Sea*, Art. 9.

⑥ 参见莫世健主编:《国际经济法》(第2版),中国政法大学出版社2014年版,第155页。

⑦ 参见傅廷中:《海商法论》,法律出版社2007年版,第225页。

运人之间的效力，换言之，托运人应对向承运人所作出的保证负责，因承运人接受托运人的保函而未在提单上针对货物的品类、标志、件数、重量和数量等项目不正确而做出批注时，因此所造成的的损失由托运人承担。[①] 但保函对善意第三方无效，承运人对于提单未作批注之所载事项而导致第三人的损失应该承担赔偿责任。[②] 且若承运人是基于有意欺诈而接受保函，则该保函不管在承运人和托运人之间还是在承运人和第三方之间均无效，承运人都要承担赔偿责任。[③]

(八)增设延迟交付的规定

在海牙—维斯比规则体系下，承运人对货物承担责任仅限于货物的毁损或灭失，但在货物在交付时间发生延迟的情况下同样可能会造成损失，特别是对于价格浮动较大的商品而言影响尤为重大，若是此种损失得不到赔偿对于货主而言是极为不公平的。[④]《汉堡规则》填补了海运公约在货物迟延交付下的责任空白，其规定的延迟交付有两种情形：一种是承运人未能在明确议定的期限内在卸货港交货，另一种是虽无此项议定，但未能在考虑到实际情况对一个勤勉的承运人所能合理要求的时间内在卸货港交货。[⑤] 换言之，即便货船双方未协商确定收获期间，但若承运人在卸货港交货时间超出合理期限也可被认定为迟延交付。若货物因承运人的原因而迟延交付但并不造成货物毁损或灭失，此时承运人应承担赔偿责任数额以相当于该迟延交付应支付运费的 2.5 倍为限，但不得超过海上货物运输合同规定的应付运费总额。[⑥] 但若承运人迟延交付的同时且造成了货物毁损或灭失，则此时承运人的赔偿责任限额则依照货物毁损或灭失时的更高标准来执行。[⑦]

(九)延长了通知和诉讼时效期限

《汉堡规则》第 19 条第 2 款规定延长了货物遇有不明显的毁损或灭

---

① See *United Nations Convention on the Carriage of Goods by Sea*, Art. 17. 1.

② See *United Nations Convention on the Carriage of Goods by Sea*, Art. 17. 2.

③ See *United Nations Convention on the Carriage of Goods by Sea*, Art. 17. 3.

④ 参见傅廷中：《海商法论》，法律出版社 2007 年版，第 220 页。

⑤ See *United Nations Convention on the Carriage of Goods by Sea*, Art. 5. 2.

⑥ See *United Nations Convention on the Carriage of Goods by Sea*, Art. 6. 1(b).

⑦ See *United Nations Convention on the Carriage of Goods by Sea*, Art. 6. 1(a).

失时收货人递交书面通知至承运人的时间,从《海牙—维斯比规则》所规定的自交付货物之日起3天内延长至连续15天内。[①] 且增加规定了迟延交付造成的损失要在货物交给收货人之日后连续60天内书面通知承运人。[②] 上述通知除了按照《海牙—维斯比规则》可以通知承运人外,《汉堡规则》还允许将被通知对象扩大至实际承运人,或代表二者行事的人包括船长或主管船舶的高级船员。[③] 与《海牙—维斯比规则》在通知方面较大的不同点是《汉堡规则》第19条第7款还规定了承运人或实际承运人有义务在规定期限内就货物的毁损或灭失书面通知托运人以说明此种毁损或灭失的一般性质,同样地被通知的对象也可以被扩大至代表托运人行事的人。[④] 相较于《海牙—维斯比规则》所规定的一年的诉讼时效,《汉堡规则》第20条将诉讼时效延长至两年,但《汉堡规则》并未允许当事人协议选择延长诉讼时效,若是被索赔人在有效期限内向索赔人提出书面说明则可以延长时效期限,且该期限可以通过单方书面声明的方式一次或多次再度延长。[⑤]

(十)增设管辖权和仲裁条款

海牙—维斯比规则体系并未就管辖权和仲裁等争端解决问题作出规定,而为了明确有关诉讼管辖的问题,尤其是提单中的管辖权条款的效力,《汉堡规则》中增加了管辖权条款,又为了防止承运人通过提单仲裁条款来规避管辖权的规定,因此也增加了有关仲裁的规定。[⑥] 有关管辖权条款,《汉堡规则》第21条第1款规定了原告可以选择在以下任一法院提起诉讼:“(a)被告主要营业场所,或如无主要营业场所时,其通常住所;或(b)合同订立地,而合同是通过被告在该地的营业所、分支机构或代理机构订立的;或(c)装货港或卸货港;或(d)海上运输合同中为此目的指定的任何另外地点。”[⑦]换言之,海上运输合同或提单中载明的管辖

---

① See *United Nations Convention on the Carriage of Goods by Sea*, Art. 19. 2.

② See *United Nations Convention on the Carriage of Goods by Sea*, Art. 19. 5.

③ See *United Nations Convention on the Carriage of Goods by Sea*, Art. 19. 8.

④ See *United Nations Convention on the Carriage of Goods by Sea*, Art. 19. 7.

⑤ See *United Nations Convention on the Carriage of Goods by Sea*, Art. 20.

⑥ 参见司玉琢主编:《国际货物运输法律统一研究》,北京师范大学出版社2012年版,第13页。

⑦ See *United Nations Convention on the Carriage of Goods by Sea*, Art. 21. 1.

法院只是一个选择,并不具有排他性,而公约第 21 条第 2 款还规定了扣船地法院对扣押船舶拥也有管辖权。① 公约同时也允许当事人各方在按照海上运输合同提出索赔之后达成管辖协议,此时在争议发生之后该协议的有效性意味着其具有排除其他法院管辖的效果。② 至于仲裁,《汉堡规则》第 22 条第 1 款允许当事各方可以用书面证明的协议规定就可能发生的争端应递交仲裁,换言之,不管在合同还是提单中订立仲裁条款,公约都承认该书面条款的效力。③ 但仲裁员或仲裁庭必须要按照本公约的各项规则进行裁决。④ 而就仲裁地而言,《汉堡规则》第 22 条第 3 款规定了争议双方可以协议选择在以下任一地点所在国提起冲裁:“(a)一国的某一地点,该国领土内有:(Ⅰ)被告主要营业场所,或如无主要营业场所时,其通常住所;或(Ⅱ)合同订立地,而合同是通过被告在该地的营业所、分支机构或代理机构订立的;或(Ⅲ)装货港或卸货港;或(b)仲裁条款或协定为此目的指定的任何地点。”⑤

第五节 国际海运规则的发展及其趋势

一、2008 年《鹿特丹规则》制定背景

国际海运规则的最新发展就是于 2008 年 12 月 11 日获得联合国大会通过的《鹿特丹规则》(Rotterdam Rules),该公约全称为《联合国全程或者部分海上国际货物运输合同公约》(United Nations Convention on Contracts for the International Carriage of Goods Wholly or Partly by Sea),其确立了管辖托运人、承运人和发货人在含有国际海上运程的“门到门”

---

① See *United Nations Convention on the Carriage of Goods by Sea*, Art. 21. 2.
② See *United Nations Convention on the Carriage of Goods by Sea*, Art. 21. 5.
③ See *United Nations Convention on the Carriage of Goods by Sea*, Art. 22. 1.
④ See *United Nations Convention on the Carriage of Goods by Sea*, Art. 22. 4.
⑤ See *United Nations Convention on the Carriage of Goods by Sea*, Art. 22. 3.

运输合同下所享权利和所承担义务的统一现代法律制度。[①]《鹿特丹规则》的立法进程可以追溯到1996年联合国国际贸易法委员会第二十九届会议审议一项有关审查国际海上货物运输领域有无必要制定一项比现有法律更为统一的规则之建议。[②] 本着促进规则协调和统一的目的,《鹿特丹规则》在起草过程中除了有各国政府参与外,还向与国际海上货物运输相关的国家协会和国际组织等收集资料和意见,共完成"三读"才形成了公约的正式文本。[③] 截至2018年5月底,已经有25个国家签署了《鹿特丹规则》,[④]但目前其中只有西班牙、多哥、刚果和喀麦隆这4个国家完成了公约的国内批准程序且递交了批准书,[⑤]依照《鹿特丹规则》第94条之生效条件,至少要有20个国家批准加入公约才能生效,[⑥]目前《鹿特丹规则》尚未生效。在《鹿特丹规则》的25个签署国中,丹麦、法国、希腊、荷兰、挪威、西班牙和美国可被视为贸易大国或航运大国或兼具贸易大国和航运大国双重身份的国家,而在4个完成了公约国内批准程序的国家中,只有西班牙可被视为在国际航运市场中拥有重要地位的国家。[⑦]《鹿特丹规则》是否能够成功或很快产生实质性影响,与世界主要贸易大国对其的态度相关。[⑧] 同样地,签署国的国际航运地位对该规则的成功与否以及发展方向会产生决定性的影响。[⑨] 从地理位置上来说,《鹿特丹规则》的签署国主要是欧洲国家或非洲国家,而除此之外美国是唯一一个在国际航运市场中拥有重要地位的美洲国家。《鹿特丹规则》签署国的经济

---

① 参见联合国贸易法委员会官网:http://www.uncitral.org/uncitral/zh/uncitral_texts/transport_goods/2008rotterdam_rules.html,最后访问日期:2018年1月30日。

② 参见《大会正式记录,第五十五届会议,补编第17号》(A/55/17)。

③ "三读"即第十九届、第二十届和第二十一届三次会议。参见司玉琢、韩立新主编:《〈鹿特丹规则〉研究》,大连海事大学出版社2009年版,第1~19页。

④ 参见联合国贸易法委员会官网:http://www.uncitral.org/uncitral/zh/uncitral_texts/transport_goods/rotterdam_status.html,最后访问日期:2018年6月1日。

⑤ 参见联合国贸易法委员会官网:http://www.uncitral.org/uncitral/zh/uncitral_texts/transport_goods/rotterdam_status.html,最后访问日期:2018年6月1日。

⑥ See United Nations Convention on Contracts for the International Carriage of Goods Wholly or Partly by Sea, Art. 94. 1.

⑦ 参见莫世健:《中国在"鹿特丹时代"国际海运秩序构建中角色的理性思考》,载《中国海商法年刊》2011年第1期。

⑧ 同上。

⑨ 同上。

实力看似很强大,但是这些国家的地理位置在全球却极不平衡,这使公约的前景变得极为不确定,而当前的全球经济危机也使这些国家在是否批准公约的问题上难以抉择。[①] 如果《鹿特丹规则》获得主要航运国家的认可并使之生效,预示着调整国际货物运输的国际立法的成功,将结束“海牙时代”,开启一个“鹿特丹时代”。[②] 不管《鹿特丹规则》生效与否,公约中的原则和规则在一定程度上都能反映时代特征和当下的航运需求,表明了国际海上货物运输法律的发展方向。而有关《鹿特丹规则》对国际海运规则统一化推动的内容,将在后文第五章专章进行分析。

二、国际海运规则的统一趋势

国际海运规则的统一趋势之一就是顺应时代发展以谋求国际统一。进入 20 世纪以来,世界各国的有识之士都认识到,要发展和促进国际贸易和海上运输事业,就必须逐渐减少法律冲突,实现国际海商立法的统一化。[③] 在海上私法领域,CMI、IMO、UNCTAD、UNCITRAL 等国际组织制定了涵盖海上货物运输、船舶物权、船舶碰撞、海难救助、海事赔偿责任限制、船舶油污等各个领域的一系列国际公约。[④] 这些公约的出台都有一定的时代特征,并尽可能地扩大其适用范围从而达到寻求统一的目的。航海过失免责就是特定时代的产物,在航海技术高度发达的今天,航海风险的确已经大大降低,而且承运人转嫁风险的机制也已经相当完善,取消这项免责适当加重承运人责任能使得船货双方的风险分担更为合理。[⑤] 在海上货物运输领域,《汉堡规则》相较于海牙—维斯比规则体系而言,将其调整的国际货物运输的对象扩大至活动物和舱面货,这也与科技发展和运输方式变革的有关。特别是集装箱运输时代的到来,多式联运的发展和电子商务在国际海运实践中的应用,均需要新的规则加以调整各方当事人的法律关系。

---

① 参见陈石:《论〈鹿特丹规则〉对“一带一路”重要性》,载《中国海商法研究》2016 年第 1 期。

② 参见司玉琢:《〈鹿特丹规则〉的评价与展望》,载《中国海商法年刊》2009 年第 1 ~2 期。

③ 参见傅廷中:《海商法论》,法律出版社 2007 年版,第 21 页。

④ 参见吕鸣:《〈鹿特丹规则〉与相关货物运输公约的冲突及其协调》,上海人民出版社 2013 年版,第 1 页。

⑤ 参见司玉琢主编:《国际货物运输法律统一研究》,北京师范大学出版社 2012 年版,第 54 页。

以多式联运为例，为了发展多式联运以满足贸易需求，在联合国贸易和发展会议的主持下曾于1980年5月24日在日内瓦通过了《联合国国际货物多式联运公约》(以下简称《多式联运公约》)。① 截至目前只有11个国家加入了该公约，而挪威和委内瑞拉只签署公约但并未加入或批准。② 由于尚未达到公约第36条规定的生效要件之要求三十个国家批准加入该公约，故而公约至今尚未生效。③ 公约对多式联运经营人的责任形式采用经修正的统一责任制，即原则上多式联运经营人应按照公约所规定的责任基础和责任限制承担赔偿责任，但第19条同时规定一定条件的赔偿限额适用高于本公约的国际公约或强制性国内法规定。④ 但当时的苏联等东欧国家发达国家在公约制定过程中标榜自由放任原则，坚决主张不要国家干预，实行网状责任制，使联运变成一种松散的框架，故而对最终的公约本书采取统一责任制且具有强制力而表示不满。⑤《多式联运公约》属于法律强制管辖多式联运的规则，并且采用不被商事行为当事人广泛接受的统一赔偿责任制度，没有获得商业利益团体的支持，因此其至今没有生效。⑥ 其颁布后如同石沉大海，几乎无声无息，至今无法获得国际社会认可。⑦ 在吸收《多式联运公约》失败教训的基础之上，《鹿特丹规则》的创新点之一就在于创设了"海运+其他"模式的多式联运规则，将传统国际海运规则的适用范围由单纯的海运变成了"海运+其他"，从而又进一步地扩大了公约的适用范围，使公约具有更广泛的实施基础。

现有国家海运规则中影响力较大的海牙—维斯比规则体系是在承运

---

① 参见莫世健主编：《国际经济法》(第2版)，中国政法大学出版社2014年版，第184页；陈石：《论〈鹿特丹规则〉对"一带一路"重要性》，载《中国海商法研究》2016年第1期。

② 智利、墨西哥、布隆迪、摩洛哥、塞内加尔、赞比亚、卢旺达、格鲁吉亚、黎巴嫩、利比里亚、马拉维这11个国家加入了公约。参见联合国官网：https://treaties.un.org/Pages/ViewDetails.aspx?src=TREATY&mtdsg_no=XI-E-1&chapter=11&lang=en，最后访问日期：2018年1月30日。陈石：《论〈鹿特丹规则〉对"一带一路"重要性》，载《中国海商法研究》2016年第1期。

③ See United Nations Convention on International Multimodal Transport of Goods, Art. 22. 陈石：《论〈鹿特丹规则〉对"一带一路"重要性》，载《中国海商法研究》2016年第1期。

④ 参见司玉琢主编：《国际货物运输法律统一研究》，北京师范大学出版社2012年版，第37页。

⑤ 参见魏家驹：《略论联合国国际货物多式联运公约》，载《法学研究》1981年第6期。

⑥ 参见闻银玲：《论鹿特丹规则对国际多式联运法律的统一》，载《中国水运》2012年第8期。

⑦ 参见莫世健：《中国在"鹿特丹时代"国际海运秩序构建中角色的理性思考》，载《中国海商法年刊》2011年第1期。

人处于绝对优势地位的背景下制定的,其原则和规则当然是有利于承运人一方,而托运人一方被保护的利益是极为有限的。《汉堡规则》出台之时的托运人和承运人地位之不平等现象虽有所减轻,但《汉堡规则》大大加重了承运人一方的责任和义务,并没有很好地协调和平衡双方的权利义务,故而缔约国不多且影响力不大。直到《鹿特丹规则》出台时,托运人和承运人的地位更加趋于平等,新公约相比于原有的国际海运规则而言,肯定在一定程度上加重了承运人的责任和义务,但是为了平衡承托双方的权利和义务,新公约也赋予了托运人更多和更为严格的责任。随着国际贸易和海上货物运输领域中托运人和承运人地位趋于平衡,承托双方责任和义务趋于平衡必然是国际海运规则的发展趋势。综观国际海运规则的发展历史,公平和合理地分担海上风险,平衡托运人和承运人的利益具有历史的必然性和法律上的合理性。[①] 对国际海运规则统一化进程中几个公约的出台背景和内容分析,不仅有助于把握国际海运规则的发展趋势,亦有助于了解国际海运规则统一的原因及其必要性。

---

① 参见司玉琢主编:《国际货物运输法律统一研究》,北京师范大学出版社2012年版,第55页。

第四章 “一带一路”对国际海运规则统一的需求

第一节 绪 论

本章题为“‘一带一路’对国际海运规则统一的需求”，试图表达“一带一路”对国际海运规则统一的迫切需求。退一步讲，即便是没有“一带一路”倡议，国际海运规则随着经济全球化的发展依然有着统一的必要性，只是“一带一路”倡议加速了国际海运规则的统一。至于国际海运规则统一的原因，从三个已生效的国际海运规则出台的背景和《鹿特丹规则》起草的背景都能窥探一二。国际海运规则统一的外因是经济贸易发展和航运实践的变化所带来的，只不过各个历史时期的情况不尽相同罢了，而内因便是没有一个统一可适用的全球性规则，分散的国际海上货物运输规则会带来诸多弊端，其中就包括对法的价值之损抑。实际上，外因和内因也是从正反两个角度去论证国际海运规则统一的必要性。

从经济贸易发展的角度而言，经济全球化是法律统一化的根本原因，而“一带一路”正是推动了区域经济一体化以至于加速了经济全球化的进程。电子商务的发展给航运实践带来了新的机遇和挑战，特别是电子提单的应用能在一定程度上解决“无单放货”等长期以来困扰航运业的难题，却也因立法空白导致传统已生效的海运公约规则无法调整电子商务各方当事人的法律关系。《鹿特丹规则》所构建的货物交付体系就为电子商务的发展留下了空间，也满足了国际贸易和航运实践的需求。随着“一带一路”合作的落实，沿线国之间的进出口贸易量倍增，各国当事人之间的民商事活动也会日益增多,若是缺乏统一的规则则会导致当事人在交易洽谈期间消耗大量的时间、精力和费用。以国际海运为例,在海上货物运输合同订立过程中,船货双方需要了解市场行情后与交易相对人协商船货双方的权利义务和责任等事项。若是在这个交易过程中有统一的国际海运规则直接确定了上述一般事项,那就可以为整个交易环节省去大量的时间、精力和费用,从成本控制的视角看企业整体效益的积累能进一步促进经济贸易的发展。

从航运实践的角度来看,航运业的国际性要求了规则的国际性,集装箱时代下国际航运也早已从单一的海运模式转变成“海运+其他”的多式联运模式。“一带一路”下海上丝绸之路建设的重点方向之一便是从中国沿海港口过南海到印度洋,延伸至欧洲。① 为了发展“一带一路”将货物从中国通向欧洲运输,中欧陆海快线等“海铁联运”模式在航运实践中被广泛运用,全国多省市的重要节点为抓住“一带一路”契机也纷纷开通了中欧班次。“一带”和“一路”本就不能分开来看,而是相辅相成,互相配合的。以“一带一路”下的“海铁联运”为例,只要在港口和陆地间采取合理的运输组织模式,就可以实现沿海国家和内陆国家之间的运输衔接,甚至还可以加上公路运输等,从而最大限度地实现贸易便利化。② 简言之,“一带一路”对航运实践中“海运+其他”模式的多式联运之需求就注定了只调整单一海运运输模式的三个已生效国际海运公约的不适应性,同时也意味着对能调整“海运+其他”模式的多式联运规则的紧迫需求。

再从反面的角度来看,若是缺乏统一的国际海运规则而仅有现有分散的国际海运规则体系,那么除了部分沿线国加入的个别已生效国际海运公约外,还有约七十多个沿线国各自的国内法,这些分散的规则体系会导致当事人为了寻求自身利益的最大化而择地行诉,从而不符合公平正义,亦导致法律适用的不确定性和法律结果的不可预见性,进而损害法的价值实现。上述弊端也都将反作用于“一带一路”下的国际海上货物贸易和运输,从而限制“一带一路”合作发展,从法的价值追求来看,“一带

① 参见徐绍史主编:《中国双向投资政策指南》,机械工业出版社 2016 年版,第 4 页。

② 参见陈石:《论〈鹿特丹规则〉对“一带一路”重要性》,载《中国海商法研究》2016 年第 1 期。

一路”确实需要统一的国际海运规则来调整当事人的权利义务。

第二节　经济贸易发展的需求

一、“一带一路”对经济一体化的推动

2013年9月和10月,习近平主席在访问中亚、东欧期间,先后提出共建丝绸之路经济带和21世纪海上丝绸之路(以下简称“一带一路”)的倡议。① 随后,“一带一路”的构想于2013年11月被写入十八届三中全会《中共中央关于全面深化改革若干重要问题的决定》。② 共建“一带一路”倡议,为沿线各国共谋发展、共同繁荣提供了新的重大契机,该倡议不仅得到了中共中央领导的高度重视,③也得到了国际社会特别是沿海各国的高度关注和积极回应,④并在2014年10月前就已与数十个沿线国家达成了初步合作意向,其中包括埃及、希腊、新西兰、土耳其、澳大利亚、新加坡、泰国、印度、缅甸、马来西亚等。⑤ 2015年全国“两会”期间,李克强总理在《2015年政府工作报告》中介绍本年重点工作时指出,要构建全方位对外开放新格局,推进“一带一路”建设。⑥ 同年3月28日,经国务院授权,国家发改委、外交部和商务部联合发布了《推动共建丝绸之路经济带

---

① 参见龚雯、田俊荣、王珂:《“一带一路”跨越时空的宏伟构想》,载《人民日报》2014年6月30日,第6版;陈石:《论〈鹿特丹规则〉对“一带一路”重要性》,载《中国海商法研究》2016年第1期。

② 参见《中共中央关于全面深化改革若干重要问题的决定》,载新华网:http://news.xinhuanet.com/politics/2013-11/15/c_118164235.htm,最后访问日期:2018年1月30日。

③ 参见《习近平:加快推进丝绸之路经济带和21世纪海上丝绸之路建设》,载新华网:http://news.xinhuanet.com/politics/2014-11/06/c_1113146840.htm,最后访问日期:2018年1月30日。

④ 参见《刘奇葆出席21世纪海上丝绸之路国际研讨会》,载新华网:http://news.xinhuanet.com/world/2015-02/12/c_1114354093.htm,最后访问日期:2018年1月30日。

⑤ 参见国家海洋局海洋发展战略研究所课题组:《中国海洋发展报告(2015)》,海洋出版社2015年版,第378~382页。

⑥ 参见《2015政府工作报告》,载人民网:http://lianghui.people.com.cn/2015npc/n/2015/0305/c394298-26642056-4.html,最后访问日期:2018年1月30日。

和21世纪海上丝绸之路的愿景与行动》(以下简称《“一带一路”愿景》)。[①] 该文从时代背景、共建原则、框架思路、合作重点、合作机制、中国各地方开放姿态、中国积极行动、共创美好未来八个方面较为详细地描述了“一带一路”构思和内容,勾画了具有重要战略意义的“一带一路”蓝图。[②] 按照《“一带一路”愿景》的框架思路,活跃的东亚经济圈和发达的欧洲经济圈将通过贯穿亚欧非大陆的陆地和海上丝绸之路连结。[③] 不言而喻,陆地、海上和空中运输或联运将是实现“一带一路”愿景的最基本运输方式。一时间,“一带一路”已然成为2015年起法律界专家和学者最热衷讨论的话题之一,“一带一路”更是成为当下各类法学研讨会的主题或具体议题。同时间,对“一带一路”的英文翻译也出现了各类版本。为了统一“一带一路”的英文译法,国家发展改革委员会同外交部、商务部等部门于2015年9月发文对其进行了规范。在对外公文中,统一将“丝绸之路经济带和21世纪海上丝绸之路”译为“the Silk Road Economic Belt and the 21st-Century Maritime Silk Road”,其中“一带一路”简称译为“the Belt and Road”(英文缩写“B&R”),而在非正式场合除首次出现时使用英文全称译文外也可简译“the Belt and Road Initiative”或“the land and maritime Silk Road initiative”。[④]

截至2020年11月17日,中国已经与138个国家、31个国际组织签署201份共建“一带一路”合作文件。按照国家发改委下属的国家推进“一带一路”建设工作领导小组办公室指导的“中国一带一路网”所发布各国概况,截至日前,继意大利作为首个七国集团(G7)成员加入了“一带一路”合作,牙买加和卢森堡也陆续加入,沿线国数量已从最初的

---

① 参见徐绍史主编:《中国双向投资政策指南》,机械工业出版社2016年版,第2页;莫世健、陈石:《AIIB协定下国家豁免原则与中国法的冲突与协调》,载《政法论丛》2016年第1期。

② 参见徐绍史主编:《中国双向投资政策指南》,机械工业出版社2016年版,第2~12页;莫世健、陈石:《AIIB协定下国家豁免原则与中国法的冲突与协调》,载《政法论丛》2016年第1期。

③ 参见徐绍史主编:《中国双向投资政策指南》,机械工业出版社2016年版,第2~12页;莫世健、陈石:《AIIB协定下国家豁免原则与中国法的冲突与协调》,载《政法论丛》2016年第1期。

④ 参见《我委等有关部门规范“一带一路”倡议英文译法》,载中华人民共和国国家发展和改革委员会官网:http://www.sdpc.gov.cn/gzdt/201509/t20150921_751695.html,最后访问日期:2018年1月30日。

69 个扩大至 147 个,从最初横跨亚非欧至如今覆盖了除没有国家的南极洲外的剩余六大洲。[①] 换言之,除中国外“一带一路”横跨亚欧非至少还有 136 个沿线国,且“一带一路”沿线国数量是一个动态的数据库,在之后可能会有更多的国家参与其中。[②] 其中涉及东北亚 3 国,东南亚 11 国,南亚 7 国,西亚北非 22 国,独联体其他国 6 国,中东欧 17 国、中欧 6 国、西南欧 4 国,非洲 41 国、大洋洲 11 国、北美洲 9 国、南美洲 8 国和中美洲 1 国。当然,随着“一带一路”的推进,估计还会有一些国家争取加入其中,从而谋求其国家利益的最大化,故而“一带一路”的沿线国将会不断增多。[③] 需要注意的是,推进“一带一路”建设要构建全方位开发新局面,“一带一路”构想是中国提出的宏观战略,秉持开放包容精神,沿线国家的数量不局限于现有国际地域格局或地理概念,随着合作的深入,完全有可能推动更大范围的区域合作。正如《“一带一路”愿景》坚持开放合作共建原则中所明确说明的,“一带一路”相关的国家基于但不限于古代丝绸之路的范围,各国和国际、地区组织均可参与,让共建成果惠及更广泛的区域。[④] 不局限于地理位置,从而争取和吸引更多的国家加入其中。当然,宏观的“一带一路”构想会显得有些空泛,也面临着诸多挑战,中国需要重点制定具体的方案和项目同沿线国开展合作。[⑤]

“丝绸之路”这一概念最早是由德国地质学家李希霍芬等人于 19 世纪后半期提出的,[⑥]但丝绸之路的历史却要早得多,而当下“丝绸之路”的

---

① 参见中国一带一路网:https://www.yidaiyilu.gov.cn/,最后访问日期:2021 年 1 月 10 日。

② 参见中国现代国际关系研究院:《“一带一路”读本》,时事出版社 2015 年版,第 6 页;范健、张虹玉、梁泽宇:《“一带一路”与中国商法国际化的新挑战》,引自论文集《深化法律合作,共建“一带一路”》,第四届中国—亚欧法律论坛,主办:中国法学会,承办:西北政法大学,第 56 ~ 66 页。

③ 参见中国现代国际关系研究院:《“一带一路”读本》,时事出版社 2015 年版,第 7 页。

④ 参见徐绍史主编:《中国双向投资政策指南》,机械工业出版社 2016 年版,第 4 页。

⑤ See John Wong and Liang Fook Lye, *Reviving the Ancient Silk Road: China's New Economic Diplomacy*, East Asian Policy, Vol. 6, No. 3, 2014, p. 14.

⑥ 参见万翔:《丝绸之路与西方观念中的中国》,载《西安交通大学学报(社会科学版)》2015 年第 6 期。

含义更是超越了这个概念本身狭义的意义。① 丝绸之路是连接古代中国与亚洲、欧洲、非洲有关国家的商贸线路的总和,也是架起古代东方和西方之间经济、政治、文化往来交流的桥梁。② 广义的古丝绸之路不仅包括狭义上概念中的西北陆上丝绸之路,还包括西南陆上丝绸之路,海上丝绸之路和草原丝绸之路等,③其走向不是单一而是多元的,贸易模式也由一般的商品交换转向互利互补性的贸易。④ 以地理概念中的陆地和海洋作为区分标准,草原丝绸之路可归类到广义的陆上丝绸之路的范畴,历史上的丝绸之路本就可分为两大类,即陆上丝绸之路和海上丝绸之路,开拓于陆上,又发展于海上,其中陆上丝绸之路对应的就是"一带一路"倡议中的丝绸之路经济带。古丝绸之路不仅是商路与交通路线,也是知识、思想与观念在广袤的欧亚大陆上传播的途径。⑤ 其中海上丝绸之路作为中国古代与外国进行贸易和文化交往的海上通道,其发展大致可分为如下阶段:形成于秦汉时期、发展于唐宋时期、兴盛于元明时期、转变于明中叶和清朝时期。⑥ 在秦汉至明清期间古代海上丝绸的发展历史中,国家权力与民间力量的博弈、陆上丝绸之路与海上丝绸之路主次转换、海上丝绸之路兴衰的内外因素、推动海上丝绸之路的缓急迟速等都是建设21世纪海上丝绸之路进程中值得借鉴的历史经验。⑦ 而新时期的丝绸之路是在古代丝绸之路的基础上形成的,是经贸合作的升级版,应具备国家安全战

---

① 参见韩中华:《丝路起点研究的新视野——评石云涛〈丝绸之路的起源〉》,载《陕西学前师范学院学报》2015年第6期。

② 参见国家海洋局海洋发展战略研究所课题组:《中国海洋发展报告(2015)》,海洋出版社2015年版,第325页。

③ 参见卢明辉:《"草原丝绸之路"——亚欧大陆草原通道与中原地区的经济交流》,载《内蒙古社会科学(文史哲版)》1993年第3期;金勇强:《古丝绸之路的功能演变及对构建新时期"一带一路"的启示意义》,载《陕西理工学院学报(社会科学版)》2016年第1期。

④ 参见金勇强:《古丝绸之路的功能演变及对构建新时期"一带一路"的启示意义》,载《陕西理工学院学报(社会科学版)》2016年第1期。

⑤ 参见万翔:《丝绸之路与西方观念中的中国》,载《西安交通大学学报(社会科学版)》2015年第6期。

⑥ 参见赵江林主编:《21世纪海上丝绸之路》,社会科学文献出版社2015年版,第22~23页。

⑦ 参见国家海洋局海洋发展战略研究所课题组:《中国海洋发展报告(2015)》,海洋出版社2015年版,第339页。

略、能源战略和经济战略上的重要意义。[①] 中国对21世纪国际关系尤其是大国关系的诠释,由海洋博弈到海洋共享视角的转换所表达的价值观,将会在一定程度上影响世界政治、经济和文化生态,特别是对“一带一路”沿线国造成区域性的重大影响。[②] 纵观中国上千年历史的发展轨迹,海上丝绸之路的兴衰与中国的兴衰息息相通,可以说海上丝绸之路的强盛时期即是中国强盛的时代,以历史的发展脉络结合当下国际形势和国内需求,建设21世纪海上丝绸之路便有了多重意义。本书的研究侧重于建设21世纪海上丝绸之路的经济意义,当然海洋经济的持续发展离不开安全稳定的海洋环境。

按照《“一带一路”愿景》的框架思路,活跃的东亚经济圈和发达的欧洲经济圈将通过贯穿亚欧非大陆的陆地和海上丝绸之路联结,其中丝绸之路经济带建设有三个重点方向,分别为中国经中亚、俄罗斯至欧洲(波罗的海),中国经中亚、西亚至波斯湾、地中海,以及中国至东南亚、南亚、印度洋。而21世纪海上丝绸之路建设有两个重点方向,分别是从中国沿海港口过南海到印度洋,延伸至欧洲,以及从中国沿海港口过南海到南太平洋。[③] “一带一路”构想中的五大战略方向实际上由新亚欧大陆桥、中俄蒙经济走廊、中亚—西亚经济走廊、中南半岛经济走廊、中巴经济走廊和孟中印缅经济走廊共六个经济走廊和若干海上支点作支撑,其中海上支点就是《“一带一路”愿景》所述的“海上以重要港口为节点”,即21世纪海上丝绸之路建设将以重要港口为支点,共同建设联通四方、安全高效的运输大通道。[④] 战略支点本是个地缘政治学的概念,与美国学者兹比格纽·布热津斯基教授所提出的地缘政治支轴国家概念相类似,支轴国家所处的敏感地理位置以及它们潜在的脆弱状态对地缘战略

---

① 参见胡鞍钢、马伟、鄢一龙:《“丝绸之路经济带”:战略内涵、定位和实现路径》,载《新疆师范大学学报(哲学社会科学版)》2014年第2期。

② 参见张开城:《海上丝绸之路精神与21世纪海上丝绸之路建设》,载《中国海洋大学学报(社会科学版)》2015年第4期。

③ 参见徐绍史主编:《中国双向投资政策指南》,机械工业出版社2016年版,第4页;莫世健、陈石:《AIIB协定下国家豁免原则与中国法的冲突与协调》,载《政法论丛》2016年第1期。

④ 参见苏格:《全球视野之“一带一路”》,载《国际问题研究》2016年第2期。

棋手行为造成影响。[①] 海上战略支点有广义和狭义之分，广义的海上战略支点是指战略位置重要、与中国政治外交关系稳定、安全上不倒向第三国的沿线国家，构建海外战略支点是以往海上强国保护海上战略通道的通行举措。[②] 而《“一带一路”愿景》中的节点与地缘政治学中的支点内涵相同，是指狭义概念上的战略位置重要、所在国与中国关系密切、可为中国提供海外利益保障，且中国已有一定经营基础的沿线港口。[③] 例如，在南亚和东南亚，港口群建设可包括孟加拉国的吉大港、巴基斯坦的瓜达尔港、斯里兰卡的汉班托塔港、缅甸的皎漂港，及其印度尼西亚的比通港等。[④] 海洋强国战略的确立和“一带一路”构想都为中国构建海上战略支点提供了广阔的操作平台和路径选择，就21世纪海上丝绸之路而言，在路线设计方面，以东南亚、南亚一线为首要发力点，与海上通道具有高度的重合性，在实现路径方面，以加强互联互通与基础设施建设为支撑基础，与投资和开发重要港口不谋而合。[⑤] 事实上，中国已经斥资100亿美元的海上合作基金用于东南亚和印度洋具有战略重要性的沿线国家建设港口等基础设施，其中就包括上述的孟加拉国和斯里兰卡等国。[⑥] 在“一带一路”海上支点的构建过程中，要特别关注沿线国的发展战略，以印度尼西亚提出的“全球海上支点”战略为例，中国可以借此实现“一带一路”与他国战略对接，不仅可以丰富中国构建“21世纪海上丝绸之路”倡议的内涵，同时对东南亚地区局势的稳定与南海合作机制也有助益。[⑦]《“一带一路”愿景》合作重点之一就在于设施联通，那么推动口岸基础设施建设，畅通陆水联运通道和推动港口合作建设等海上基础设施互联互通就

---

① 参见[美]兹比格纽·布热津斯基：《大棋局：美国的首要地位及其地缘战略》，中国国际问题研究所译，上海人民出版社1998年版，第55页。

② 参见谢博、岳蓉：《论21世纪“海上丝绸之路”的安全——以地缘政治学为视角》，载《哈尔滨师范大学社会科学学报》2015年第3期。

③ 参见中国现代国际关系研究院：《“一带一路”读本》，时事出版社2015年版，第79页。

④ 参见苏格：《全球视野之“一带一路”》，载《国际问题研究》2016年第2期。

⑤ 参见张洁：《海上通道安全与中国战略支点的构建——兼谈21世纪海上丝绸之路建设的安全考量》，载《国际安全研究》2015年第2期。

⑥ 参见赵江林主编：《21世纪海上丝绸之路》，社会科学文献出版社2015年版，第37页。

⑦ 参见马博：《“一带一路”与印尼“全球海上支点”的战略对接研究》，载《国际展望》2015年第6期。

是建设21世纪海上丝绸之路的优先领域。[①] 港口建设是“21世纪海上丝绸之路”的基础和合作重点方向之一，中国寄希望于通过推动海运基础设施网络建设来加速东南亚和印度洋等海上航线和班次的发展。[②]

建设21世纪海上丝绸之路有助于“一带一路”沿线国共同抗击海盗、海上恐怖主义、海上跨国犯罪等海上非传统安全问题，从而有助于增强中国海洋通道的安全系数，是中国经济持续增长和加强对外联系的保障。[③] 以印度洋为例，作为世界贸易航线的枢纽及中国与亚欧非国家进行商业贸易的必经之地，其安全影响着中国经济的安全和中国可持续发展的国家战略，建设21世纪海上丝绸之路将成为中国经略海洋的重大战略，扩大中国在印度洋地区的影响力，也有助于中国突破美国太平洋岛链战略等对华的包围。[④] 互联互通是“一带一路”建设的优先领域，21世纪海上丝绸之路的建设与陆上丝绸之路经济带的建设相辅相成，从而形成真正互联互通的整体物流网络体系。深化海洋经济与产业合作，向外打造经济走廊、开发园区、自贸区等合作项目既能契合沿海国家实现现代化的诉求，又能带动国家产业结构优化升级，是促进“一带一路”沿线国经济深度融合的重要途径。[⑤] 经济的沿海性强化了中国对海外市场和海外资源的高度依赖，从而导致了外向型经济中生产要素流通的失衡，集中体现在国内经济布局在沿海和内地之间的严重失衡，而21世纪海上丝绸之路并非局限于海上，其与陆上丝绸之路经济带可通过中巴经济走廊和孟中印缅经济走廊等经济走廊进行连接，为了共同的利益和诉求，“一带一路”沿线国都将为海上通道安全营造良好的外部环境。[⑥] 实现21世纪海上丝绸之路建设的互联互通不是简单的基础设施建设联通，而要实现政

---

① 参见徐绍史主编：《中国双向投资政策指南》，机械工业出版社2016年版，第5页。

② See Christopher Len, *China's 21st Century Maritime Silk Road Initiative, Energy Security and SLOC Access*, Maritime Affairs: Journal of the National Maritime Foundation of India, Vol. 11, No. 1, 2015, p. 7.

③ 参见中国现代国际关系研究院：《“一带一路”读本》，时事出版社2015年版，第107页。

④ 参见赵江林主编：《21世纪海上丝绸之路》，社会科学文献出版社2015年版，第26页。

⑤ 参见国家海洋局海洋发展战略研究所课题组：《中国海洋发展报告(2015)》，海洋出版社2015年版，第351页。

⑥ 参见中国现代国际关系研究院：《“一带一路”读本》，时事出版社2015年版，第109页；傅梦孜、楼春豪：《关于21世纪“海上丝绸之路”建设的若干思考》，载《现代国际关系》2015年第3期。

策沟通、设施联通，贸易畅通、资金流通和民心相通，这里不仅包括设施等硬性联通，还包括政策和民心等软性联通。事实上，21 世纪海上丝绸之路的建设的难点之一就在于与沿线国家的战略对接，特别体现在政策差异上，21 世纪海上丝绸之路沿线国家发展水平不一，发展战略不一，很难用单一的对接战略开展合作，要使沿线国家与中国 21 世纪海上丝绸之路战略有效对接仍需进一步加强政策沟通。[①] 按照《“一带一路”愿景》，对政策沟通的具体落实就在于沿线各国可就经济发展战略和对策进行充分的交流对接，共同制定推进区域合作的规划和措施，共同协商解决合作中问题的方案之一就在于加速构建区域性的合作协议或条约。[②] 实际上，所谓的“一带一路”沿线国或相关国家实质上就是潜在的合作对象群，至于如何合作及具体合作项目都有待于相关各方通过双边或多边协议的方式加以确定。而规则的统一适用能使得交易各方当事人清楚预见行为的后果，对于争端发生后的判决结果也可进行一定的预测，从而有助于减少成本和节约时间，有利于国际经济贸易的正常发展。区域经济一体化也是全球经济一体化的一部分，或者说随着区域经济一体化的深入，将进一步促进全球经济一体化，在全球经济一体化的背景下若是法律规则不统一将导致贸易关系的不稳定和交易成本的加剧，故而经济一体化要求统一的法律规则，或者说经济一体化是统一法的重要动因。

二、电子商务发展需求

电子商务，是指整个贸易活动实现电子化的一种商务活动，狭义的电子商务主要是利用互联网提供的通信手段在网上进行交易，而广义的电子商务还包括企业内部利用电子商务手段实现运营和管理的整个过程。[③] 1996 年联合国国际贸易法委员会《电子商务示范法及其颁布指南》

---

① 参见中国现代国际关系研究院：《“一带一路”读本》，时事出版社 2015 年版，第 112 页；傅梦孜、楼春豪：《关于 21 世纪“海上丝绸之路”建设的若干思考》，载《现代国际关系》2015 年第 3 期。

② 参见徐绍史主编：《中国双向投资政策指南》，机械工业出版社 2016 年版，第 5 页。

③ 参见赵艳娥、刘军：《铁路运输电子商务应用系统的研究》，载《铁路计算机应用》2002 年第 3 期。

在示范法简介中表明电子商务这个概念所包括的通信手段有各种以使用电子技术为基础的传递方式,如电子数据交换、电子邮件。① 但联合国国际贸易法委员会制定的《电子商务示范法》本身并不具有强制性,只是确立了几项在电子商务领域的全球标准示范规则。电子商务以增加贸易机会、降低贸易成本、提高效率为标志已经成为新世纪世界经济发展的重要推动力。② 在集装箱运输时代,随着现代信息技术的发展,从事国际集装箱运输服务的公司纷纷开展电子商务以全面收集、分析客户信息及企业自身资源,并创建畅通于客户、企业内部和第三方服务商间的商流、物流、信息流和资金流,从而以最快的速度及最低的成本回应市场。③ 电子商务在集装箱综合运输过程中的运用能够提高国际贸易效率。随着 IT 技术在货物订舱、清关和运输等方面日益广泛地运用,通过应用先进的信息化管理手段、建立信息系统和电子商务平台,将港航传统物流业务流程中所包含的各个环节集成起来,加强相互之间的连接,使整个业务流程合理化,从而能降低成本,提高现代物流的效率,从而提高收益。④ 对于航运企业而言,如何以最小的成本,在最短的时间内将货物运送至目的地,则是其竞争力的关键所在,故而发展电子商务以提高物流效率对于航运企业而言至关重要。从电子商务对整个班轮运输业的影响和世界各大班轮公司积极发展电子商务的实践来看,电子商务时代的到来已使行业结构、服务对象和服务形式发生了改变,而发展电子商务亦会是国际航运实践的必然趋势。⑤

电子商务立法主要调整电子商务过程中参与各方的法律关系,以实现法律对于交易的确认、保护和救济,其中最重要的是电子签章、电子合同和电子记录的法律。⑥ 我国和电子商务有关的法律包括《中华人民共

① 参见《贸易法委员会电子商务示范法及其颁布指南》,载联合国国际贸易法委员会官网:http://www.uncitral.org/pdf/chinese/texts/electcom/MLEC_C_V05 - 89449_Ebook.pdf,最后访问日期:2018 年 1 月 30 日。

② 参见张庆年:《电子商务条件下运输企业物流发展探讨》,载《交通科技》2001 年第 3 期。

③ 参见梅华:《班轮运输与电子商务(1)》,载《集装箱化》2002 年第 2 期。

④ 参见叶霖:《我国集装箱综合运输电子商务系统研究进展》,载《电力信息化》2006 年第 4 期。

⑤ 参见梅华:《班轮运输与电子商务(2)》,载《集装箱化》2002 年第 3 期。

⑥ 参见胡正良、於世成、郏丙贵等:《〈鹿特丹规则〉影响与对策研究》,北京大学出版社 2014 年版,第 11 ~ 12 页。

和国民法典》第469条规定了合同的书面形式可以是以数据电文等有形地表现所载内容的形式，而《中华人民共和国电子签名法》又规定了数据电文、电子签名与认证的效力等。上述法律为电子商务在我国的运用提供了一定的法律依据。国务院于2015年5月出台的《关于大力发展电子商务加快培育经济新动力的意见》中表明了近年来我国电子商务发展迅猛的现状，并指出要加强电子商务国际合作、提升跨境电子商务通关效率和鼓励发展面向“一带一路”沿线国家等推动电子商务走出去。① 跨境电子商务的发展需要全球化物流运输网络的支持，在“一带一路”这个大环境下，我国在未来几年定会对航运企业构建内外一体的物流运输网络有一定的政策支持，航运企业应充分利用机会实现电子商务推动下的航运物流企业的转型升级，建立全球性的物流服务网络以打造国际化物流运输集团。② 跟航运企业相关的电子商务立法则主要是原交通部于1997年先后颁布的《海上国际集装箱运输电子数据交换管理办法》《海上国际集装箱运输电子数据交换协议规则》《海上国际集装箱运输电子数据交换电子报文替代纸面单证管理规则》《海上国际集装箱运输电子数据交换报文传递和进出口业务流程规定》等部门规章。③ 这些部门规章为我国航运企业在海上货物运输中使用电子数据交换电子报文即用电子单证替代纸质单证提供了法律依据，但国际海上货物运输领域却缺乏统一的规则来调整电子商务交易各方当事人的法律关系。或者说传统已生效的国际海运规则在电子商务运用到国际海上货物运输领域方面是立法空白，那么随着电子商务的发展，传统已生效的国际海运规则必然不能满足国际贸易和航运实践的需求，故而需要在考虑国际海运特殊性的基础上制定新的国际海运规则以调整各方当事人的法律关系。

---

① 参见《国务院关于大力发展电子商务加快培育经济新动力的意见》，国发〔2015〕24号，成文日期：2015年5月4日，发布日期：2015年5月7日。

② 参见张莉：《提升电子商务发展环境下的综合物流运输能力》，载《中国远洋船务》2015年第6期。

③ 参见《交通部关于发布〈海上国际集装箱运输电子数据交换管理办法〉等项规定的通知》，交水发〔1997〕233号，颁布日期：1997年5月4日，实施日期：1997年5月4日。

三、交易成本控制需求

法律经济学以人类社会的法律现象作为研究对象,用经济学的理论、方法来研究法学理论和法律制度,包括法律的形成、结构、过程、效力及改革等。[①] 经济学提供精确的数学理论(价格理论和赛局理论),且有完整的实证方法(统计学和经济计量学)可据以分析法律规范所隐含价格对行为的影响。[②] 这便是法律的经济学分析,用经济学的基础理论和分析工具来研究法律规则及其运作方式。[③] 作为法律经济学的奠基人,诺贝尔经济学奖得主罗纳德·科斯(Ronald Harry Coase)在 1937 年发表的《企业的性质》一文中指出了利用价格机制是有成本的,进而初步引出了交易成本的概念。[④] 随后其在 1960 年发表的《社会成本问题》一文中对交易成本理论进行了进一步阐述,将交易成本定义为当事人为了实现交易而须收集市场信息、进行谈判等为实现一项合同要付出的时间、精力和费用,运用交易成本理论分析法律制度对资源配置的影响。[⑤] 科斯的成本交易理论通过考察和分析产权关系,来合理界定、变更和调整产权结构,以降低或消除经济运行中的交易成本,提高经济运行效率,改善资源配置。[⑥] 在现实交易成本存在的情况下,相比较而言能使交易成本最小化的法律是最适当的法律,而在零交易成本世界里只要交易自由就总能产生高效率的结果。[⑦] 换言之,每一笔交易的过程都是需要付出相应的成本的,而成本的支出在正常情况下与企业的效益成反比,那么节省交易成本无疑可以有助于增加企业的效益。

在国际海上货物运输合同订立过程中,托运人和承运人需要了解市

---

① 参见蒋兆康、田培炎:《作为一种法哲学的法律经济学——它的历史、基础和方法》,载《中外法学》1992 年第 1 期。

② 参见[美]罗伯特·考特、托马斯·尤伦:《法律经济学》(第 6 版),温丽琪、顾慕尧译,台北,华泰文化 2013 年版,第 3 ~4 页。

③ See Richard A. Posner, *The Law and Economics Movement*, The American Economic Review, May 1987, pp. 1 – 13.

④ See R. H. Coase, *The Nature of the Firm*, Economica, November 1937, pp. 386 – 405.

⑤ See R. H. Coase, *The Problem of Social Cost*, The Journal of Law and Economics, October 1960, pp. 1 – 44.

⑥ 参见钱弘道:《法律的经济分析》,清华大学出版社 2006 年版,第 37 页。

⑦ 参见钱弘道:《经济分析法学》(第 2 版),法律出版社 2005 年版,第 1 页。

场行情，进而确定交易相对方进行交易细节的协商和谈判，谈判的内容自然就包括托运人和承运人的权利义务和责任等。若是在这个交易过程中托运人和承运人能直接适用统一的规则来界定一般事项，那么就可以省去相当大的时间和精力成本，当然还包括磋商费用等，那么能导致企业整体效益的增加进而有助于整个社会财富的积累和全球经济的发展。正如国际贸易中的国际贸易术语解释通则一样，在买卖双方洽谈交易和订立合同时，只要确定了使用某一项贸易术语，则意味着使用一套相应的规则，包括了交易双方各自承担的责任、费用和风险等。那么同样地，在国际海上货物运输领域中，若是有一项托运人和承运人都能接受的国际公约确定了各方的权利和义务，那么当事人能减少交易洽谈和订约的成本，预见行为的后果，从而提高效率，以实现经济利益的最大化。商人追求利益的本能会让其愿意遵守符合其利益追求的私法条约规范，这对国家海运规则的统一会起到极大的促进作用。①

第三节 航运实践的现实需求

一、航运业的国际性

国际货物贸易的80%左右是通过海运完成的，海运因其运输量大、通过能力强和成本低等优点成为国际货物运输中最主要的交通方式。②国际贸易的全球性决定了货物运输的跨国性，因此国际海运的航程具有国际性的特征，船舶从A国始发港到B国目的港之间可能停靠多个不同国家的港口，在各个国家港口都可能有货物的装卸等，换言之船舶上的货物往往来自不同的国家，要抵达的目的港也不尽相同，货物的多元化和国际性也增加了航运业的国际属性。大型的船公司往往会在世界各个沿海国家都设有分公司或者办事机构，从而有助于抢占全球或区域性的对应

---

① 参见孙希尧：《国际海事私法统一研究：条约角度》，知识产权出版社2014年版，第40页。

② 参见莫世健主编：《国际经济法》（第2版），中国政法大学出版社2014年版，第131页；陈石：《论〈鹿特丹规则〉对"一带一路"重要性》，载《中国海商法研究》2016年第1期。

航线市场份额。各个船公司的船舶都需要完成船舶登记,而船舶登记决定了其船舶国籍,其中方便旗、光船租赁及双重国籍登记等制度的存在都增强了船舶的国际属性。① 虽然随着航海科技的进步,人类对海上风险的防控能力已有所提升,但巨大的海上风险依然是无法避免的,特别是特定海域和航线可能要应对极端恶劣的自然气候,从事国际海运必然要受到海洋环境的制约。不同的航线和不同的季节可能产生的海上货物运输风险都不一样,那么船舶适航与否自然要根据具体的航程来加以判断。船舶适航至少必须要保证该船舶能够在整个航程中抵御可以预见的一般风险,那么有关船舶的建造、监造、检查和维护就应该有一个国际社会通用的标准,这便决定了船舶的检验有国际性。船舶检验的国际性也意味着船级社等国际航运组织具有国际性,与之相关的货代等都有对应的国际性组织来维护本行业的利益。而船舶适员指的是船舶要适当地配备船员,这里的适当应该包括取得对应等级证书的船员数量和有关船员分工符合相关资质要求,这便需要有统一的国际公约来规定从事国际海运的船员要接受统一的技能培训以达到专业要求,包括对应的语言能力,从而可以匹配给对应的船舶来满足特定航线的需求。船舶适员的上述要求也便决定了船员具有国际性,特别是大型船公司可能还会存在不同分公司之间船员的调配和雇佣情况以满足临时之需,但只要船员的分级标准是国际化的统一标准,便能满足对应的需求。航运业以国际航运市场为活动场所,与世界经济环境密切相关,在国际贸易中商人普遍使用的统一国际贸易价格术语、国际组织推荐使用的合同模板或格式合同等都使为国际贸易提供服务的航运业具有国际性的特征,而航运业的国际性特征要求其适用的法律也应该具有国际统一性。②

---

① 参见司玉琢主编:《国际货物运输法律统一研究》,北京师范大学出版社 2012 年版,第 42 页。

② 同上书,第 43 页。

二、“铁海联运”等多式联运新模式的速度发展①

根据统计数据,2012 年我国与海上丝绸之路沿线各国贸易总额就高达 13,927 亿美元,占我国外贸总额的 36%,我国早已经成为东南亚、南亚国家、海湾国家及一些拉非国家最重要的贸易对象和外资来源地。② 随着“一带一路”倡议的进一步落实,“一带一路”沿线国的国际货物贸易必定增多,而国际海上货物运输又是国际货物贸易最主要的交通运输方式。尤其是原油、铁矿石、铜矿石、煤炭等能源资源进口严重依赖于海运,以原油进口为例,中国 2012 年原油进口额为 2203.95 亿美元,其中通过海运进口额为 1191.68 亿美元,占总量的 90.37%。③ 有关“一带一路”沿线国现有数据,根据国际地域分工格局,④可以将“一带一路”辐射的沿线国分为三类:第一类是只能通过陆运的内陆国家(如奥地利、捷克和匈牙利),第二类是只能通过海运的国家(如菲律宾、斯里兰卡、马尔代夫),第三类是绝大多数即可以通过陆运又可以通过海运的沿海国家(如中国、马来西亚、新加坡)。也就是说“一带一路”辐射的 147 个沿线国中绝大多数国家可以直接通过海上货物运输实现贸易往来,而少数的内陆国家也有可能通过“海运 + 其他”模式的多式联运的方式参与到含有海运的整个货物贸易运输环节中来。⑤ 据统计,我国通过 73 个公路和水路口岸与相关国家开通了 356 条国际道路客货运输线路,通过多式联运的方式使海上运输服务已经涵盖了“一带一路”沿线所有国家。⑥ 例如,新中国成立初期我国的国际贸易伙伴主要局限于东欧,铁路运输占全国进出口货物运输总量的 50% 左右,直至 50 年代以来,我国与

---

① 参见陈石:《论〈鹿特丹规则〉对“一带一路”重要性》,载《中国海商法研究》2016 年第 1 期。

② 参见赵江林主编:《21 世纪海上丝绸之路》,社会科学文献出版社 2015 年版,第 28 页。

③ 参见中国现代国际关系研究院:《“一带一路”读本》,时事出版社 2015 年版,第 107 页;傅梦孜、楼春豪:《关于 21 世纪“海上丝绸之路”建设的若干思考》,载《现代国际关系》2015 年第 3 期。

④ 参见地图窝网:http://www.onegreen.net/maps/m/world.htm,最后访问日期:2018 年 1 月 30 日。

⑤ 参见陈石:《论〈鹿特丹规则〉对“一带一路”重要性》,载《中国海商法研究》2016 年第 1 期。

⑥ 参见《我国与“一带一路”沿线国家签署了 130 多个运输协定》,载中国经济网:http://intl.ce.cn/specials/zxgjzh/201704/27/t20170427_22377739.shtml,最后访问日期:2018 年 1 月 30 日。

朝鲜、蒙古、越南、苏联的进出口货物仍大部分通过铁路运输完成，此外与西欧、北欧和中东地区一些国家进出口贸易也依赖国际铁路联运。[①] 那么随着“一带一路”倡议的进一步实施，各沿线国及地区的进出口贸易量会翻倍增长，对比各类交通运输模式的利弊之后，国际铁路运输方式在运输速度和运费成本等因素平衡考量后必定会倍受陆上丝绸之路经济带贸易运输的青睐。再考虑到“一带一路”所辐射范围内部分区域的自然环境和自然地理条件等因素，如西部地区的恶劣自然环境，铁路运输更能及时地保障物资和人员安全运送。另外，随着我国中西部铁路的建设和发展，以陇海、兰新、北疆、南疆和青藏线等铁路形成的新丝绸之路经济带国内铁路网主骨架已经基本形成，并通过阿拉山口、霍尔果斯口岸站和中亚、欧洲发达的铁路相连，为铁路通道的形成奠定了坚实的基础。[②] 那么作为陆上运输方式的铁路将和作为海上运输方式的海运一起构成中国建设和实施中欧、中亚不同经济通道的基本手段之一，铁路也就不仅仅是连接亚欧大陆相关经济走廊的基本手段。换言之，“海铁联运”模式只要在港口和陆地间采取合理的运输组织模式，又可以实现沿海国家和内陆国家之间的运输衔接，从而最大限度地实现贸易便利化。

早在1956年，航行于北大西洋的集装箱船在开启集装箱运输的同时也揭开了多式联运时代的序幕。[③] 随着社会经济的迅速发展，物流的空间距离被拉大而对时间距离的要求却在减少，单一的运输方式越来越不能满足物流需求的时效性要求，多式联运是广区域限时快速运输者普遍采用的运输组织形式。[④] 多式联运在一定程度下能够提高运输过程中的

---

① 参见王淑敏、王为：《国际铁路货物联运中的交货条款和贸易术语研究》，载高永富、陈晶莹：《国际贸易法论丛》，北京大学出版社2007年版；莫世健、陈石：《论国际铁路运输公约对“一带一路”的重要性》，载《山东科技大学学报(社会科学版)》2016年第2期。

② 参见唐卫红：《新丝绸之路经济带的铁路运输研究》，载《现代商业》2015年第7期；莫世健、陈石：《论国际铁路运输公约对“一带一路”的重要性》，载《山东科技大学学报(社会科学版)》2016年第2期。

③ See William J. Coffery, *Multimodalism and the American Carrier*, Tulane Law Review, Volume 64, 1989 - 1990, p. 570.

④ 参见杨文东、王文芳：《有时间窗的多式联运问题分析与建模》，载《南京航空航天大学学报》2009年第1期。

效率、安全性、适应性等，同时还能在一定程度上降低运输成本。① 待孟中印缅经济走廊的主通道、自昆明到缅甸实兑港的中缅铁路，中巴经济走廊的主通道、自喀什到巴基斯坦瓜德尔港的中巴铁路，这两条国际铁路建成后，将形成内地铁路主干线（也是丝绸之路经济带物流主干线）与海上丝绸之路的主要枢纽点衔接的国际铁路通道，构成丝绸之路亚欧大陆的完整经济带。② 届时在“一带一路”的跨境物流中，国际海上货物运输通过铁路承担港口的进出口货物运输工作和陆路口岸的进出口货物运输工作，将实现多式联运中“海铁联运”，从而全面提升“一带一路”沿线国的贸易运输。“一带一路”本身就不能分开来看，海上丝绸之路和陆上丝绸之路是互为补充、互通互联的整体物流网络的组成部分。③ 那么“一带一路”交通经济带的基础骨架则包括以第二亚欧大陆桥为骨架的中部主通道、渝新欧大通道、中印蒙缅通道、空中快速通道和海上运输通道。④

为了配合“一带一路”通向欧洲运输，李克强总理于 2014 年 12 月在中国—中东欧国家领导人会议期间达成了合作建设中欧陆海快线北段匈塞铁路的谅解备忘录，为中欧陆海快线的建设奠定了基础。⑤ 在过去的很长时间，中国的货物想进入欧洲都需要穿过印度洋、绕行非洲南端的好望角，再纵向穿越整个南大西洋、路经西非海岸，几经辗转才能抵达欧洲。⑥ 而中欧陆海快线通过比雷埃夫斯港，一艘载满中国货物的集装箱货轮可以直接穿过红海、苏伊士运河在此卸货，经由铁路直接送至欧洲腹地，比如奥地利、捷克、波兰等中欧国家，通过“海铁联运”的方式将使中

① 参见魏航、李军、刘凝子：《一种求解时变网络下多式联运最短路的算法》，载《中国管理科学》2006 年第 4 期。

② 参见王为：《铁路助力“一带一路”建设》，载中国商务新闻网：http://epaper. comnews. cn/news - 1102212. html，最后访问日期：2018 年 1 月 30 日。

③ 同上。

④ 参见董锁成等：《丝绸之路经济带经济发展格局与区域经济一体化模式》，载《资源科学》2014 年第 12 期。

⑤ 参见《总理力促的中欧陆海快线解密》，载新华网：http://news. xinhuanet. com/world/2014 - 12/18/c_127315786. htm，最后访问日期：2018 年 1 月 30 日。

⑥ 参见《比港扩建“拿下”：中欧陆海快线“通”了》，载中国政府网：http://www. gov. cn/xinwen/2014 - 12/22/content_2794779. htm，最后访问日期：2018 年 1 月 30 日。

欧进出口贸易有质的飞跃。[①] 随着《中远比港友好协商协议》获得希腊议会批准，建设从希腊比雷埃夫斯港至匈牙利首都布达佩斯的中欧陆海快线也向前迈出了实质性一步。[②] 中欧陆海快线是正在推进的匈塞铁路的延长线和升级版，其南起希腊比雷埃夫斯港、北抵匈牙利布达佩斯，途经马其顿首都斯科普里和塞尔维亚首都贝尔格莱德，全长约 1500 公里，辐射人口 3200 多万，一旦建成后，这条快线将为中国对欧洲出口和欧洲商品出口至中国开辟一条新通道，将大大促进中东欧地区以及中国与欧洲之间的互联互通，是一项着眼发展、面向未来的战略规划。[③] 中欧陆海快线南起希腊比雷埃夫斯港，比雷埃夫斯地理位置位于希腊首都雅典南部几英里处，实质上可谓希腊航运业的基地，也是地中海地区最大的港口之一，作为距离苏伊士运河最近的西方港口，是船舶通向中东欧、巴尔干半岛、黑海、地中海、非洲的良好中转港，尤其是通往东南部欧洲的门户。[④] 那么作为构建中欧陆海快线和实现陆海联运的枢纽港，比雷埃夫斯港就是 21 世纪海上丝绸之路建设的重要海上战略支点。为了加速中欧陆海快线的建设，中国远洋海运集团于 2016 年 4 月 8 日正式与之签署协议收购希腊比雷埃夫斯港 67% 股权，对该港基础设施进行投资，并致力于提升和优化港口运营能力，有助于将港口发展成为欧洲领先港口之一，促进亚欧经济贸易往来，从而加速推进“一带一路”倡议的实施。[⑤] 直至 2017 年 1 月 29 日和 2 月 5 日由中远海运集团启动的第一列和第二列货载中国货物集装箱货车希腊比雷埃夫斯港先后抵达匈牙利首都布达佩斯，这标志着中国收购比雷埃夫斯港后，规划连通中国与中东欧地区货物联运的“中欧陆海快式联运”正式开通。[⑥]

---

① 参见《比港扩建“拿下”：中欧陆海快线“通”了》，载中国政府网：http://www.gov.cn/xinwen/2014-12/22/content_2794779.htm，最后访问日期：2018 年 1 月 30 日。

② 同上。

③ 参见《中欧陆海快线工作组访问马其顿》，载中华人民共和国驻马其顿共和国大使馆官网：http://mk.chineseembassy.org/chn/sgxw/t1229273.htm，最后访问日期：2018 年 1 月 30 日。

④ 参见《中国远洋海运正式收购希腊最大港口，布局中欧陆海快线》，载中山港航网：http://port.zhoushan.gov.cn/news/20160413085432921.html，最后访问日期：2018 年 1 月 30 日。

⑤ 参见《中远海运收购比雷埃夫斯港口 67% 股权》，载中国远洋海运集团有限公司官网：http://www.cosco.com/art/2016/5/9/art_6865_48162.html，最后访问日期：2018 年 1 月 30 日。

⑥ 参见《中欧陆海快式联运正式开通》，载《人民日报》2007 年 2 月 8 日，第 3 版。

随着"一带一路"的进一步落实和发展,中国各省市及其港口纷纷开辟海铁联运的快速物流新通道,大力推动"一带一路"沿线国的贸易往来。在全球运输需求增长承受较大下行压力的形势下,大连港海铁联运集装箱吞吐量在2016年仍有全年40.6万TEU(集装箱计数)的作业量,同比增长17%,而大连铁路集装箱中心则是全国唯一与港口无缝对接的港前站,通过海铁联运模式将来自日本、韩国和中国各地的货源运送至欧洲,其已成为中国主要集装箱海铁联运和海上中转港口之一。[①] 韩中蒙国际海铁联运从最初每月10标箱增长到现在每月超100标箱,形成了韩中蒙物流新通道,反作用于韩中蒙三国经济贸易合作不断深化。[②] 在2016年6月底,京津冀地区首个海铁联运的综合性集装箱铁路枢纽中铁天津集装箱中心站正式开通运营,作为"一带一路"交汇点、中蒙俄经济走廊东部起点、新亚欧大陆桥经济走廊和海上丝绸之路的重要节点的天津自此成为连接东亚经济圈与中东欧经济圈国际货运中转的一条"快速通道",并将推进海空铁多式联运以设立国家级"一带一路"海铁联运综合试验区。[③] 2017年2月15日起,江西开行50班次"海铁联运"班列对接"海上丝绸之路",通过海铁联运快速班列将整合大南昌及周边地区进出口企业货源运达世界各地。[④] 而深圳港作为世界第三大集装箱港,拟建设内陆港来推进海铁联运。[⑤]

对于"一带一路"沿线欧亚国家,口岸与物流效率对国家间贸易流量的促进作用最大,其中影响口岸与物流效率的因素就有港口基础设施质量等,进口国口岸与物流效率每提升1%,两国间贸易流量将增加2.61%。[⑥] 因此,21世纪海上丝绸之路的推进要优先发展基础设施互联

---

① 参见《大连港海铁联运集装箱吞吐量首破40万标箱》,载中国新闻网:http://www.chinanews.com/cj/2017/02-07/8143132.shtml,最后访问日期:2018年1月30日。

② 参见《韩中蒙国际海铁联运月货运量突破百标箱》,载中国港口网:http://www.chinaports.org/info/2016/193344.htm,最后访问日期:2018年1月30日。

③ 参见《天津:海陆双拼 串联世界(共建"一带一路")》,载《人民日报》2007年4月3日第1版。

④ 参见《江西开行50班次"海铁联运"班列对接"海上丝绸之路"》,载中国江西网:http://news.jxnews.com.cn/system/2017/02/15/015768658.shtml,最后访问日期:2018年1月30日。

⑤ 参见《深圳港拟建内陆港推进海铁联运》,载深圳政府在线网:http://www.sz.gov.cn/cn/xxgk/zfxxgj/zwdt/201704/t20170406_6116538.htm,最后访问日期:2018年1月30日。

⑥ 参见孔庆峰、董虹蔚:《"一带一路"国家的贸易便利化水平测算与贸易潜力研究》,载《国际贸易问题》2015年第12期。

互通,推动口岸基础设施建设从而推进建立统一的全程运输协调机制,以实现“海运+其他”的多式联运有机衔接。继收购希腊比雷埃夫斯港后,中国远洋海运集团下属中远太平洋有限公司于2016年5月11日收购和记港口集团荷兰鹿特丹EUROMAX集装箱码头35%股权,该码头所处的鹿特丹港是欧洲最大的港口,也是全球主要的枢纽港之一,是“一带一路”的终点、“陆上丝绸之路”与“海上丝绸之路”的汇合之处,还是新亚欧大陆桥经济走廊的欧洲终端,无疑也是21世纪海上丝绸之路建设的重要海上战略支点。①在两大重要海上战略支点的港口被收购后,中国建设21世纪海上丝绸之路基本形成了从孟加拉国吉大港—斯里兰卡科伦坡港—希腊比雷埃夫斯港—荷兰鹿特丹港的“珍珠链”布局。②中欧陆海快线的建设及其港口收购等都是“一带一路”倡议发展中的重要组成部分,海运为“一带一路”倡议提供运输保障和推动沿线国家经贸合作的同时,“一带一路”倡议的实施也对传统海运也提出新的组织模式要求。“海运+其他”模式的多式联运作为一种实用的国际货物运输模式,其中“海铁联运”将在“一带一路”倡议中发挥重要的作用,中欧陆海快线的建设就需要着力于重要港口建设和铁路网的构建,从而实现21世纪海上丝绸之路和陆上丝绸之路经济带的协同发展。鉴于海运在国际货物运输中的重要性,随着中欧陆海快线的进一步落实,统一的国际海上货物运输公约规则对中国的承运人和货方显得尤为重要。国际航运市场的发展要求永远是国际海上货物运输立法的基础和基本推动力,而现有生效的国际海运规则并不能跟上现代经济贸易和现代科学技术发展的步伐,故而就需要新的规则在更高程度上实现国际海上货物运输法律制度的统一。③

① 参见《乘“一带一路”倡议出海,欧洲并购连下两城中远海运串起海上“珍珠链”》,载中国水运网:http://www.zgsyb.com/html/content/2016-05/25/content_498231.shtml,最后访问日期:2018年1月30日。

② 同上。

③ 参见胡正良、於世成、郏丙贵等:《〈鹿特丹规则〉影响与对策研究》,北京大学出版社2014年版,第10~11页。

第四节 “一带一路”下分散海运规则及其弊端

一、“一带一路”沿线国分散的海运规则分类

就中国一带一路网所列举的包含中国在内的“一带一路”这147个沿线国而言，以法系作为划分标准，主要可以区分为大陆法系（如中国）、英美法系（如印度）、伊斯兰法系（如阿富汗）和混合法系（如南非）等国家。[①] 法系是法律认知、理解和把握世界法律总体格局的主要理论工具，但有关法系的分类及其分类标准一致处于争论不休的状态，但可以达成共识的是不同法系之间存在法律渊源、论证方法、审判模式等诸多不同。[②] 而就目前已经生效三大国家海运公约而言，“一带一路”这147个沿线国中有50个国家加入了《海牙规则》，有15个国家加入了《维斯比规则》，还有36个国家加入了《汉堡规则》。“一带一路”这147个沿线国中只有埃及、黎巴嫩和厄瓜多尔这3个国家是同时加入了三个已生效的国际海运公约，有新加坡、斯里兰卡、叙利亚、波兰、克罗地亚、希腊、意大利和汤加这8个国家是只同时加入了《海牙规则》和《维斯比规则》，有罗马尼亚、匈牙利、马达加斯加、塞内加尔、葡萄牙、冈比亚、坦桑尼亚、尼日利亚、肯尼亚、喀麦隆、塞拉利昂、巴巴多斯和多米尼加这13个国家是只同时加入了《海牙规则》和《汉堡规则》，又有格鲁吉亚这一个国家只同时加入了《维斯比规则》和《汉堡规则》。除同时加入几个国际海运公约的国家外，还有马来西亚等26个国家只加入了《海牙规则》，俄罗斯等3个国家只加入了《维斯比规则》，及其约旦等19个国家只加入了《汉堡规则》，及其剩下还有74个沿线国未加入任何一个已生

---

① 伊斯兰法系，是指以伊斯兰教法作为基本法律制度的诸国所形成的“法律传统”、“法律家族”或“法律集团”。本书有关法系的分类参见范健、张虹玉、梁泽宇：《“一带一路”与中国商法国际化的新挑战》，引自论文集《深化法律合作，共建“一带一路”》，第四届中国—亚欧法律论坛，主办：中国法学会，承办：西北政法大学，第56～66页。

② 参见黄文艺：《重构还是终结——对法系理论的梳理和反思》，载《政法论坛》2011年第3期。

效的国际海运公约。国际公约规则本身又存在一定的冲突需要协调，加上这147个沿线国的国内法，使“一带一路”沿线国的海运规则无疑是分散而复杂的。

表4－1 “一带一路”沿线国海运公约缔约状况

序号	地区	国家	《海牙规则》	《维斯比规则》	《汉堡规则》
1	发起国	中国			
2	东北亚	蒙古国			
3		俄罗斯		缔约国	
4		韩国			
5	东南亚	印度尼西亚			
6		泰国			
7		马来西亚	缔约国		
8		越南			
9		新加坡	缔约国	缔约国	
10		菲律宾			
11		缅甸			
12		柬埔寨			
13		老挝			
14		文莱			
15		东帝汶			
16	南亚	巴基斯坦			
17		孟加拉国			
18		斯里兰卡	缔约国	缔约国	
19		阿富汗			
20		尼泊尔			
21		马尔代夫			
22		不丹			

续表

序号	地区	国家	《海牙规则》	《维斯比规则》	《汉堡规则》
23	西亚、北非	沙特阿拉伯			
24		阿联酋			
25		阿曼			
26		伊朗	缔约国		
27		土耳其	缔约国		
28		以色列	缔约国		
29		埃及	缔约国	缔约国	缔约国
30		科威特	缔约国		
31		伊拉克			
32		卡塔尔			
33		约旦			缔约国
34		黎巴嫩	缔约国	缔约国	缔约国
35		巴林			
36		也门			
37		叙利亚	缔约国	缔约国	
38		巴基斯坦			
39		摩洛哥			缔约国
40		阿尔及利亚	缔约国		
41		几内亚			缔约国
42		突尼斯			缔约国
43		利比亚			
44		塞浦路斯	缔约国		
45	独联体其他国	乌克兰			
46		白俄罗斯			
47		格鲁吉亚		缔约国	缔约国
48		阿塞拜疆			
49		亚美尼亚			
50		摩尔多瓦			

续表

序号	地区	国家	《海牙规则》	《维斯比规则》	《汉堡规则》
51	中东欧	波兰	缔约国	缔约国	
52		罗马尼亚	缔约国		缔约国
53		捷克			缔约国
54		斯洛伐克			
55		保加利亚			
56		匈牙利	缔约国		缔约国
57		拉脱维亚		缔约国	
58		立陶宛		缔约国	
59		斯洛文尼亚	缔约国		
60		爱沙尼亚			
61		克罗地亚	缔约国	缔约国	
62		阿尔巴尼亚			缔约国
63		塞尔维亚			
64		北马其顿			
65		波黑			
66		黑山			
67		希腊	缔约国	缔约国	
68	中欧	哈萨克斯坦			缔约国
69		乌兹别克斯坦			
70		土库曼斯坦			
71		吉尔吉斯斯坦			
72		塔吉克斯坦			
73		奥地利			缔约国
74	西南欧	意大利	缔约国	缔约国	
75		葡萄牙	缔约国		缔约国
76		马耳他			
77		卢森堡			

续表

序号	地区	国家	《海牙规则》	《维斯比规则》	《汉堡规则》
78	非洲	马达加斯加	缔约国		缔约国
79		塞俄比亚			
80		南非			
81		吉布提			
82		毛里塔尼亚			
83		索马里	缔约国		
84		卢旺达			
85		塞内加尔	缔约国		缔约国
86		多哥			
87		冈比亚	缔约国		缔约国
88		乌干达			缔约国
89		佛得角	缔约国		
90		布隆迪			缔约国
91		坦桑尼亚	缔约国		缔约国
92		津巴布韦			
93		刚果共和国			
94		乍得			
95		尼日利亚	缔约国		缔约国
96		肯尼亚	缔约国		缔约国
97		安哥拉	缔约国		
98		纳米比亚			
99		加蓬			
100		莫桑比克	缔约国		
101		赞比亚			缔约国
102		加纳			缔约国
103		塞舌尔	缔约国		

续表

序号	地区	国家	《海牙规则》	《维斯比规则》	《汉堡规则》
104	非洲	南苏丹			
105		喀麦隆	缔约国		缔约国
106		塞拉利昂	缔约国		缔约国
107		科特迪瓦			
108		阿尔及利亚	缔约国		
109		利比里亚			缔约国
110		赤道几内亚			
111		马里			
112		莱索托			缔约国
113		贝宁			
114		科摩罗			
115		尼日尔			
116		博茨瓦纳			缔约国
117		刚果民主共和国			缔约国
118		苏丹			
119	大洋洲	新西兰			
120		纽埃			
121		巴布亚新几内亚	缔约国		
122		瓦努阿图			
123		汤加	缔约国	缔约国	
124		库克群岛			
125		斐济	缔约国		
126		密克罗尼西亚联邦			
127		萨摩亚			
128		所罗门群岛	缔约国		
129		基里巴斯	缔约国		

续表

序号	地区	国家	《海牙规则》	《维斯比规则》	《汉堡规则》
130	北美洲	巴拿马			缔约国
131		特立尼达和多巴哥	缔约国		
132		多米尼克			
133		安提瓜和巴布达	缔约国		
134		古巴	缔约国		
135		巴巴多斯	缔约国		缔约国
136		多米尼加	缔约国		缔约国
137		格林纳达	缔约国		
138		牙买加	缔约国		
139	南美洲	乌拉圭			
140		圭亚那	缔约国		
141		玻利维亚	缔约国		
142		厄瓜多尔	缔约国	缔约国	缔约国
143		智利			缔约国
144		苏里南			
145		委内瑞拉			缔约国
146		秘鲁	缔约国		
147	中美洲	萨尔瓦多			

注:国际海运公约的缔约国数据来源于 CMI YEARBOOK 2015。

二、择地行诉不利于公平公正

现有的国际海上货物运输公约和各国国内法在托运人和承运人的权利和义务方面,特别是有关承运人的义务和责任方面规定差异很大。若是缺乏统一的国际海上货物运输规则,一旦出现国际海运纠纷时,则必然要涉及适用冲突法规则来确定准据法和管辖权及其外国判决的承认和执行等问题。正如前文所述,选择不同的国家或地区进行诉讼,则可能适用完全不一样的法律规则,将产生完全不同的结果。从承运人单位责任限制为例，1924年《海牙规则》第4条第5款规定了承运人的单位责任限制是100英镑，[①]而1968年《维斯比规则》第2条第1款将承运人的单位责任限制大幅度提高至10,000法郎（1968年时的10,000法郎约等于430英镑），[②]具体到“一带一路”沿线国，则有马来西亚等26个国家只加入了《海牙规则》，那么依照缔约国的公约义务，这26个国家的海商立法需要将本国的承运人单位责任限制以《海牙规则》为基础确定在不低于100英镑的标准。但是新加坡等8个国家因为同时加入了《海牙规则》和《维斯比规则》，故而在《维斯比规则》生效后对于这些国家而言若是本国的承运人单位责任限制仅符合了《海牙规则》的基础标准而未达到《维斯比规则》的基础标准的，则要依照缔约国的公约义务将本国的承运人单位责任限制以《维斯比规则》为基础确定在不低于10,000法郎的标准。再以马来西亚和新加坡为例，马来西亚作为《海牙规则》的缔约国，1950年《马来西亚海上货物运输法》将承运人的单位责任限制确立在100英镑到如今尚未有过修改。[③] 而新加坡在加入《维斯比规则》之后制定的1972年《新加坡海上货物运输法》将承运人的单位责任限制提高至10,000法郎的标准。从托运人利益角度出发，就1972年之后发生在马来西亚和新加坡之间的海上货物运输法律关系而言，托运人当然喜欢去新加坡诉讼以期获得更好的赔偿数额。实际上在英国和美国这两个国家之间亦是如此，在英国适用《维斯比规则》之前依照美国法标准比英国法标准的单位责任限制能高三百多美元，而在英国适用《维斯比规则》在1971年提高单位责任限制后则又比美国法标准多出约三百美元，这也导致了在英美国家海上货物运输当事人择地行诉之风盛行。[④] 在“一带一路”沿线国中还有36个国家加入了1978年《汉堡规则》，该公约将承运人单位责任限制提高至835个特别提款权，比1979年修订《维斯比规则》议定书所分别确定的标

---

① See *International Convention for the Unification of Certain Rules of Law Relating to Bills of Lading*, Art. 5. 4.

② See *Protocol to Amend the International Convention for the Unification of Certain Rules of Law Relating to Bills of Lading*, Art. 2. 1.

③ See *Carriage of Goods by Sea Act* 1950, Ord. No. 13 of 1950, Revised 1924 (Act 527 w. e. f. 12 December 1974).

④ 参见司玉琢主编：《国际货物运输法律统一研究》，北京师范大学出版社2012年版，第44页。

准还提高了约 25% 。[①] 那么就单一的《海牙规则》缔约国例如马来西亚而言，其国内立法所确定的 100 英镑的承运人单位责任限制跟《汉堡规则》的缔约国所适用的不低于 835 个特别提款权的标准相比相差甚远，这必然会导致托运人择地行诉。再以中国这类未加入任何一个国际海运公约的国家为例，中国《海商法》第 56 条所确立的承运人单位责任限制为 666. 67 特别提款权标准就是参照了《维斯比规则》标准，该标准相比于马来西亚等国则要高很多，而相比于捷克等国则要低很多。采用何种标准确立赔偿额对于海上货物运输当事人来说至关重要，特别是当某一项国际海上货物运输同时涉及三个或三个以上国家，而这些国家分别采用的不同标准的单位责任限制时，托运人在货物存在货损时必然会选择最有利于自身利益的国家或地区进行诉讼或仲裁解决海上货物运输纠纷。

冲突法规则在解决国际民商事争议时，其追求的是法律适用的可预见性、判决结果的一致性和稳定性，其经济目标在于确保每个涉外法律争议都按照与争议有最“适当”联系的国家的法律来解决，而且这种“适当性”不是依据法律的内容或法律争议解决的结果来判断，而是空间或地理意义上的“适当”。[②] 在这种情况下，通过冲突法规则来解决的纠纷，实际效果并不一定能达到公正，或者说程序上的公正未必能实现实体公正，这便是择地诉讼最大的问题所在。也正是因为根据国际私法的冲突法规则可能会有多个国家或地区的法院可以选择诉讼，那么当事人为了寻求自身利益的最大化就可能会抢先选择一个最利于自身利益的国家进行诉讼。同样的法律事实，只是因为当事人的选择或诉讼策略而在不同的国家进行诉讼造成适用不同的法律从而导致当事人的利益差，这并不公平，而这种不公平也会导致当事人在诉讼时就管辖权和法律适用问题提出异议从而为自身利益据理力争。而一国的法院在处理本国和外国当事人之间的海上货物运输合同纠纷时，有可能会考虑本国利益等因素，因而不利于保证具体案件的公正审理。择地诉讼现象容易产生适用法律不稳定的问题，而解决这种问题的根本办法之一便是制定统一的国际公约，因为统

---

① See *United Nations Convention on the Carriage of Goods by Sea*, Art. 6. 1.

② 参见吴思颖:《国际商事合同法统一化:原理、目标和路径》,法律出版社 2011 年版,第 69 页;邹国勇:《国际私法的价值取向——利益协调》,载《南京社会科学》2004 年第 5 期。

一的国际公约能为合理和有效的判决提供确定性和可预见性，从而从根本上避免择地诉讼问题的出现。① 法的社会作用体现在维护社会秩序与和平及控制和解决社会纠纷和争端，具体到国际海上货物运输领域，则体现在通过规范国际航运主体的行为来维护航运市场秩序即自由交易和契约自由的领域，限制契约自由如禁止垄断契约从而保障航运市场公平有序的竞争等。② 各国分散的海运规则使同一个法律关系中的当事人在不同的国家处理纠纷能得到的利益是不一样的，从而形成了因法律适用不同而导致托运人和承运人所得利益不同。而相对公平合理的交易规则才能促进社会价值目标的实现。国际海上货物运输的利益差异使国际航运市场不公平竞争的产生。又因为海牙—维斯比规则体系和汉堡规则体系下的承运人免责事项不同，前者免责事项多以至于承运人责任较轻，而后者免责事项少以至于承运人责任较重，那么不同规则体系下的承运人收取运费的高低则会跟自身责任相关，在收益和风险中去平衡调节运费，从而该原因导致的运费差异也会造成航运不公平竞争。③ 统一的国际海上货物运输规则能保证托运人和承运人最基本的权利、义务和责任的相对统一，这也促使承运人收取相对统一的运费标准。追求法律的统一，实际上也是追求国际航运市场公平有序的竞争环境，在确定最低限度的义务下实现契约自由和契约正义。契约正义是指契约法应保障订约当事人在平等自愿的基础上订约和履行，并使合同的内容体现公正、平等和诚实信用的要求，合同当事人一方不能滥用其经济实力和权利而损害另一方利益。④ 传统已生效的国际海运规则是在托运人和承运人地位极度不平等的背景下产生的，随着国际航运业的发展，托运人和承运人的地位趋近平衡，交易公平和正义不仅是托运人的追求，也是承运人所能接受的发展方向。既然各国分散的国际海运规则不利于构建国际航运业公平有序的竞争环境，那么追求统一的国际海上货物运输规则就成了整个国际航运业

---

① 参见司玉琢主编：《国际货物运输法律统一研究》，北京师范大学出版社 2012 年版，第 44 页。

② 参见舒国滢：《法理学导论》，北京大学出版社 2006 年版，第 40 页。

③ 参见司玉琢主编：《国际货物运输法律统一研究》，北京师范大学出版社 2012 年版，第 44 页。

④ 参见段启俊、蔡学恩、邱启雄：《论合同正义性》，载《武汉大学学报（人文社会科学版）》2000 年第 5 期；韦经建：《论海上货物运输法的强制缔约义务的适用及其规范的制度价值》，载《法制与社会发展》2007 年第 2 期。

追求公平和正义的重要组成部分,或者说是实现公平和正义的法律价值目标所必要的举措。

三、法律适用的不确定性和结果的不可预见性

“一带一路”沿线国共有147个国家,其中有54个国家是加入了海牙—维斯比规则体系,有36个国家是加入了汉堡规则体系,而又有一部分国家没有加入任何已经生效的国际海上货物运输公约。已加入国际公约的缔约国需要通过国内法来落实公约义务,使其国内法符合国际公约的规则要求。而没有加入国际公约的国家虽也可能吸收借鉴已有国际公约的内容来制定其国内海上货物运输立法。但有一点可以确定的是,在“一带一路”沿线国间开展国际海上货物运输可能会面临着法律适用的不确定性,若是当事人没有在合同中选择法律适用,则不同国家的当事人在一个国际海上货物运输法律关系中将不知道该适用哪一个国家的法律或者规则来调整或解决有关争议。法律的指引作用使其作为一种行为规范为人们提供某种行为模式,指引人们可以这样行为,必须这样行为或不得这样行为,从而对行为者本人的行为产生影响,即法律的指引作用是通过规定人们的权利和义务来实现的。① 法律的指引作用要求法律本身具有确定性,对于国际海上货物运输的各方当事人而言,若是无法得知其行为规范将受哪个规则约束和调整,那就会带来诸多的不确定性因素,甚至无法确定具体的交易方在国际海上货物运输法律关系中处于何种地位。而法律适用的不确定性将导致的直接后果就是结果的不可预见性,即当事人无法预见自己行为的后果。即便是通过冲突法规则最后确定了准据法来解决纠纷,实际上各个国家不统一的国际海运规则无法在以后的交易中给当事人一个明确的指引,而只能是根据个案加以判断总结。

从承运人的免责事项这个角度加以分析,由于海牙—维斯比规则体系所确定的承运人免责事项要远多于《汉堡规则》所规定的承运人免责事项,换言之,就承运人的免责事项而言,《汉堡规则》下的承运人责任要重于海牙—维斯比规则体系下的承运人责任。而“一带一路”沿线国中还有74个完全没有加入任何公约的国家,如中国,其国内海商立法对承

---

① 参见舒国滢:《法理学导论》,北京大学出版社2006年版,第38~39页。

运人的免责规定是采用了海牙—维斯比规则体系,但举证责任又按照《汉堡规则》的分配方式,换言之,中国法是采用了混合模式借鉴了几个公约的规定后制定的本国海商法。[①] 这类国家的国内法对承运人的免责事项范围可能多于海牙—维斯比规则体系,可能少于《汉堡规则》,也可能介于二者之间,换言之,各国的国内法在承运人免责这个角度看,其承运人责任是重于《汉堡规则》还是轻于海牙—维斯比规则体系还是介于二者之间,则要个案分析。这对于从事国际贸易的托运人来说便是一件复杂的事情,托运人得根据具体交易去分析承运人可能承担的责任,这不利于法的秩序和效率价值的实现,可能导致法律适用的不确定性和结果不可预见性,从而无法实现法的预测作用。

法律的预测作用体现在人们可以根据法律法规的规定可事先评估当事人双方将如何行为及行为的法律后果。[②] 不统一的国际海上货物运输规则导致各方当事人无法确定一旦产生争议后该适用何种规则来解决纠纷,但可以肯定的是不同的规则解决纠纷的结果肯定是不一样的,换言之,当事人适用不同的法律规则来解决同一个国际海上货物运输纠纷可能会得到完全不一样的两个结果,而这个结果对于交易各方当事人而言会导致利益差异悬殊。若是国际海上货物运输法律关系的各方当事人明确该法律关系受何种法律规则约束和调整,就可以预测到其行为的后果,基于对其行为后果的预测则可以对自己的行为作出相对应的调整。举个简单的例子,若是托运人和承运人一方明知其行为违约成本远大于守约的成本,那么从商人追求利益的本性来看则必然会选择守约,但若是守约成本远大于违约成本,则作为商人可能会选择违约的商业策略。在这种情况下,当事人必然是根据已确定的法律规则来预测其行为后果,在当事人已然基于作为或不作为要承担一项责任时,当事人可能会去对比较存在差异性的不同法律在这种情况下需要其承担的责任大小,从而将尽量使得该法律关系受对其最有利的一项法律规则来调整,进而引发了当事人选择规避法律或者通过法律选择进行择地诉讼的问题。法律适用的不确定性和结果的不可预见性都不利于公平和正义的法律价值之实现。

---

① 参见司玉琢:《海商法专论》,中国人民大学出版社 2010 年版,第 93 页。

② 参见舒国滢:《法理学导论》,北京大学出版社 2006 年版,第 39 页。

第五章 《鹿特丹规则》对海运规则统一化的推动

第一节 绪 论

《鹿特丹规则》对国际海运规则统一化的推动可以从形式统一、实质统一和统一保障三个角度出发,形式统一包括了文本的全面性与实用性及其立法的传承性与现代化,实质统一则包括了平衡船货双方的责任基础、构建货物交付体系来适应电子商务的发展、创设了“无单放货”的解决路径及其构建了“海运+其他”模式多式联运规则体系等方面,统一保障则包括了条约适用与解释。上述内容即《鹿特丹规则》优于其他三个已生效国际公约的内容,也是《鹿特丹规则》之所以适应“一带一路”发展需求的原因所在。本书第四章论述了“一带一路”对国际海运规则统一的需求,即回应了“一带一路”为什么需要统一的国际海运规则。而《鹿特丹规则》相比此前已生效的三个国际海运公约,其从船货双方责任基础平衡的角度使托运人和承运人的权利义务进一步趋于平衡,这是经济贸易发展的现实需求。若是缺乏利益平衡的公约规则,则不利于船货双方去直接接受规则,而是各方通过对市场行情的了解及其自身实力的判断就海上货物运输合同的达成进行个案磋商和谈判,将消耗大量的时间、精力和费用,这显然不利于成本控制及其经济一体化的发展。《鹿特丹规则》通过引入电子运输记录的概念、创设货物控制权制度及其引入单证托运人的概念来构建货物交付体系完全能适应“一带一路”下电子商务的发展给国际海运带来的变化及其为电子商务的发展留下了空间。换言之,《鹿特丹规则》作为现有国际海运公约中唯一一个引入电子运输记录等概念的公约,就是考虑到电子商务的发展趋势,这恰好也迎合了“一带一路”下电子商务发展的现实需求。

而“无单放货”一直是困扰国际海运的一大难题,凭单放货是基于交易安全的考虑,而无单放货则是出于交易便利的需要,从本质上说二者的冲突实际上也是交易安全和交易便利的冲突。《鹿特丹规则》并没有将“凭单放货”作为承运人任何情况下都要遵守的强制义务,而是在法定情形下,承运人可听从托运人或单证托运人的指示放货,从而创设了“无单放货”的解决路径。[①] 从“一带一路”下“海铁联运”等多式联运模式的发展对多式联运规则的需求来看,《鹿特丹规则》作为国际海运公约构建了涉及海运的“海运 + 其他”模式多式联运规则体系。相较传统国际海运公约,《鹿特丹规则》扩大了调整范围至“门到门”,确立最小网状责任制追求兼顾效率和公平的目标,引入了海运履约方的概念对承运人和履行了海运段义务的海运履约方的权利义务进行了统一规定,对于非海运履约方做了不同的制度安排。[②] 换言之,《鹿特丹规则》所构建的“海运 + 其他”模式多式联运规则体系能够解决“一带一路”下发展“铁海联运”等多式联运模式的现实紧迫需求,从而适应集装箱时代下国际海运实践的新发展。国际条约在缔约国的适用需要通过直接适用或间接适用的方式让条约具体化,从而将其规则在实践中予以落实。而规则在实践中的运用则需要由法院和仲裁机构来解释,若“一带一路”沿线国这些具有不同法律背景和法律传统的法官、仲裁员都以本国法的知识体系、思维方式、法律理念和解释技巧去理解、解释《鹿特丹规则》的话,那么该公约试图实现的法律统一化效果也将大打折扣。故而《鹿特丹规则》在制度设计中就考虑到对统一化的保障即规则解释路径,要考虑到国际性、促进统一和贸易诚信这三个方面,从而也要遵守《维也纳条约法公约》的解释原则和方法。总而言之,一项国际海运公约想要在国际海上货物贸易中被普遍认可和广泛适用除了要符合国际贸易和航运实践的发展需求外,还必须要求按照该公约的原则规则能得到结果上的公平正义,否则即便是一方

① 参见姚莹:《〈鹿特丹规则〉对承运人“凭单交货”义务重大变革之反思——交易便利与交易安全的对弈》,载《当代法学》2009 年第 6 期。

② 参见闻银玲:《论鹿特丹规则对国际多式联运法律的统一》,载《中国水运》2012 年第 8 期。

当事人因一时之交易地位差异而妥协适用,该公约也总有一天会被摒弃。这一点与"一带一路"合作发展的共建原则也是相通的,只有兼顾到各方利益,在寻求利益契合点的同时争取最大限度的合作才能实现互利共赢。

第二节 形式统一

一、文本的全面性与实用性

随着科学技术和航运实践的发展,现有生效的传统国际海运规则未能规制现代运输中出现的新的做法,包括集装箱化所带来的多式联运、门到门运输合同和使用电子运输单据,等等。[①]《鹿特丹规则》在整合和更新传统国际海运规则的需求下孕育而生,全文有 18 章共计 96 条,其内容要远大于海牙—维斯比规则体系和《汉堡规则》所构建的有关承运人和托运人之间的国际海上货物运输规则。《鹿特丹规则》一方面填补了传统国际海运规则的空白以适应科技和贸易的发展,如电子运输记录和货物交付规则体系的构建;[②]另一方面则进一步扩大了公约的适用范围和调整对象,包括了承运人和托运人的责任范围。[③] 而对于公约范围的一些具体问题则留给国内法去解决,比如《鹿特丹规则》第 24 条规定了绕航的法律后果却没有就何为绕航及其何谓合理绕航作出规定,[④]再如《鹿特丹规则》第 17 条分配了索赔的举证责任但没有规定举证的标准要达到什么程度。[⑤] 换言之,《鹿特丹规则》尽可能涵盖了当前国际航运实践对

---

① 参见联合国大会第六十三届会议决议(A/RES/63/122)。

② See *United Nations Convention on Contracts for the International Carriage of Goods Wholly or Partly by Sea*, Chapter 3 & 8 – 11.

③ See *United Nations Convention on Contracts for the International Carriage of Goods Wholly or Partly by Sea*, Chapter 2 & 5 – 7.

④ See *United Nations Convention on Contracts for the International Carriage of Goods Wholly or Partly by Sea*, Art. 24.

⑤ See *United Nations Convention on Contracts for the International Carriage of Goods Wholly or Partly by Sea*, Art. 17.

立法的需求,但对于难以达成一致意见的具体规则则留待准据法去协调。[①] 进而其所达成的大部分国家所能认可和接受的妥协方案文本即《鹿特丹规则》,能成功地推进运输法律制度的统一化进程。[②]

《鹿特丹规则》的制定过程中,为了收集关于实践中出现的问题及其解决方案的资料和意见,联合国国际贸易法委员会要求收集的范围应当力求广泛,除了各国政府外,还应包括参加海上货物运输的商业部门组织,包括国际海事委员会、国际商会、国际海运保险联合会、国际运输商协会联合会、国际海运局和国际港埠协会,等等。[③] 从联合国国际贸易法委员会工作组的历届会议参会主体来看,有政府、政府间组织和国际非政府间组织等与国际海运相关的主体作为代表或观察员的身份参与其中,从而表明该公约的磋商和起草过程中特别注重对政治需求和商业需求的双重满足,特别体现在有的提议即便在逻辑上堪称完美但只要受其影响的行业对之表示强烈反对也会导致提议无法生效。[④] 在这样一个背景下,通过各个行业专家代表的重复沟通和商议,《鹿特丹规则》的公约条文不仅在理论上行得通,更是在实务中具有可操作性。一项国际公约的规则是否具有可操作性会直接影响着公约在适用过程中是否会产生争议和困惑,而争议和困惑又需要法律解释,但法律解释本身就有不同主体认知的差异性和主观局限性,进而都会影响着公约统一规则的价值实现。如《鹿特丹规则》第 47 条就可转让运输单证下可以不提交单证而凭指示交付货物适用规则作了具体规定,并没有将"凭单放货"作为承运人任何情况下都要遵守的强制义务。[⑤] 将承运人无单放货的责任转嫁到了托运人或单证托运人的身上,改变了实践中承运人凭收货人的保函和副本提单交货

---

① 参见司玉琢、曹兴国:《海上货物运输法律制度的形式统一与实质统一——兼论〈鹿特丹规则〉第 2 条》,载《社会科学辑刊》2016 年第 1 期。

② See Michael F. Sturley, Tomotaka Fujita, and G. J. Van der Ziel, *The Rotterdam Rules: The UN Convention on Contracts for the International Carriage of Goods Wholly or Partly by Sea*, Sweet & Maxwell, 2010, p. 4.

③ 参见《大会正式记录,第五十五届会议,补编第 17 号》(A/55/17)。

④ See Michael F. Sturley, Tomotaka Fujita, and G. J. Van der Ziel, *The Rotterdam Rules: The UN Convention on Contracts for the International Carriage of Goods Wholly or Partly by Sea*, Sweet & Maxwell, 2010, pp. 4 – 5.

⑤ See *United Nations Convention on Contracts for the International Carriage of Goods Wholly or Partly by Sea*, Art. 47.

的习惯做法。[①] 要想从根本上解决实践中近乎成为行业惯例的无单放货问题,不外乎技术革新和立法革新两种方案,前者指的是全面使用电子提单,后者指的是对“凭单放货”规则加以修改。[②] 在现有的国际运输尚不能做到全面使用电子提单的环境下,解决无单放货问题最可行的方案就是对“凭单放货”规则加以适当的修改,有条件地允许无单放货的存在,这便是《鹿特丹规则》在交易安全和交易便利的平衡与博弈中选择解决路径。

二、立法的传承性与现代化

《鹿特丹规则》是以现有已生效的传统国际海运公约为基础,采用循序渐进式地演化而成,诸多条文设计上保留了海牙—维斯比规则体系下沉淀下来的法理,在新规则的设计上也并非无其他先例可循。[③] 如在《鹿特丹规则》制定过程中曾有人提议删除关于“适航义务”和“管货义务”的规定,但公约最终仍将这两项义务做了保留,以保证在理解上的稳定性,以免有人会误以为在《鹿特丹规则》下这两项义务已不再是承运人的基本义务。[④] 实际上,《鹿特丹规则》在立法体例和文本用词上,都尽可能地利用了海牙—维斯比规则体系中的现有资源,当然这应该也跟海牙—维斯比规则体系是现有生效规则中影响力最大的公约体系有关。再如《鹿特丹规则》第 1 条第 1 款对运输合同的定义表明其欲调整的是“海运 + 其他”的运输合同,而不一定要局限于单一的海运合同。[⑤] 虽然说现有已生效的传统国际海运公约只调整单一海运这一运输模式,而并不能调整多式联运之“海运 + 其他”,《鹿特丹规则》在多式联运这一块的

---

① 参见祁欢:《〈鹿特丹规则〉对无单放货承运人责任制度的影响》,载《北京工商大学学报(社会科学版)》2010 年第 6 期。

② 参见张湘兰、向力:《〈鹿特丹规则〉货物交付制度探析》,载《华东政法大学学报》2010 年第 6 期。

③ See Michael F. Sturley, Tomotaka Fujita, and G. J. Van der Ziel, *The Rotterdam Rules: The UN Convention on Contracts for the International Carriage of Goods Wholly or Partly by Sea*, Sweet & Maxwell, 2010, pp. 7 – 8.

④ 参见司玉琢、蒋跃川:《国际货物运输的世纪条约——再评〈鹿特丹规则〉》,载《法学杂志》2012 年第 6 期。

⑤ See *United Nations Convention on Contracts for the International Carriage of Goods Wholly or Partly by Sea*, Art. 1. 1.

创新也不是翻天覆地的。[①] 早在 1980 年,为了满足发展多式联运以满足贸易需求,在联合国贸易和发展会议的主持下,与会的国家就在日内瓦通过了《多式联运公约》,但该公约并未生效。[②] 虽然《多式联运公约》因为苏联东欧国家等发达国家的不满及其没有得到商业团体的支持等原因而不能生效,但至少说明多式联运这个问题已经引起了国际社会的关注,并且确已有立法规制的必要,如今《鹿特丹规则》作为国际海运规则,试图将其调整范围拓展到多式联运中的"海运 + 其他"模式,也是顺应时代的发展潮流。

虽然说《汉堡规则》的制定过程中已经注意到集装箱运输给航运带来的变化从而有限地涉及相对应的规则修改,但《鹿特丹规则》作为一项在 2008 年制定通过的公约,其规则内容能全面适应集装箱运输的要求。[③] 而在电子商务方面,现有已生效的传统国际海运公约并未涉及,而《鹿特丹规则》第 3 章专章对电子运输记录的使用效力、使用程序和替换等作出规定,从而适应现代贸易和航运实践的发展。[④] 与之对应地,《鹿特丹规则》在货物交付体系和控制方的权利及其转让问题的设计上也作出了相应的调整,为电子运输单据的使用留下了制度空间。[⑤] 实际上,公约所扩大的适用范围和新增主题是符合现代航运实践和电子商务的发展需求的,即着眼于当下,又未雨绸缪,从而在规则上为国际航运贸易的发展提供指引。

---

① 参见陈石:《论〈鹿特丹规则〉对"一带一路"的重要性》,载《中国海商法研究》2016 年第 1 期。

② 智利、墨西哥、布隆迪、摩洛哥、塞内加尔、赞比亚、卢旺达、格鲁吉亚、黎巴嫩、利比里亚、马拉维这 11 个国家加入了公约。参见联合国官网:https://treaties. un. org/Pages/ViewDetails. aspx? src = TREATY&mtdsg_no = XI-E-1&chapter = 11&lang = en,最后访问日期:2018 年 1 月 30 日。

③ See Michael F. Sturley, Tomotaka Fujita, and G. J. Van der Ziel, *The Rotterdam Rules: The UN Convention on Contracts for the International Carriage of Goods Wholly or Partly by Sea*, Sweet & Maxwell, 2010. p. 6.

④ See *United Nations Convention on Contracts for the International Carriage of Goods Wholly or Partly by Sea*, Chapter 3.

⑤ See *United Nations Convention on Contracts for the International Carriage of Goods Wholly or Partly by Sea*, Chapter 9 – 10.

第三节 实质统一:承托双方责任基础的平衡

一、承运人的责任基础

《鹿特丹规则》第 17 条共 6 款确定了承运人赔偿责任的基础是完全过错责任,包括了归责原则、免责事由和举证责任等方面的内容。[①] 承运人责任条款作为运输公约的核心条款,该条第 1 款就确定了承运人赔偿责任的基础是基于完全过错,此时索赔人只要证明货物灭失、损坏或者迟延交付是在承运人的责任期间内发生的,就推定承运人具有过错,要承担赔偿责任。[②]《鹿特丹规则》所构建的承运人归责原则是以《汉堡规则》为蓝本,即实行完全过错责任,但又通过举证责任的分配规定混合参照了海牙—维斯比规则体系,从而试图构建一个相对公正平衡和实务的承运人规则原则。[③]《鹿特丹规则》第 17 条第 2 款和第 3 款允许承运人举证证明承运人一方没有过错或者存在法定的免责事由时,可以免除其全部或者部分赔偿责任。[④] 其中《鹿特丹规则》第 17 条第 3 款所涉的 15 项免责事由跟现有已生效的国际海运规则相差较大,相对于海牙—维斯比规则体系而言,有如天灾等免责事由完全继承,也有如航海过失免责予以删除、再有避免或试图避免对环境造成危害的合理措施等新增事由,等等。在免责事由的设计上,既抛弃了货主国家强烈要求的航海过失免责,加重了承运人的负担,但也顺应时代发展新增了如海洋环境保护等方面免责事由加以适当平衡。《鹿特丹规则》第 17 条第 4 款则对索赔人的举证责任进行了具体分配,从而索赔人可以去推翻承运人基于《鹿特丹规则》第

---

① See *United Nations Convention on Contracts for the International Carriage of Goods Wholly or Partly by Sea*, Art. 17.

② See *United Nations Convention on Contracts for the International Carriage of Goods Wholly or Partly by Sea*, Art. 17. 1.

③ 参见李璐玲:《〈鹿特丹规则〉对承运人责任的权衡:一个得失兼具的体系》,载《中国海洋大学学报(社会科学版)》2013 年第 2 期。

④ See *United Nations Convention on Contracts for the International Carriage of Goods Wholly or Partly by Sea*, Art. 17. 2 & 17. 3.

17 条第 2 款和第 3 款所要求的免除赔偿责任。[①] 有关适航义务,《鹿特丹规则》第 17 条第 5 款要求有索赔人要先证明船舶不适航,再由承运人就船舶适航加以证明,从而明确了此时的举证责任顺序。[②] 但相比于传统海运公约而言,《鹿特丹规则》第 14 条对承运人的适航义务之期限要求从开航前和开航当时延伸至整个海上航程,且在内容上要求载货集装箱保持适于且能安全接收、运输和保管货物的状态。[③] 也就是说,《鹿特丹规则》一方面提高了承运人在适航义务方面的要求,另一方面又通过举证责任的分配让托运人先去证明船舶不适航,从而对双方的利益加以平衡。《鹿特丹规则》第 17 条第 6 款则就多种原因下导致的索赔进行责任分配,不再适用"瓦里斯库拉原则"即承运人不能举证两种原因造成的货损各自比例时就要承担全部责任,而是加以分担。[④]《鹿特丹规则》在归责原则上采用了《汉堡规则》所确立的完全过错责任,相比于海牙—维斯比规则体系加重了承运人的责任,但又通过举证责任的分配加重了索赔人的举证责任,比如索赔人要就船舶不适航先承担举证责任,从而加以平衡了承托双方的利益。

二、托运人的责任基础

传统国际海运公约中托运人责任体系规范缺乏,其义务和责任并未得到重点关注,但这与日益复杂的运输业务不相符合。[⑤]《鹿特丹规则》对托运人责任进行了全面规范,第 30 条第 1 款确定了托运人对承运人赔偿责任的基础原则上为过错责任,且该举证责任分配给承运人承担,要求承运人证明其所遭受的灭失或损坏是由于托运人违反公约规定的义务,

---

① See *United Nations Convention on Contracts for the International Carriage of Goods Wholly or Partly by Sea*, Art. 17. 4.

② See *United Nations Convention on Contracts for the International Carriage of Goods Wholly or Partly by Sea*, Art. 17. 5.

③ See *United Nations Convention on Contracts for the International Carriage of Goods Wholly or Partly by Sea*, Art. 14.

④ 参见司玉琢、韩立新主编:《〈鹿特丹规则〉研究》,大连海事大学出版社 2009 年版,第 157 页。

⑤ 参见蒋正雄:《〈鹿特丹规则〉:海商法发展史上的重要里程碑》,载《华东政法大学学报》2010 年第 6 期。

托运人才对其行为承担赔偿责任。[①] 但若托运人违反《鹿特丹规则》第 30 条第 2 款托运人对拟定合同事项所需要的货物准确性保证义务，[②]和第 32 条危险货物特别规则之时，[③]不能因为托运人没有过错而免除其赔偿责任，[④]即此时托运人的责任构成要件不以其是否具有过错为要件，而要承担严格责任。否则，托运人仅就托运人及其受雇人、代理人和分合同在内的履行托运人义务的任何一方之过失部分承担赔偿责任，但此时举证责任倒置，托运人要就自己没有过失的部分加以举证。[⑤] 相比于海牙—维斯比规则体系或《汉堡规则》而言，《鹿特丹规则》进一步强化了托运人的义务，确立了托运人的责任基础应与承运人的责任基础一致，为过错责任原则，但托运人在例外情况下承担严格责任。[⑥] 对比《鹿特丹规则》第 30 条之托运人的归责原则条款和第 17 条之承运人的归责原则条款，二者具有一定的对称性，即第 30 条第 1 款对应第 17 条第 1 款的归责原则，第 30 条第 2 款对应第 17 条第 2 款的举证责任，第 30 条第 3 款对应第 17 条第 6 款的重叠原因下的赔偿责任。[⑦] 将《鹿特丹规则》的归责原则和举证责任联系在一起解读，似乎可以理解为《鹿特丹规则》通过废除承运人的过错免责加重了承运人的责任，但同时也通过适用推定过错制度，即托运人要就自己没有过错承担举证责任，从而使托运人和承运人双方的权利义务再次趋向于平衡。[⑧]

---

① See *United Nations Convention on Contracts for the International Carriage of Goods Wholly or Partly by Sea*, Art. 30. 1.

② See *United Nations Convention on Contracts for the International Carriage of Goods Wholly or Partly by Sea*, Art. 31. 2.

③ See *United Nations Convention on Contracts for the International Carriage of Goods Wholly or Partly by Sea*, Art. 32.

④ See *United Nations Convention on Contracts for the International Carriage of Goods Wholly or Partly by Sea*, Art. 30. 2.

⑤ See *United Nations Convention on Contracts for the International Carriage of Goods Wholly or Partly by Sea*, Art. 30. 3.

⑥ 参见司玉琢、韩立新主编：《〈鹿特丹规则〉研究》，大连海事大学出版社 2009 年版，第 245 页。

⑦ 参见吴焕宁主编：《鹿特丹规则释义》，中国商务出版社 2011 年版，第 153 页。

⑧ 参见司玉琢、韩立新主编：《〈鹿特丹规则〉研究》，大连海事大学出版社 2009 年版，第 246 页。

第四节 实质统一:货物交付体系

一、以电子运输记录来促进电子商务的发展

随着电子商务在国际海运领域的推广和应用,使用电子运输单据不仅可以节约成本和提高效率从而促进交易便利,亦有助于避免货物比运输单证先到港而滋生的无单放货现象。[①]《鹿特丹规则》通过时的大会决议中就有说明现有海上国际货物运输的法律制度缺乏统一,未能考虑到使用电子运输单据等情况,从而有必要制定一项新的国际海运公约,换言之促进电子商务是新公约的一项主要目标。[②] 在技术层面,使用电子运输单证替代传统的纸质运输单证并无障碍,但从法律层面而言,就面临着如何适用电子运输单证来实现传统的纸质运输单证的功能问题。[③] 为了使新公约能扫除电子交易的障碍,又能适用于各种类型的运输合同以扩大其适用范围,当然也包括通过电子方式达成的合同,这就需要相关规则在媒介和技术层面都保持中性。[④]

《鹿特丹规则》第 8 条至第 10 条共三个条文规定了电子运输记录的使用和效力、使用程序及其替换等内容。[⑤] 其中《鹿特丹规则》第 8 条的法律基础是电子单证与纸质单证功能等价的等同方法,[⑥]只要承运人和托运人同意签发和使用,凡是应在运输单证上记载的内容均可在电子运输记录中加以记载,且电子运输记录的签发、排他性控制或者转让都与运

① 参见吴焕宁主编:《鹿特丹规则释义》,中国商务出版社 2011 年版,第 35 页。

② 参见联合国大会第六十三届会议决议(A/RES/63/122)。

③ 参见向在胜:《电子提单法律问题研究》,中国方正出版社 2007 年,第 21 ~ 28 页。

④ 参见司玉琢、韩立新主编:《〈鹿特丹规则〉研究》,大连海事大学出版社 2009 年版,第 86 页。

⑤ See *United Nations Convention on Contracts for the International Carriage of Goods Wholly or Partly by Sea*, Art. 8 – 10.

⑥ See Michael F. Sturley, Tomotaka Fujita, and G. J. Van der Ziel, *The Rotterdam Rules: The UN Convention on Contracts for the International Carriage of Goods Wholly or Partly by Sea*, Sweet & Maxwell, 2010, p. 49.

输单证的签发、占有或者转让具有同等效力。[①] 通过排他性控制来替代纸质运输单证的实际占有，换言之，随后讨论的货物控制权制度的引入很大程度上也是为了促进电子商务的发展。《鹿特丹规则》第 9 条规定了可转让电子运输记录的使用程序，实际上是将第 8 条功能等价的等同方法加以贯彻实践，在承运人和托运人同意的基础之上，可转让电子运输记录的使用程序应包括向预期持有人签发和转让可转让电子运输记录的方法、保证可转让电子运输记录保持完整性、持有人能够证明其持有人身份的方式、已向持有人交付货物的确认方式或可转让电子运输记录已失去效力的确认方式。[②] 通过使用注册系统来实现控制权权利转让，就能满足电子通信中的安全要求，且该系统在实践中亦已有运行，随着科技的发展，或许会有新的技术革新，只要能满足排他性控制的要求，那么承运人和托运人可协商决定所要使用的程序即可。[③] 一套新的规则出现需要过渡和适应期，于是《鹿特丹规则》第 10 条允许可转让运输单证和可转让运输电子记录之间实现相互提单，当然这也就意味着二者之间不能并存，一旦完成提单，被替换的运输单证随即失去效力。[④] 该规则也为纸质运输单证的退出提供了另一解决路径，通过替换的形式实现电子商务。

二、引入货物控制权制度

《鹿特丹规则》第 1 条第 12 款将货物控制权定义为根据第 10 章在运输合同下向承运人发出有关货物的指示的权利，[⑤]而行使该权利的主体

① See *United Nations Convention on Contracts for the International Carriage of Goods Wholly or Partly by Sea*, Art. 8.

② See *United Nations Convention on Contracts for the International Carriage of Goods Wholly or Partly by Sea*, Art. 9.

③ See Michael F. Sturley, Tomotaka Fujita, and G. J. Van der Ziel, *The Rotterdam Rules: The UN Convention on Contracts for the International Carriage of Goods Wholly or Partly by Sea*, Sweet & Maxwell, 2010, pp. 48 – 49.

④ See *United Nations Convention on Contracts for the International Carriage of Goods Wholly or Partly by Sea*, Art. 10.

⑤ See *United Nations Convention on Contracts for the International Carriage of Goods Wholly or Partly by Sea*, Art. 1. 12.

即控制方。[①] 第10章第50条至第56条则具体规定了控制方的权利内容,包括控制权的行使、范围和转让等,[②]而第9章第47条则也涉及控制方在货物抵达目的地后未能交付货物或无法交付货物时的处置权。[③] 简言之,货物控制权主要包括中止运输的权利、变更交付地的权利、变更收货人的权利、下达与货物有关的不构成修改合同指示的权利及其与承运人协商修改合同的权利。[④] 货物控制权与合同变更有着密切的联系,其性质可归为合同请求权。[⑤] 由于缺乏法律规范,现行国际海运实践中上述权利的行使是在惯例和协商基础上运行的,通常受到公共关系制约,规范并不稳定。[⑥]

在国际海运公约中引入货物控制权制度主要有以下几个方面的原因:第一,与公路、内河、航空运输等非海运运输方式的国际公约中类似规定相协调,其中就包括《国际公路货物运输合同公约》(CMR)第12条,《内河货物运输合同公约》(CMNI)第14条、《统一国际航空运输某些规则的公约》(《华沙公约》)第14条等。[⑦] 第二,与贸易法中所规定的货物卖方享有的中途停运权相适应,从而实现在买方明显不能或者拒绝履行其在买卖合同下的有关义务时,未获支付的卖方可以要求承运人停止运输或不向指定的收货人或提单持有人交付货物。[⑧] 若是运输法中没有与贸易法相适应的制度,则会导致中途停运权无法得以实现,同时该制度对于承运人而言也有积极意义,明确了承运人可因此有合法的理由去执行货物卖方的指示或抗辩收货人要求交货或赔偿的主张。[⑨] 第三,与担保

① See *United Nations Convention on Contracts for the International Carriage of Goods Wholly or Partly by Sea*, Art. 1. 13.

② See *United Nations Convention on Contracts for the International Carriage of Goods Wholly or Partly by Sea*, Chapter 10.

③ See *United Nations Convention on Contracts for the International Carriage of Goods Wholly or Partly by Sea*, Art. 47.

④ 参见司玉琢、韩立新主编:《〈鹿特丹规则〉研究》,大连海事大学出版社2009年版,第251~252页。

⑤ 参见胡长胜:《鹿特丹规则〉下货物控制权若干问题浅析》,载《中国海商法年刊》2011年第4期。

⑥ 参见蒋正雄:《〈鹿特丹规则〉:海商法发展史上的重要里程碑》,载《华东政法大学学报》2010年第6期。

⑦ 参见吴焕宁主编:《鹿特丹规则释义》,中国商务出版社2011年版,第208页。

⑧ 参见司玉琢、韩立新主编:《〈鹿特丹规则〉研究》,大连海事大学出版社2009年版,第317页。

⑨ 参见司玉琢主编:《国际货物运输法律统一研究》,北京师范大学出版社2012年版,第260页。

法中货物担保权益制度相匹配，担保权是银行接受融资的基础，提供融资的银行对货物具有担保权益，而权益的有效性在很大程度上会要求其取得对货物的控制，所以也需要确定统一的法律规则来明确各方当事人的法律地位。① 第四，为电子商务的发展留下空间，传统的控制权行使要求实际占有某种运输单证，而不管将来国际贸易和国际海运采用何种电子商务模式，在没有纸质运输单证的情况下，无形的对货物控制必然要求一套与之相匹配的控制权规则，从而适应未来电子商务的发展需求。② 第五，将控制方引入到合同作为承运人的相对方，因为在国际海运中货方与承运人需要沟通对运输合同进行一定的修改或者下达不构成合同的修改指示之情况时有发生，但承运人会因此而困惑该权利的行使主体为何？那么控制权制度明确控制方是唯一有权主体有助于明确各方当事人的权利义务以解决实践之需。③ 总体来说，货物控制权制度有助于保障交易安全，特别是维护卖方的正当权益，有助于运输法和其他法律的衔接，解决了当下国际海运实践中因托运人对货物控制权缺失而引起的问题，又着眼于未来电子商务之需，可谓是本公约的一大亮点。④

三、引入单证托运人的概念：对 FOB 项下的交货托运人之保护

《鹿特丹规则》第 1 条第 9 款首次在国际海运公约中引入了单证托运人的概念，是指除了托运人外，同意在运输单证或者电子运输记录中记名为托运人的人。⑤ 在国际贸易中，若是在 CIF 出口时运输合同和运输单证的托运人是同一个人即卖方，但若是在 FOB 出口时则买方是承担运费负责与承运人订立运输合同的托运人，而卖方是实际将货物交给承运人

---

① See Michael F. Sturley, Tomotaka Fujita, and G. J. Van der Ziel, *The Rotterdam Rules: The UN Convention on Contracts for the International Carriage of Goods Wholly or Partly by Sea*, Sweet & Maxwell, 2010, pp. 275 - 276.

② 参见司玉琢主编：《国际货物运输法律统一研究》，北京师范大学出版社 2012 年版，第 260 ~ 261 页。

③ 参见司玉琢、韩立新主编：《〈鹿特丹规则〉研究》，大连海事大学出版社 2009 年版，第 317 页。

④ 参见袁发强、马之遥：《平衡抑或完善——评〈鹿特丹规则〉对海运双方当事人权利与义务的规制》，载《中国海商法年刊》2009 年第 4 期。

⑤ See *United Nations Convention on Contracts for the International Carriage of Goods Wholly or Partly by Sea*, Art. 1. 9.

的托运人。[①] 对于前者 CIF 的情况而言,承运人只会将提单签发给卖方,而对于后者 FOB 的情况而言,承运人在传统国际海运公约下可以将提单签发给买卖双方的任何一人,若将提单签发给与承运人订立运输合同的托运人即买方,则此时卖方将完全丧失对提单的控制,从而导致信用证变成废纸以至于卖方货款得不到任何保障。[②] 但在《鹿特丹规则》下,FOB 出口时买方作为与承运人订立运输合同的相对方则是托运人,[③]而卖方就是条款所指的"单证托运人",从而旨在使 FOB 买卖合同下的卖方成为纸质或电子运输单证中的托运人,以保护 FOB 卖方的合法权益。[④] 在确定了 FOB 下卖方的法律地位为单证托运人后,《鹿特丹规则》第 33 条又规定了单证托运人仅承担的是第 7 章和第 55 条所规定的托运人应承担的义务和责任,并同时享有第 7 章和第 13 章规定的托运人享有的权利和抗辩,从而避免了承运人将提单交给买方托运人后卖方无法保障自身权益的困境。[⑤] 但单证托运人的义务和责任并非托运人的义务和责任之替代品,承运人既不能要求单证托运人履行托运人的其他义务,也不能因为单证托运人承担赔偿责任后托运人就因此免责。[⑥]

《鹿特丹规则》引入单证托运人概念的初衷就是想保护 FOB 项下卖方托运人的利益,从而保护交易安全,这是单证托运人制度设定的重要任务。[⑦] 又因为《鹿特丹规则》并没有规定单证托运人必须是向承运人交付货物的卖方,其范围远大于卖方的范围,根据其定义可以推出其还可能是买卖合同之外的第三人,包括发货人等,从而该规则的设计实际上也为发

---

① See *INCOTERMS* 2000.

② 参见蒋正雄:《论发货人的法律地位》,载《集装箱化》2003 年第 3 期。

③ See *United Nations Convention on Contracts for the International Carriage of Goods Wholly or Partly by Sea*, Art. 1. 8.

④ 参见吴焕宁主编:《鹿特丹规则释义》,中国商务出版社 2011 年版,第 16 页。

⑤ See *United Nations Convention on Contracts for the International Carriage of Goods Wholly or Partly by Sea*, Art. 33.

⑥ See Michael F. Sturley, Tomotaka Fujita, and G. J. Van der Ziel, *The Rotterdam Rules: The UN Convention on Contracts for the International Carriage of Goods Wholly or Partly by Sea*, Sweet & Maxwell, 2010, p. 199.

⑦ 参见姚莹:《对〈鹿特丹规则〉"平衡之道"的再认识——兼论中国的现实选择》,载《中国海商法年刊》2011 年第 2 期。

货人保护自身权益提供了很好的路径。[①] 但单证托运人的定义中“同意”二字则可能导致识别单证托运人的标准存在一定的模糊性，该同意是否要求明示或书面表示？在未来的司法实践中势必会引发争论。[②] 但至少可以肯定的是，只要买卖双方在买卖合同明确写明卖方作为单证托运人，那么就足以表明此时卖方是同意成为单证托运人从而介入买方和承运人之间的运输合同，并能援引相关规定来保护自身权益。《鹿特丹规则》所创设的单证托运人制度对客观贸易实践的总结和法律化，填补了传统国际海运公约存在的不足，确实能够为 FOB 项下的卖方提供获取提单的权利和权益保护路径。[③]

第五节　实质统一：创设“无单放货”的解决路径

一、“凭单交货”的现实困境

无单放货是国际海上货物运输中不凭正本提单交付货物（delivery of goods without production of bill of lading）的简称，是与凭单放货相对应的概念。[④] 不同于错交货（mis-delivery of the goods），无单放货是指承运人未凭正本运输单证将货物交付给有权提取货物的人——收货人。[⑤] 如果承运人或其代理人将货物交付给正本提单持有人以外的提货人，就构

---

① 参见袁发强、马之遥：《平衡抑或完善——评〈鹿特丹规则〉对海运双方当事人权利与义务的规制》，载《中国海商法年刊》2009 年第 4 期。

② 参见司玉琢、韩立新主编：《〈鹿特丹规则〉研究》，大连海事大学出版社 2009 年版，第 41 页。

③ 参见张玉卿：《〈鹿特丹规则〉的“单证托运人”之规定——兼与 FOB 卖方权益零保护观点之磋商》，载《中国海商法研究》2012 年第 2 期。

④ 参见胡正良：《论无单放货损害赔偿的责任主体》，载《中国海商法年刊》2005 年第 16 卷。

⑤ 参见司玉琢、蒋跃川：《关于无单放货的立法尝试——评〈UNCITRAL 运输法草案〉有关无单放货的规定》，载《中国海商法年刊》2003 年第 14 卷；张湘兰等主编：《海商法论》，武汉大学出版社 2001 年版，第 89 页。

成了无单放货。[①] 无单放货在实践中主要有16种表现形式，[②]而最常见的无单放货是在签发可转让运输单证（如指示提单）的情况下，承运人未凭正本单证，而是以其他方式（如凭收货人出具的提单副本加保函）交付了货物。[③] 在航运实践中，杨良宜先生认为在短途运输中几乎都是无单放货，[④]因航次短，航速快，估计50%的情况是卸货时正本提单仍未到卸货港。[⑤] 据国际海事委员会2000年年鉴统计数据表明，在班轮运输中存在15%的无单放货现象，租船运输中可能将近50%，在某些重要商品（如矿物、油）交易中甚至高达100%，而且上述数据呈现上升趋势。[⑥] 而据学者统计，无正本提单交付在货物交付中占有一定的比例，散杂货运输中约占30%，集装箱运输约占50%，散装液体货物特别是油类运输约占70%，几乎成为行业惯例。[⑦]

造成无单放货的主要原因有：第一，由于科学技术的发展，使船速不断提高，加之装卸环节更加合理简便，集装箱运输方式的广泛使用等因

---

① 参见祁欢：《〈鹿特丹规则〉对无单放货承运人责任制度的影响》，载《北京工商大学学报（社会科学版）》2010年第6期。

② 这16种表现形式分别为：(1)凭正本提单影印件或副本提单影印件提货；(2)凭正本提单传真件或副本提单传真件提货；(3)凭副本提单提货；(4)凭提货人或第三人如银行出具或两者联合出具的保函提货；(5)凭副本提单加提货人出具的保函提货；(6)凭副本提单加提货人与银行联署之保函提货；(7)凭副本提单加银行保函提货；(8)凭发票抄本提货；(9)凭海关领导的批示提货；(10)重签一份报关专用提单提货；(11)凭介绍信提货；(12)依提单载明的指示人的指示无单放货；(13)依伪造的提单交付货物；(14)倒签、预借提单情况下的无单放货；(15)依提货人的请求无单放货；(16)电放下的无单放货。参见何丽新：《无单放货法律问题研究》，法律出版社2006年版，第41~42页。

③ 参见司玉琢、蒋跃川：《关于无单放货的立法尝试——评〈UNCITRAL运输法草案〉有关无单放货的规定》，载《中国海商法年刊》2003年第14卷。

④ 参见杨良宜：《关于提单的法律及其新发展》，北京大学法学院海商法研究中心：《海商法研究——2000年第1辑》（总第2辑），法律出版社2000年版。转引自章博：《〈鹿特丹规则〉视角下的无单放货问题研究》，载《海大法律评论2009》上海社会科学院出版社2010年版，第111页。

⑤ 参见杨良宜：《国际商务游戏规则——英国合约法》，中国政法大学出版社1998年版，第10页。转引自章博：《〈鹿特丹规则〉视角下的无单放货问题研究》，载《海大法律评论2009》上海社会科学院出版社2010年版，第111页。

⑥ See *YEARBOOK* 2000 *ANNUAIRE*, Published by CMI Headquarter, November 2000, p. 159.

⑦ 参见祁欢：《〈鹿特丹规则〉对无单放货承运人责任制度的影响》，载《北京工商大学学报（社会科学版）》2010年第6期。

素,大大缩短了海上运输的期间;[①]第二,在短程航程中,提单的流转晚于船舶抵达目的港的时间,使收货人无法凭正本提单及时提货;[②]第三,在提单流转过程中,由于有关方的疏忽造成提单迟延送达,但提单的流转速度主要取决于银行处理单证的时间;[③]第四,在以单证买卖的形式而进行的国际贸易中,一份可转让的提单被签发后,可能会经多次买卖才能最终被用于提货,造成货物先于提单抵达目的港;[④]第五,提单因遗失或被盗或毁损或遭遇海事欺诈等原因而灭失,致使收货人在目的港不能出示正本提单;[⑤]第六,经济上的原因,无力赎单或以处理或转售货物的收益付款赎单;[⑥]第七,基于货物之特殊性如活体物或时节鲜货等不宜久候;[⑦]第

---

① 参见陈宪民:《论无单放货的法律问题》,载《河北法学》2006年第4期;姚莹:《〈鹿特丹规则〉对承运人“凭单交货”义务重大变革之反思——交易便利与交易安全的对弈》,载《当代法学》2009年第6期;祁欢:《〈鹿特丹规则〉对无单放货承运人责任制度的影响》,载《北京工商大学学报(社会科学版)》2010年第6期。

② 参见陈宪民:《论无单放货的法律问题》,载《河北法学》2006年第4期;王堉苓:《简评〈鹿特丹规则〉对无单放货之规定》,载《中国海商法年刊》2009年第3期;王威:《我国航运业引入〈鹿特丹规则〉的障碍及其解决路径选择——以港口履约方无单放货为例》,载《社会科学家》2010年第10期;祁欢:《〈鹿特丹规则〉对无单放货承运人责任制度的影响》,载《北京工商大学学报(社会科学版)》2010年第6期。

③ 参见何丽新:《无单放货法律问题研究》,法律出版社2006年版,第38页;王堉苓:《简评〈鹿特丹规则〉对无单放货之规定》,载《中国海商法年刊》2009年第3期;王威:《我国航运业引入〈鹿特丹规则〉的障碍及其解决路径选择——以港口履约方无单放货为例》,载《社会科学家》2010年第10期;祁欢:《〈鹿特丹规则〉对无单放货承运人责任制度的影响》,载《北京工商大学学报(社会科学版)》2010年第6期。

④ 参见王堉苓:《简评〈鹿特丹规则〉对无单放货之规定》,载《中国海商法年刊》2009年第3期;王威:《我国航运业引入〈鹿特丹规则〉的障碍及其解决路径选择——以港口履约方无单放货为例》,载《社会科学家》2010年第10期;祁欢:《〈鹿特丹规则〉对无单放货承运人责任制度的影响》,载《北京工商大学学报(社会科学版)》2010年第6期。

⑤ 参见陈宪民:《论无单放货的法律问题》,载《河北法学》2006年第4期;祁欢:《〈鹿特丹规则〉对无单放货承运人责任制度的影响》,载《北京工商大学学报(社会科学版)》2010年第6期;王威:《我国航运业引入〈鹿特丹规则〉的障碍及其解决路径选择——以港口履约方无单放货为例》,载《社会科学家》2010年第10期。

⑥ 参见陈宪民:《论无单放货的法律问题》,载《河北法学》2006年第4期;姚莹:《〈鹿特丹规则〉对承运人“凭单交货”义务重大变革之反思——交易便利与交易安全的对弈》,载《当代法学》2009年第6期。

⑦ 参见王堉苓:《简评〈鹿特丹规则〉对无单放货之规定》,载《中国海商法年刊》2009年第3期;王威:《我国航运业引入〈鹿特丹规则〉的障碍及其解决路径选择——以港口履约方无单放货为例》,载《社会科学家》2010年第10期。

八,遵循卸货港当地法律或港口惯例也可能引发无单放货;[①]第九,航运中的一些不良的习惯因素。[②] 在上述情况下,若承运人严格要求凭正本提单放货将导致压货、压船、压港等,则导致承运人接受凭提货人出具的副本提单加保函的方式交付货物。[③] 总而言之,无单放货是为了克服提单流转制度中存在弊端的一种无奈选择,是为了加速货物的流转和促进交易的便利,[④]以满足各方的效率和利益需求。[⑤] 但是,凭单交货是国际海运的一项基本原则。[⑥] 管制提单的相关国际公约和各国海商立法以及司法实践均在不同程度上确立了凭正本提单放货的原则地位。[⑦] 那么无单放货在违反法定规则的情况下,却依旧被航运实践不断重复,是否又具有其合理性或必要性？事实上,基于无单放货行为产生的种种原因,是否要坚持凭正本提单提货在航运实践中也构成了困扰承运人履行交付义务时的难题。凭单放货是基于交易安全的考虑,而无单放货则是出于交易便利的需要,从本质上说,二者的冲突实际上也是交易安全和交易便利的冲突,二者之间需要加以平衡。

二、不可转让运输单证下的"无单放货"

《鹿特丹规则》对无单放货的制度创新区分在不可转让运输单证下和签发可转让运输单证下两种情况。[⑧] 其第45条是关于未签发可转让运输单证或者可转让电子运输记录时的交付,[⑨]第46条关于签发必须提交

---

① 参见塔利莉:《无单放货的法律规制》,黑龙江大学2012年博士学位论文;袁晨:《新形势下承运人无单放货风险规避与防范》,载《水运管理》2013年第5期。

② 参见陈宪民:《论无单放货的法律问题》,载《河北法学》2006年第4期。

③ 参见祁欢:《〈鹿特丹规则〉对无单放货承运人责任制度的影响》,载《北京工商大学学报(社会科学版)》2010年第6期。

④ 参见姚莹:《〈鹿特丹规则〉对承运人"凭单交货"义务重大变革之反思——交易便利与交易安全的对弈》,载《当代法学》2009年第6期。

⑤ 参见卢小青:《〈鹿特丹规则〉规制无单放货之新动向》,载《世界海运》2010年第10期。

⑥ 参见姚莹:《〈鹿特丹规则〉对承运人"凭单交货"义务重大变革之反思——交易便利与交易安全的对弈》,载《当代法学》2009年第6期。

⑦ 参见何丽新:《无单放货法律问题研究》,法律出版社2006年版,第9页。

⑧ See *United Nations Convention on Contracts for the International Carriage of Goods Wholly or Partly by Sea*, Art. 45–47.

⑨ See *United Nations Convention on Contracts for the International Carriage of Goods Wholly or Partly by Sea*, Art. 45.

的不可转让运输单证的交付,[①]而第 47 条是关于签发可转让运输单证或者可转让电子运输记录时的交付。[②] 在未签发可转让运输单证或者可转让电子运输单证,签发了不必须提交的不可转让运输单证,签发了不可转让电子运输记录时,承运人有权按照第 45 条相关规定交付货物,而不一定以收货方提交了相关提单作为前提。该条款所创设的具体无单放货规则与第 46 条规定相似,可以参考下面的讨论。

《鹿特丹规则》第 46 条是在不可转让运输单证下对承运人义务的突破,在签发载明必须凭单交货的不可转让运输单证时,就要提单交货,且只要提交一份正本单证即可,若有多份正本单证的,其余单证随即失去效力。[③] 如果货物未能交付是因为第 46 条(b)项中收货人接到了到货通知而未在规定时间抵达目的地主张提取货物,或声称是收货人未适当表明其身份或未提交单证而拒绝交货,或承运人经合理努力无法确定收货人等特定原因,承运人可依照托运人或单证托运人的指示交付货物,从而解除承运人在运输合同下交货的义务,而不考虑是否已经向承运人递交了不可转让运输单证,也就是在符合特定条件下,可以无单放货。[④] 也许因为各国对记名提单是否要提单交货等问题意见分歧较大而难以统一,公约有意回避有正面规范,而通过鼓励当事人在运输单证中载明“必须交单提货”的规定来避免争议,从而体现当事人的意思自治。[⑤]

三、可转让运输单证下的“无单放货”

《鹿特丹规则》第 47 条规定了签发可转让运输单证或者可转让电子

① See *United Nations Convention on Contracts for the International Carriage of Goods Wholly or Partly by Sea*, Art. 46.

② See *United Nations Convention on Contracts for the International Carriage of Goods Wholly or Partly by Sea*, Art. 47.

③ See *United Nations Convention on Contracts for the International Carriage of Goods Wholly or Partly by Sea*, Art. 46. 1.

④ See *United Nations Convention on Contracts for the International Carriage of Goods Wholly or Partly by Sea*, Art. 46. 2 &46. 3.

⑤ 参见祁欢:《〈鹿特丹规则〉对无单放货承运人责任制度的影响》,载《北京工商大学学报(社会科学版)》2010 年第 6 期。

运输记录时的交付。[1] 其中第 1 款规定了可转让运输单证持有人要在货物到达目的地后向承运人提单交货，或该可转让运输单证为指示单证时，该单证中所载明的托运人、收货人或正式被背书人能适当表明身份的，承运人得以交付货物。[2] 这也就意味着提交单证或适当表明身份是交付货物的普通要求，而当有多份正本单证时，只要提交一份正本单证即可，其余单证随即失去效力。[3] 而第 2 款是在签发可转让运输单证或者可转让电子运输记录下的法定无单放货规则，该规则的适用前提是可转让运输单证或者可转让电子运输记录中明确规定可以不递交运输单证或者电子运输记录交付货物，[4]该规则规定了未能交付货物是基于第 47 条第 2 款第(a)项中列明的单证持有人接到了到货通知而未在规定时间抵达目的地主张提取货物，或声称是持有人的人未适当表明其身份而被拒绝交货，或承运人经合理努力无法确定持有人等原因时，承运人可以依照托运人或者单证托运人的指示交付货物，即可以无单放货。[5] 在此情况下，若承运人对运输单证的持有人负赔偿责任的话，发出指示的托运人或者单证托运人要补偿承运人由此遭受的损失，当然，承运人也可以事先要求发出交货指示的托运人或单证托运人提供担保，若拒绝提供，则承运人也可以不遵守交货指示。[6] 一人在承运人已经依据第 47 条第 2 款第(b)项交付货物后成为可转让运输单证持有人的，可以根据此项交货前的合同安排或者其他安排取得对承运人除主张提货权以外的运输合同下的权利。[7]

---

① See *United Nations Convention on Contracts for the International Carriage of Goods Wholly or Partly by Sea*, Art. 47.

② See *United Nations Convention on Contracts for the International Carriage of Goods Wholly or Partly by Sea*, Art. 47. 1. (a) & Art. 1. 10. (a).

③ See *United Nations Convention on Contracts for the International Carriage of Goods Wholly or Partly by Sea*, Art. 47. 1. (b) & (c).

④ See *United Nations Convention on Contracts for the International Carriage of Goods Wholly or Partly by Sea*, Art. 47. 2.

⑤ See *United Nations Convention on Contracts for the International Carriage of Goods Wholly or Partly by Sea*, Art. 47. 2. (a) & (b).

⑥ See *United Nations Convention on Contracts for the International Carriage of Goods Wholly or Partly by Sea*, Art. 47. 2. (c).

⑦ See *United Nations Convention on Contracts for the International Carriage of Goods Wholly or Partly by Sea*, Art. 47. 2. (d).

但若该持有人在取得可转让运输单证时不知道且理应不可能知道该项交货的,则取得可转让运输单证所包含的一切权利。[①] 这也就是说,第47条第2款就在此情形下的货物交付之后成为持有人的权利,分别就是否知情作出了明确规定:对货物交付知情的持有人,对承运人没有提货权,仍有提出赔偿索赔权;对货物交付不知情的持有人,对承运人则有包含在单证中的一切权利。[②] 而区分该持有人是否知情的判断标准要依据合同事项载明的预计到货时间或者载明如何获取有关货物是否已交付的信息。[③]

总之,《鹿特丹规则》并没有将“凭单放货”作为承运人任何情况下都要遵守的强制义务,而是在法定情形下,承运人可听从托运人或单证托运人的指示放货。[④] 实行这种例外规定,便将承运人无单放货的责任转嫁到了托运人或单证托运人的身上,改变了实践中承运人凭收货人的保函和副本提单交货的习惯做法。[⑤] 但严格地说,公约只是“弱化”了提单的提货凭证功能,而没有彻底地抛弃该功能。[⑥] 在维护提单的提货凭证功能之同时,又要满足实践中对“无单放货”之所需,那么公约是通过将签发可转让运输单证下是否无须凭单交货这一问题划归运输合同当事人意思自治范畴而实现的。[⑦]

---

① See *United Nations Convention on Contracts for the International Carriage of Goods Wholly or Partly by Sea*, Art. 47. 2. (e).

② 参见吴焕宁主编:《鹿特丹规则释义》,中国商务出版社2011年版,第202页。

③ See *United Nations Convention on Contracts for the International Carriage of Goods Wholly or Partly by Sea*, Art. 47. 2. (e).

④ 参见姚莹:《〈鹿特丹规则〉对承运人“凭单交货”义务重大变革之反思——交易便利与交易安全的对弈》,载《当代法学》2009年第6期。

⑤ 参见祁欢:《〈鹿特丹规则〉对无单放货承运人责任制度的影响》,载《北京工商大学学报(社会科学版)》2010年第6期。

⑥ 参见朱作贤、王晓凌、李东:《对提单“提货凭证”功能重大变革反思——评〈UNCITRAL运输法草案〉的相关规定》,载《中国海商法年刊》2005年第16卷。

⑦ 参见张湘兰、向力:《〈鹿特丹规则〉货物交付制度探析》,载《华东政法大学学报》2010年第6期。

第六节 实质统一:“海运+其他”模式多式联运规则体系[①]

一、扩大调整范围至“门到门”

海上货物运输一般包括集装箱运输和非集装箱运输,就目前来看,使用集装箱运载货物的总价值远远高于散装干货的价值,而全球集装箱运输50%以上属于“门到门”运输,且随着海运集装箱化的发展和全球物流服务的扩展,“门到门”运输业务的比重还会继续增加。[②] 考虑到现在集装箱化运输已经成为常态,承运人也应为整个运输过程承担责任,即从原始装运地(这一地点通常是内陆工厂,而且其与装货港还有一段距离)到最终的目的地(这一地点通常是另一个远离卸货港的内陆地点)。[③]《鹿特丹规则》第1条第1款对运输合同的定义表明其欲调整的是“海运+其他”的运输合同,而不一定要局限于单一的海运合同。[④] 也就是说,《鹿特丹规则》所调整的运输合同可以是单纯的海上运输合同,也还可以是包括海运在内的多式联运合同,但不能是其他任意两种或两种以上运输方式的合同。[⑤]《鹿特丹规则》第12条规定了承运人的责任期间自承运人或履约方接收货物时开始,至货物交付时终止。[⑥] 该条承运人责任期间的原则性规定体现了“门到门”运输的特点,满足了航运实践的需要。[⑦] 实

---

① 该节内容转引自笔者已发论文。参见陈石:《论〈鹿特丹规则〉对“一带一路”的重要性》,载《中国海商法研究》2016年第1期。

② 参见司玉琢主编:《国际货物运输法律统一研究》,北京师范大学出版社2012年版,第98页。

③ See Michael F. Sturley, Tomotaka Fujita, and G. J. Van der Ziel, *The Rotterdam Rules: The UN Convention on Contracts for the International Carriage of Goods Wholly or Partly by Sea*, Sweet & Maxwell, 2010, p. 59.

④ See *United Nations Convention on Contracts for the International Carriage of Goods Wholly or Partly by Sea*, Art. 1. 1.

⑤ 参见莫世健主编:《国际经济法》(第2版),中国政法大学出版社2014年版,第157页。

⑥ See *United Nations Convention on Contracts for the International Carriage of Goods Wholly or Partly by Sea*, Art. 12. 1.

⑦ 参见司玉琢、韩立新主编:《〈鹿特丹规则〉研究》,大连海事大学出版社2009年版,第97页。

际上,就集装箱运输而言,“钩到钩”原则下签发的提单几乎已经绝迹,在集装箱运输过程中,承运人一般都是在远离船边的地点收交货物的,不是使用“港到港”运输方式就是使用“门到门”运输方式,或者二者结合。① 与之相对应地,《鹿特丹规则》第13条第1款将承运人的具体义务拓展至在第12条的责任期间下接收、装载、操作、积载、运输、保管、照料、卸载并交付货物。② 相比于传统海运公约而言,该条款扩展了承运人管货义务的范畴,这是与《鹿特丹规则》调整范围扩大至“门到门”运输所相对应的。承运人管货义务的加强可以视为对货方的让步,而《鹿特丹规则》第13条第2款又允许承运人和托运人可以约定有托运人或单证托运人或收货人装载、操作、积载或者卸载货物,换言之,承运人有四项管货义务可以通过合同的方式加以转移,但前提是必须在合同事项中载明。③ 该项规定又将传统海运公约下本属于承运人要承担的绝对义务之部分管货义务通过合同方式转移给了货方,又体现了货方对船方的让步,综合整一个条文来看,《鹿特丹规则》在承运人管货义务上亦有所平衡船货双方的利益。④

二、最小网状责任制

《鹿特丹规则》确立的最小网状责任制追求的目标是兼顾效率和公平,具体目标是解决国际货物多式联运中,尤其是“门到门”运输中存在货物灭失、损坏或迟延交付的赔偿责任所涉及的相关国际公约之间的冲突。⑤ 网状责任制从概念上将整个运输过程分为了不同的运输方式,则承运人应承担的责任应当根据各种运输方式的不同规定来确定,就如同承运人为每一种运输方式订立了运输合同一样,从而区别于统一责任制下将多式联运看作是自成一体的,要对整个运输期间统一使用其独立的

---

① 参见司玉琢主编:《国际货物运输法律统一研究》,北京师范大学出版社2012年版,第99页。

② See *United Nations Convention on Contracts for the International Carriage of Goods Wholly or Partly by Sea*, Art. 13. 1.

③ See *United Nations Convention on Contracts for the International Carriage of Goods Wholly or Partly by Sea*, Art. 13. 2.

④ 参见姚莹:《对〈鹿特丹规则〉“平衡之道”的再认识——兼论中国的现实选择》,载《中国海商法年刊》2011年第2期。

⑤ 参见胡正良、於世成、郏丙贵等:《〈鹿特丹规则〉影响与对策研究》,北京大学出版社2014年版,第48页。

责任规则。[①] 鉴于《鹿特丹规则》适用范围已经由单纯的海运变成了“海运+其他”,所以对于海运以外的其他运输方式下法律适用的问题,公约第26条最终采取了最小网状责任制。[②] 只要符合《鹿特丹规则》第26条之任一条文,则该条文所属的国际文书都可以优先于本公约而适用于该国际文书所对应调整的那个运输阶段。[③] 该条款限制了本公约的约定对该非海运阶段的强制适用,从而协调了《鹿特丹规则》与其他已生效的调整非海运方式的国际公约间冲突问题。[④] 不同国家在《鹿特丹规则》起草过程中对承运人责任形式有不同的观点,甚至对于何种责任制能更好地规定多式联运合同下承运人应承担的责任也有争议。[⑤] 为了最大限度地统一国际货物运输立法,使更多国家能接受与参与《鹿特丹规则》,故而公约采取最小网状责任制对承运人责任形式所作的规定具有有限性,其框架设计通过以下三个方面限制而实现:强制适用的区段和主体有限,排除适用的事项有限,对其他国际法律档适用的条件较严。[⑥] 要注意的是,第26条有意采取的是“国际文书”一词而不是国际公约,其目的是涵盖一些区域经济一体化组织等颁布的规则,但这些规则可能并不被视为国际公约。[⑦] 也就是说,国际文书可以是多边性国际公约,也可以是区域组织的规则指令,但各国强制适用与该运输区段的国内法和国家间的双边或多边协定均被公约所排斥。[⑧] 鉴于对现存有关非海上运输方式的国际性规则表示尊重,《鹿特丹规则》设计的最小网状责任制责任框架能够在

---

① See Michael F. Sturley, Tomotaka Fujita, and G. J. Van der Ziel, *The Rotterdam Rules: The UN Convention on Contracts for the International Carriage of Goods Wholly or Partly by Sea*, Sweet & Maxwell, 2010, pp. 62 - 63.

② 参见司玉琢、韩立新主编:《〈鹿特丹规则〉研究》,大连海事大学出版社2009年版,第220页。

③ See *United Nations Convention on Contracts for the International Carriage of Goods Wholly or Partly by Sea*, Art. 26.

④ 参见吴焕宁主编:《鹿特丹规则释义》,中国商务出版社2011年版,第145页。

⑤ 联合国大会文件,A/CN. 9/WG. III/WP. 21、A/CN. 9/WG. III/WP. 25、A/CN. 9/WG. III/WP. 33.

⑥ 参见司玉琢主编:《国际货物运输法律统一研究》,北京师范大学出版社2012年版,第136页。

⑦ 参见联合国大会文件,A/CN. 9/645, para. 84.

⑧ 参见司玉琢主编:《国际货物运输法律统一研究》,北京师范大学出版社2012年版,第139页。

实践中缓解多式联运下与其他公约的冲突问题。①

三、引入海运履约方的概念

《鹿特丹规则》多式联运的特点不仅体现在对运输合同“门到门”的调整，还体现在对承运人之外的其他人的调整，其中“履约方”和“海运履约方”概念的发展就与多式联运密切相关。② 创设海运履约方制度是为了适用海上货物运输不仅单由承运人实际完成，甚至承运人自己并不实际完成海上货物运输，尤其是在包括海运区段的国际货物多式联运中，承运人除委托船舶所有人、经营人或承租人完成海上运输区段外，还经常委托其他区段承运人完成非海运区段的运输。③《鹿特丹规则》第 1 条第 6 款和第 7 款分别对“履约方”和“海运履约方”下了定义，但没有使用“非海运履约方”这一概念。④ 主要是因为非海运履约方并不涉及什么责任、权利、义务承担的具体规定问题，故而在定义中将其删除。⑤ 但公约先前的草案中曾对其进行简单的定义，即“不是海运履约方的履约方”。⑥《鹿特丹规则》主要目的还是统一海运段的法律规则，因此其对承运人和履行了海运段义务的海运履约方的权利义务进行了统一规定，对于非海运履约方做了不同的制度安排。⑦ 作为海运履约方可以依照《鹿特丹规则》第 19 条享有承运人的权利，特别是责任限制权和免责权，但作为利益上的平衡，海运履约方同时履行承运人的义务，且直接对货方承担法定的合同

---

① See Michael F. Sturley, Tomotaka Fujita, and G. J. Van der Ziel, *The Rotterdam Rules: The UN Convention on Contracts for the International Carriage of Goods Wholly or Partly by Sea*, Sweet & Maxwell, 2010, pp. 64 – 65.

② Ibid., p. 69.

③ 参见胡正良、於世成、郏丙贵等:《〈鹿特丹规则〉影响与对策研究》，北京大学出版社 2014 年版，第 89 页。

④ See *United Nations Convention on Contracts for the International Carriage of Goods Wholly or Partly by Sea*, Art. 1. 6 – 1. 7.

⑤ 参见司玉琢主编:《国际货物运输法律统一研究》，北京师范大学出版社 2012 年版，第 177 页。

⑥ 参见联合国大会文件，A/CN. 9/WG. III/WP. 81, Art. 1. 8。

⑦ 参见闻银玲:《论鹿特丹规则对国际多式联运法律的统一》，载《中国水运》2012 年第 8 期；陈石:《论〈鹿特丹规则〉对“一带一路”的重要性》，载《中国海商法研究》2016 年第 1 期。

责任。[①] 将海运履约方从履约方中分离出来并加以区别对待,即将规则对承运人责任的规定适用于海运履约方,但原则上对非海运履约方的权利义务作不同规定,兼顾了国际货物多式联运中调整非海运区段的国际条约的适用。[②]

第七节　统一保障:条约适用与解释

一、《鹿特丹规则》在缔约国的适用路径[③]

从国际条约法的理论和各国实践来看,如果要在一国国内执行一个根据国际法对该国已生效的国际条约,特别是要在该国法院适用该条约的规定裁判案件,需要通过该国国内法把该条约并入该国法律体系。[④] 而条约在缔约国国内的适用问题,则涉及国际法与国内法的关系问题,具体来说就是缔约国为了履行条约义务,不能没有在国内执行条约的相关措施,不过这项执行措施究竟采取何种方式则属于国内法范畴。[⑤] 有关国际法和国内法的关系理论通常表现为一元论或二元论,即在一个共同领域中,国际法和国内法规则同时有效,问题是哪一个居主导作用?[⑥] 但现在越来越多的法学家希望避开一元论和二元论的对立,认为这两种理论的逻辑结果都与国际、国内机构及其法院的行为方式相冲突,故而更表明侧重于实践而非理论的观点。[⑦] 最好的办法是搁置理论争议,不相信

---

① 参见闻银玲:《海运履约方法律制度研究》,法律出版社 2010 年版,第 146 页。

② 参见胡正良、於世成、郏丙贵等:《〈鹿特丹规则〉影响与对策研究》,北京大学出版社 2014 年版,第 89 页。

③ 参见莫世健、陈石:《中国加入〈TIR 公约〉对中韩贸易的影响》,"'一带一路'倡议意义和法律课题"国际学术研讨会会议论文,主办:韩国海洋科技研究院海洋政策研究所,2016 年。

④ 参见李浩培:《条约法概论》,法律出版社 1987 年版,第 380 页;赵建文:《国际条约在中国法律体系中的地位》,载《法学研究》2010 年第 6 期。

⑤ 参见余敏友、周阳:《论从建设社会主义法治国家角度构建条约在我国的适用模式》,载《武汉大学学报(人文社会科学版)》2000 年第 2 期。

⑥ 参见[英]伊恩·布朗利:《国际公法原理》,曾令良、余敏友等译,法律出版社 2007 年版,第 31 页。

⑦ 同上书,第 32 页。

国际法和国际法具有绝对的何者优先效力，而去研究国际法与国内法的实际关系及其国际法在国家领域范围内的适用等实际问题。[①] 一项生效的条约自缔约国符合条约规定的生效要件之日起对该国具有效力，即该国要受其条约义务的约束，条约当然要适用于该缔约国。但条约如何在该缔约国适用？或者说，条约在该缔约国内的执行，又是各国在国际法层面需要解决的问题，即如何履行其作为缔约国的条约义务。

在实践中，各国在国内推行国际法通常有自动纳入和立法转化两种做法，二者的区别在于生效条约对缔约国而言是可以整体直接适用而纳入国内法体系还是每次适用都要有权机构赋予具体条约的可适用性，许多国家以规则的来源为标准，交换使用这两种方法。[②] 美国宪法将条约视为本国法的一部分，是同宪法一样具有最高效力的法律的一种，不过在实践中将条约区分为自动执行的条约和非自动执行的条约。[③] 美国政府缔约时的意图决定一个条约是否可以在美国自动执行或者须等立法或者相应的执法、行政措施加以执行，判断标准包括条约语言是否具有鼓动性或者不确定性及其条约是否意在创设私人权利，等等。[④] 在条约与国内法发生冲突时，如果与之冲突的是州宪法和法律，条约优先；但若与之冲突的是联邦法律，则适用后法优于先法的原则。[⑤] 而英国采取和美国截然不同的做法，条约在没有转化为英国国内法之前在英国不具有效力，转化后也不是具有最高效力的法律，甚至议会可以制定与之不一致的法律，至于违背条约义务而承担国家责任则是另一个层面的问题。[⑥] 英国采取立法转化的方法与其政体有关，因为英国批准条约的权力在国王，而国内立法的权力则属于议会，条约经国王批准即完成缔约程序而生效，若允许生效条约具有直接可适用性而直接在英国法院适用的话，则相当于赋予了国王立法权，则侵犯了英国宪法赋予议会的立法权。[⑦] 故而，对英国生

---

① See Gerald Fitzmaurice, *The General Principles of International Law Considered from the Standpoint of the Rule of Law*, Recuil Des Cours, Vol. 92. 1957 Ⅱ, p. 71.

② 参见贾兵兵：《国际公法：理论与实践》，清华大学出版社 2009 年版，第 83 ~ 84 页。

③ 参见周忠海主编：《国际法》，中国政法大学出版社 2007 年版，第 31 页。

④ 参见贾兵兵：《国际公法：理论与实践》，清华大学出版社 2009 年版，第 88 ~ 89 页。

⑤ 参见周忠海主编：《国际法》，中国政法大学出版社 2007 年版，第 32 页。

⑥ 参见贾兵兵：《国际公法：理论与实践》，清华大学出版社 2009 年版，第 91 页。

⑦ 参见赵建文：《国际条约在中国法律体系中的地位》，载《法学研究》2010 年第 6 期。

效的条约想要在英国法院可执行,必须经议会法案通过先将该条约转化为英国法的一部分,从而对英国法院有直接约束力。[①] 对于条约适用,国际实践是混合型的,但这并不意味着这一方面没有规则,而应就具体问题具体分析。[②] 正如《鹿特丹规则》在缔约国的适用问题,不仅要讨论缔约国在条约适用方面的立法,还要结合该公约的性质区分各国实践中的做法。但国际条约是以语言来作为记载和表达的工具,各国语言的差异性和开放性也都会导致公约用词在理解上的偏差,故而在条约适用层面就应考虑条约所表达的法律规范语境。[③] 其中就包括了语言本身构成的语境、整个法律体系构成的语境、法律的目的和价值的材料构成的语境和有关立法者意图构成的语境四个方面的内容。[④]

二、《鹿特丹规则》的解释方法

《鹿特丹规则》制定通过后,其规则的生命在于实践,只有各缔约国通过直接适用或间接适用的方式让条约得以具体化,那么公约的目的才得以实现。在适用、实施和执行法律规范时,实际上也是法律具体化和特殊化的过程。[⑤] 既然《鹿特丹规则》在实践中需要由法院和仲裁机构来解释和适用,如果具有不同法律背景和法律传统的法官、仲裁员都以本国法的知识体系、思维方式、法律理念和解释技巧去理解、解释《鹿特丹规则》,则《鹿特丹规则》统一海上货物运输法律制度的努力将付诸东流。[⑥] 但条约在实践中肯定需要法律解释,如何克服解释者的主管局限性则或者说确立一套统一的解释方法则显得尤为重要。《鹿特丹规则》第 2 条规定了公约的解释规则是在解释时应当考虑到公约的国际性,并考虑到

---

① 参见[英]伊恩·布朗利:《国际公法原理》,曾令良、余敏友等译,法律出版社 2007 年版,第 32 页。

② 参见贾兵兵:《国际公法:理论与实践》,清华大学出版社 2009 年版,第 95 页。

③ 参见孙希尧:《国际海事私法统一研究:条约角度》,知识产权出版社 2014 年版,第 123 ~ 126 页。

④ 参见张志铭:《法律解释操作分析》,中国政法大学出版社 1999 年版,第 98 ~ 100 页。

⑤ 参见[美]E. 博登海默:《法理学法律哲学与法律方法》,邓正来译,中国政法大学出版社 1999 年版,第 237 页。

⑥ 参见司玉琢、曹兴国:《海上货物运输法律制度的形式统一与实质统一——兼论〈鹿特丹规则〉第 2 条》,载《社会科学辑刊》2016 年第 1 期。

促进统一适用公约和在国际贸易中遵守诚信的需要。① 相比于《汉堡规则》第3条所规定的公约解释规则之国际性和促进统一而言,《鹿特丹规则》增加了一项在国际贸易中遵守诚信的需要。② 换言之,《鹿特丹规则》的解释需要遵循三个方面的因素:国际性、促进统一、贸易诚信。国际性是《鹿特丹规则》的文本内容之体现,那么在解释时考虑公约的国际性可谓是文本解释的必然要求。促进统一是《鹿特丹规则》的目标,那么在解释时考虑到促进统一适用本公约可谓是目的解释的必然指向。而贸易诚信也是为了促进交易公平正义,那么在解释时考虑到在国际贸易中遵守诚信的需要这也是目的解释的必然要求。《鹿特丹规则》主要要遵循的解释原则就应该是本文解释和目的解释,至于《鹿特丹规则》第2条则是指明了解释的具体方向。就解释原则而言,《维也纳条约法公约》作为一项其原则和规则被国际社会普遍认可的公约,其第三节条约之解释的第31条至第33条所确立的国际公约解释原则可以作为补充。③ 实际上,《鹿特丹规则》第2条所确立的解释规则可以在《维也纳条约法公约》第31条至第33条所确立的解释原则中找到出处。

那么《鹿特丹规则》在解释的时候应当遵循如下三个具体解释方法:第一,文义解释。文义解释作为一项最基本的解释原则,是指从法律条文所运用的语言的含义来说明法律规定的内容。④《鹿特丹规则》具体条款用语在被解释时应按照公约文本上下文之通常意义来善意解释之,此处的公约文本上下文还应包括全体当事国间因缔结条约所订与条约有关之任何协定和一个以上当事国因缔结条约所订并经其他当事国接受为条约有关文书之任何文书。⑤ 又因《鹿特丹规则》作为一项国际公约,公约内容又决定了其规则的国际性,所以在文义解释时应有国际视野,应参考国际惯例及具有同等性质的可类比的国际私法性质的公约之用词,不能局

---

① See *United Nations Convention on Contracts for the International Carriage of Goods Wholly or Partly by Sea*, Art. 2.

② See *United Nations Convention on the Carriage of Goods by Sea*, Art. 3.

③ 《全国人民代表大会常务委员会关于我国加入〈维也纳条约法公约〉的决定》,第八届全国人民代表大会常务委员会第二十五次会议,通过日期:1997年5月9日。

④ 参见舒国滢:《法理学导论》,北京大学出版社2006年版,第236页。

⑤ See *Vienna Convention on the Law of Treaties*, Art. 31. 2.

限于一国的国内法之法律概念加以理解。[①] 第二,历史解释。历史解释,是指通过研究有关立法的历史资料或从新旧法律的对比中了解法律的含义。[②] 若依照文义解释所导致的结果是公约用词意义仍属不明或难解释或所获结果显属荒谬或不合理时,为了确定其意义,得使用解释之补充资料包括条约之准备工作及缔约之情况在内。[③] 为了确定公约中具体的规则条款在制定时的用意,则应对该条款在整个制定形成过程中的讨论情况进行梳理,从而去探究公约起草者的立法原意,很有可能实践中的理解差异也是公约制定过程中的意见分歧所在。第三,目的解释。目的解释,是指从制定某一法律的目的来解释法律,不仅包括原先制定该法律时的立法目的,也包括该法律在当前条件下应包含的客观目的。[④] 正如《鹿特丹规则》第 2 条所确立的解释规则之要求促进统一,这是本公约在目的解释时应遵循的大方向,在促进统一的方向下对具体条款和用词进行解释。而为了适应国际贸易中遵守诚信的需要,在对《鹿特丹规则》具体条款和用词在实践中进行解释时,当然应考虑交易公平和正义,作出有利于贸易诚信一方的解释。上述解释方法在实践中往往是综合运用的,从而达到公约目的和维护交易的公平正义。一项私法性质的国际公约若要在国际贸易中被普遍认可和广泛适用,必然要求按照适用该公约的规则所能得到的结果是公平正义的,否则即便是一方当事人因一时之交易地位差异而妥协适用,该公约也总有一天会被摒弃。

---

① See *Vienna Convention on the Law of Treaties*, Art. 31. 3.

② 参见舒国滢:《法理学导论》,北京大学出版社 2006 年版,第 237 页。

③ See *Vienna Convention on the Law of Treaties*, Art. 32.

④ 参见舒国滢:《法理学导论》,北京大学出版社 2006 年版,第 237 页。

第六章　“一带一路”下《鹿特丹规则》前景分析

第一节　绪　论

本书前几个章节已经从宏观理论和微观实践的角度分析了国际海运规则统一的必要性，也结合“一带一路”的现实需求论证了《鹿特丹规则》所构建的国际海上货物运输规则的可适用性。《鹿特丹规则》相较传统国际海运公约而言，不但平衡了船货双方利益，而且符合公平公正的价值追求，更重要的是其构建的新规则能够符合“一带一路”下电子商务的发展等经济贸易方面的需求和“铁海联运”等多式联运的模式发展等航运实践方面的需求。但影响《鹿特丹规则》生效的因素远不止是公约文本因素那么简单，还有国际航运因素、国际经贸因素、政治因素和国内法因素，等等。简单来说，即便《鹿特丹规则》是一项先进的国际公约，具有理论可行性，但能否生效或者说生效后的影响力能有多大，这还取决于诸多非公约规则本身的因素，这也是公约的现实可行性问题。从已生效的三个国际海运公约来看，对规则的生效或者影响力而言影响最大的便是国际航运因素和国际经贸因素，其本质在于国际航运大国和国际贸易大国对公约的态度。通过对全球贸易数据和航运数据的梳理可以得知在航运市场和贸易市场有多少比重的国家对《鹿特丹规则》持有积极态度可以在一定程度上预测该公约的前景。实际上分析大国的态度无非是跟该国在国际上的话语权相关，虽然一国在国际上的话语权并非跟该国的实力完全匹配，但大体上一国实力是取得国际话语权的前提和基础，只有有实力的国家才可能拥有较强的国际话语权。一国在国际社会的话语权终极体现方式就是使其他国际行为主体心悦诚服地接受或者不反对本国所推行的意识形态、价值观和目标,最终控制国际事务博弈的结果。[①] 国际海运规则的设计本身也有价值取向的问题,如在早期船货双方地位极度不平等下的博弈结果和现行船货双方地位趋于平等后的博弈结果必然大相径庭。

同样地,从已生效的三个国际海运公约的生效进度及生效后的实际影响力来看,都不能忽视世界强国美国的态度,也不得不去承认这个身兼贸易大国和航运大国双重身份的世界强国所控制的国际话语权会实际影响着《鹿特丹规则》的生效及影响力。虽然,中国在全球的国际话语权不强,这与其国际实力完全不符,但在“一带一路”这个语境下去看《鹿特丹规则》前景,身兼贸易大国和航运大国双重身份的中国应当把握这个契机去提升中国在国际海运规则领域的国际话语权,凭借自身贸易实力和航运实力必然可以引导“一带一路”下国际海上贸易运输规则的适用和解释,甚至于主导规则的制定。船货双方的利益冲突也将导致代表各方利益的国际组织对公约的态度有自身价值取向上的判断选择,甚至利益中立的国际组织也有自身的价值判断从而对公约的取舍有着自身的态度选择。而这些国际组织的整体态度又会在一定程度上影响其组织内各成员所在国的态度,或者说也在一定程度上反映了各国船货利益团体对《鹿特丹规则》的态度,主要国际组织的态度对公约的生效以及发展也会产生一定的影响。正如莫世健教授在谈论《鹿特丹规则》是与非之时曾说批评《鹿特丹规则》需要才气,支持《鹿特丹规则》需要勇气,辩论《鹿特丹规则》需要和气,预言《鹿特丹规则》前景需要运气。[②] 影响《鹿特丹规则》生效的因素诸多,且这些因素并非完全静止而是动态发展的,这在一定程度也加大了预言的难度。

---

① 参见王江雨:《地缘政治、国际话语权与国际法上的规则制定权》,载《中国法律评论》2016 年第 2 期。

② 参见莫世健:《〈鹿特丹规则〉是非论》,载《国际经济法学刊》2012 年第 2 期。

第二节 影响《鹿特丹规则》生效的主要因素①

一、公约文本因素

《鹿特丹规则》第94条第1款规定了本公约于第二十份批准书、接受书、核准书或加入书交存之日起一年期满后的下一个月第一日生效，换言之，《鹿特丹规则》的实质生效要件为至少有20个国家批准加入该公约。②《鹿特丹规则》所规定的生效要件仅要求缔约国的数量达到一定数额，而并不对缔约国的航运实力如船舶规模有所要求，这与《汉堡规则》第30条第1款所规定的生效要件完全相同。③ 但不同于《维斯比规则》第13条第1款所规定生效要件，一方面要求缔约国的数量要达到至少有10个国家批准加入该议定书，另一方面还要求这10个国家中至少应有5个交存批准书的国家是各拥有相当于或超过一百万总吨船舶的国家。④《维斯比规则》所规定的实质生效要件则不仅要求缔约国的数量达到一定的数额要求，还要求缔约国的船舶总吨位达到一定的标准，即除了要求缔约国数量外，还要求缔约国本身的航运实力，这也跟公约的性质属于国际海上货物运输公约有关。正如《亚洲基础设施投资银行协定》（以下简称AIIB协定）第59条规定了该协定生效要件除了要求至少有10个缔约国外，还要求所有缔约国本协定附件一列出初始认缴股本的加总数额不少于认缴股本总额的50%，即除了要求缔约国数量外，还要求缔约国本身的经济实力。⑤ 不难发现，国际公约的生效要件一般都有缔约国数量的限制，除此之外的其他要求则可能根据公约的性质和目的不同则略有

---

① 该节内容转引自作者已发论文。参见陈石：《国际海运规则统一化的成因及对中国的启示——纪念改革开放四十周年》，载《中国海商法研究》2019年第1期。

② See *United Nations Convention on Contracts for the International Carriage of Goods Wholly or Partly by Sea*, Art. 94. 1.

③ See *United Nations Convention on the Carriage of Goods by Sea*, Art. 30. 1.

④ See *Protocol to Amend the International Convention for the Unification of Certain Rules of Law Relating to Bills of Lading*, Art. 13. 1.

⑤ See *Articles of Agreement of the Asian Infrastructure Investment Bank*, Art. 59.

差异，但通常来说是为了促进公约有更大的影响力，但若规则设置更多的生效要件要求则意味着提高了公约实际生效的门槛。故而，《鹿特丹规则》所采取的公约生效要件相对来说门槛较低，仅要求了缔约国的数量，这有助于公约尽快生效。《鹿特丹规则》的生效要件条款设定与承运人赔偿责任限制、海运之前之后的运输区段等规则内容有关，是各方达成的“一揽子”妥协的结果，基本思路是该规则生效要件既不能太高，也不能太低，即应该从该规则整体平衡的角度来考虑。[①] 截至目前，已经有25个国家签署了《鹿特丹规则》，[②]也有西班牙、多哥、刚果和喀麦隆这4个国家已经完成了公约的国内批准程序而递交了批准书，[③]仅就公约缔约国数量这方面的要求而言，笔者持有积极的态度，因为该公约本身就是利益平衡的妥协产物，只要妥协各方能支持该公约，加上航运大国和贸易大国中出现带头批准加入的，想必不少对新公约处于谨慎观望态度的国家会随之陆续加入《鹿特丹规则》。

就公约本身而言，影响《鹿特丹规则》生效因素除了公约文本所设置的生效要件即生效难度外，还有公约实质性内容的合理性，这里的合理性既包括了该公约所创设的规则是否能解决现行国际贸易在国际海上货物运输领域所发展的电子商务及其国际航运实践中蓬勃发展的多式联运等新问题，还要考虑该公约对托运人和承运人各方利益的平衡，特别是随着承托双方地位的变化，一项妥协的私法性质的国际公约必然是利益协调的产物，能否被妥协各方所接受则会影响着公约的实际生效与否及其影响力。总而言之，一项国际海上货物运输公约想要被国际社会所接受，其公约文本必然要为其服务的国际海运提供一套可适用的规则。若是新的国际海运公约不能针对国际贸易中电子商务和航运实践中多式联运等发展创设新的规则，抑或不能满足船货双方对利益平衡的新需求，则难以改

---

① 参见胡正良、於世成、郏丙贵等：《〈鹿特丹规则〉影响与对策研究》，北京大学出版社2014年版，第219页。

② 参见联合国贸易法委员会官网：http://www.uncitral.org/uncitral/zh/uncitral_texts/transport_goods/rotterdam_status.html，最后访问日期：2018年1月30日。

③ 参见西班牙、多哥、刚果、喀麦隆，载联合国贸易法委员会官网：http://www.uncitral.org/uncitral/zh/uncitral_texts/transport_goods/rotterdam_status.html，最后访问日期：2018年1月30日。

变目前国际海上货物运输领域已生效公约“三足鼎立”的分化局面，甚至有可能会出现“四足鼎立”，那么在国际海上货物运输领域想要实现法律统一的目的则无法实现。《鹿特丹规则》全文共96条，起草过程长达十二年，且参与起草的主体不仅包括主权国家，还包括与之相关的国际组织等，既考虑了各方利益的平衡，又对商业或航运实践中的新问题作出了规制，明确了参与主体的法律地位。从这一点来看，《鹿特丹规则》具有时代特征，且富有实用性。相比于公约文本的实质性内容而言，公约文本的行文结构和措辞用语等文字表述会影响着参与国际海上货物运输的各方主体对于规则实质性内容的理解，故而在一定程度上也会影响着公约的生效。对于传统已生效的国际海运公约而言，随着规则在国际航运中的适用，每一个法律用词可能都会有其固定的解释或相一致的解读，那么《鹿特丹规则》在对传统已生效的国际海运公约进行变革时能将目前影响力最大的《海牙—维斯比规则》体系中合理的部分继承下来，这对于保持国际海上货物运输领域规则的稳定性和减少法律争议是大有裨益的。[①] 故而从公约本文角度来看，《鹿特丹规则》可谓一部先进性的国际公约，其制度设计能顺应时代发展的需求，具有一定的合理性，且规则本身是向着实质正义发展的，符合国际海运市场公平有序发展的需求。

二、国际航运因素

从《海牙规则》《维斯比规则》《汉堡规则》这几个已生效的国际公约的性质和出台背景就可以得知，国际航运因素对国际海上货物运输公约的生效及其发展方向有着重要的影响力。同样地，国际航运因素对《鹿特丹规则》的生效与否及其发展方向必然也有着重要的影响，这里的因素包括国际航运业的兴衰和航运大国及其国际海上货物运输承运人的态度。假设国际航运业处于兴旺的持续发展市场状态，必然导致国际海上货物运输业务量的增加，可以预测随之而来的便是交易各方争议的增多，那么在这种情况下对于可适用规则的需求便变得尤为紧迫，则有助于《鹿特丹规则》的生效。反之，若是国际航运业处于低迷的市场状态，则不利于国

---

① 参见司玉琢主编：《国际货物运输法律统一研究》，北京师范大学出版社2012年版，第337页。

际海上货物运输承运人的生存和发展,那么在这种情况下若还要增加承运人的义务和责任,《鹿特丹规则》或许会遭到承运人一方利益团体的抵制。现行已生效的国际海上货物运输公约中影响力最大、适用范围最广的便是最早出台的《海牙规则》,而从《海牙规则》到《鹿特丹规则》这几个国际公约的发展方向来看,趋势是向着增加承运人义务和责任,从而加强对托运人的保护以平衡托运人和承运人的利益。至于国际公约呈现如此的发展趋势则跟科学技术的进步和市场主体地位的变化都有关系,但若国际航运业受国际金融危机的影响低迷到威胁国际承运人的基本生存,特别是出现各大国际航运企业都出现破产之时,则新的《鹿特丹规则》便是生不逢时以至于难以生效。

航运大国对《鹿特丹规则》的生效及其发展方向的影响在于:其一,若航运大国加入公约,不仅增加了缔约国数量加快公约生效,且会带动其他国家批准加入新公约;其二,一项国际海上货物运输公约的影响力在于其广泛的适用程度,只有航运大国支持该公约才能促成《鹿特丹规则》在航运实践中广泛加以应用。航运大国对于是否加入或批准国际海上货物运输公约,很大程度上取决于该公约对其本国国际航运业的影响,或者说一国在判断是否加入一项私法性质的国际公约时必然要考虑本国利益,这里的利益考量则是一种分析预判,通常会去征求本国国际海运相关市场主体或利益团体的意见,而后在对比《鹿特丹规则》与《海牙规则》等已生效的国际公约从而预测批准加入新公约对本国国际航运业及其相关经营主体可能产生的各方面影响。[①] 这里所涉及的本国国际海运相关市场主体既包括了最直接的船公司,也包括了整个运输环节中可能涉及的国际海运辅助业务主体,即《鹿特丹规则》下海运履约方中的港站经营人、国际海运货物装卸公司等。从长远的角度来看,随着科技的进一步发展和船货双方市场地位的进一步平衡,基于对已过时的内容的摒弃和新现象对新规则的需求,《鹿特丹规则》所创设的原则和规则既然是符合航运市场实践的发展需求,也符合法理上公平和正义的需求,那么就代表了国际海上货物运输法律制度的一个发展方向,国际承运人迟早也要接受这

① 参见胡正良、於世成、郏丙贵等:《〈鹿特丹规则〉影响与对策研究》,北京大学出版社 2014 年版,第 221 页。

样一项新的原则规则。

三、国际经贸因素

国际海上货物运输作为国际贸易的衍生环节，其根本宗旨在于服务全球经济贸易往来，而《鹿特丹规则》作为目前国际海上货物运输领域法律体系的重大变革，不论其最终是否生效，都会对国际贸易乃至各国的经济布局产生深远的影响。[①] 法律规则能作用于国际经济贸易，同样的国际经济贸易也影响着法律规则，这里的影响包括国际经济贸易中出现的新型的法律关系对于新规则的需求。例如，集装箱时代下国际经济贸易的发展促进了“门到门”多式联运这种新型的运输方式，那么就需要一项能够调整这类运输方式的法律规则，而新规则的产生又会进一步促进这种运输方式的发展，从而反作用于国际经济贸易的发展。再如，国际经济贸易领域中电子商务的应用会渗透到国际海上货物运输领域，电子单证在一定程度上能解决纸质单证流转速度慢导致的无单放货等问题，那么如何应对电子商务在国际海上货物运输的发展及其更好地衔接运输法和贸易法规则，则在国家海上货物运输法律制度中需要新的规则加以填补目前的立法空白。商业领域的发展日新月异，特别是随着科技的进步会翻天覆地，具体到国际海上货物运输领域，则需要一项满足国际经济贸易和航运实践双重需求的国际公约，且只有满足双重需求的国际海上货物运输公约才会被国际社会所普遍认可。《鹿特丹规则》正是基于关注到了海上货物运输法律的制度缺乏统一，未能充分考虑到现代商业和运输做法中的集装箱化、“门到门”运输合同和适用电子运输单据等问题，从而创设一套新的规则对其进行规范，以促进法律确定性和提高国际货物运输效率。

国际航运业的兴衰与否与国际经济贸易的发展程度息息相关，正如国际贸易中跨境运输八九成都是靠国际海运来完成，所以只要国际经贸发展处于持续增长状态，国际航运业必然会兴盛。经济增长影响着跨国贸易，从而影响着国际海运市场，这几方面都是相互影响的，所以说国际

---

① 参见张丽英等：《〈鹿特丹规则〉对进出口的影响》，中国政法大学出版社 2013 年版，第 210 页。

经济贸易的发展对《鹿特丹规则》的生效也有着一定的影响。除此之外，正如国际航运因素中的国际航运大国的态度一般，国际经贸因素中国际贸易大国的态度对于《鹿特丹规则》的生效与否也有着重要的影响力。国际贸易大国主要考虑的是货方利益，即进出口人的利益，《鹿特丹规则》相比其他已生效的国际海上货物运输公约，是否更有利于保护货方的利益。《汉堡规则》相比《海牙规则》或《维斯比规则》，在托运人和承运人的利益平衡中，肯定是往托运人一方倾斜，即加大了对货方利益的保护，但该公约的影响力并不大，并没有得到普遍适用。《鹿特丹规则》在增加承运人义务和责任的同时，对托运人一方也提出了相应的要求，但从新规则对货方利益即进出口人的利益保护这一方面而言，明显要高于《海牙规则》等已生效的任何一个国际海上货物运输公约。从这一点上来说，《鹿特丹规则》应该能取得货方利益团体的支持，但同时必须指出的是不少贸易大国同时也是航运大国，在对公约对本国影响的判断分析中必然要综合考虑各方利益。总体来说，航运大国和贸易大国的态度对于《鹿特丹规则》的生效与否及其发展方向的影响是最大的。

四、政治因素

一项国际公约的生效与否，很大程度上取决于主权国家的利益平衡，或者说一个国家在决定是否加入一项国际公约的时候主要的衡量标准便是国家利益。对于国际海上货物运输公约而言，一国的国家利益主要是衡量船方利益与货方利益，由于利益冲突的船方利益团体和货方利益团体会通过各种形式向政府表态或施加压力从而试图寻求自身利益。在一国国内，经济团体又能作用于政治团体，故而间接影响着一国在经济事务上的决策，且一国在经济事务上的决策必然要征求相关利益团体的意见。由于一国国内不同利益团体的斗争压力，一国在加入一项私法性质的国际公约时可能就会出现审慎决策的观察态度，甚至在利益团体斗争过于激烈的情况下，一国基于维护稳定的需求则对该国际公约的生效可能会持消极态度。实际上，《汉堡规则》的出台便是为了满足发展中国家货方利益团体需求的政治化产物，虽然该公约整体上平衡了船货双方的利益，但许多规定与当时的航运实践不一致，因此许多条款的实施条件不够成熟，以至于政治化的产物《汉堡规则》无法获得国家和社会广泛认可。[①]换言之，一项新的国际海上货物运输公约想要获得更广泛的支持，则必须要获得船货双方利益团体的支持，否则难以取代《海牙—维斯比规则》体系下的国际海上货物运输法律制度。单一的航运大国当然更多的是考虑《鹿特丹规则》对本国船方利益团体的影响，而单一的贸易大国当然更多的是考虑《鹿特丹规则》对本国货方利益团体的影响，这时候兼具航运大国和贸易大国双重身份的国家态度则对《鹿特丹规则》的生效与否显得至关重要，而此类国家对该公约的态度必然会考虑本国船货双方利益团体的态度或者说压力。

除了一国国内的利益团体斗争会对一国是否批准加入一项私法性质的国际公约产生影响外，一国在国家社会上与其他国家的政治关系也会影响着其对某一国际公约的态度。正如在 AIIB 协定的生效过程中，菲律宾迟迟不签约，想必最重要的原因就是考虑政治因素，即菲律宾和我国在南海问题上存在分歧。而当时正处于南海仲裁案期间，亚投行是美国领导的世界银行和日本领导的亚洲开发银行的强力对手，菲律宾顾及世界政治经济形势而迟迟不签约，但又想最大限度地从亚投行中获取经济利益，即综合考虑本国经济利益后还是在 AIIB 协定生效之后又卡在了截止日期前的最后一天签约。[②] 换言之，菲律宾在签署 AIIB 协定时，一方面因为政治因素不愿意去推动该公约的生效进程，但由于本国经济利益的考虑又选择了在 AIIB 公约已然生效之后卡在了截止日期前的最后一天去签约，从而能以意向创始成员国的身份去获取最大限度的政策优惠与经济利益。不少国家因为在政治上与美国沾边，以至于在批准加入公约的态度上也会与美国保持一致，这是国际政治经济形势的现状，而美国的态度及其对《鹿特丹规则》的推动影响也是各国所必须接受和应对的国际现实。[③] 换言之，若是美国能批准加入《鹿特丹规则》，笔者预测会有不

---

① 参见胡正良、於世成、郏丙贵等：《〈鹿特丹规则〉影响与对策研究》，北京大学出版社 2014 年版，第 227 页。

② 参见莫世健、陈石：《AIIB 协定下国家豁免原则与中国法的冲突与协调》，载《政法论丛》2016 年第 1 期。

③ 参见莫世健：《中国在“鹿特丹时代”国际海运秩序构建中角色的理性思考》，载《中国海商法年刊》2011 年第 1 期。

少国家相继跟随美国的脚步成为该公约的缔约国,这种情况以史为鉴,在《海牙规则》于1924年制定通过后的十年间,即便是最早受到了当时的航运大国英国的认可和推动,但也并没有取得国际社会广泛认可,而在美国于1937年6月29日批准加入该公约后,《海牙规则》所创设的国际海上货物运输法律制度才得以普遍使用。[①]

除了各个主权国家的政治因素对国际公约的生效及其生效后的影响产生影响力外,国际组织对公约的影响力不可小觑。几乎所有重大海事公约都由国际海事委员会、国际海事组织、联合国国际贸易法委员会、联合国贸易和发展会议、国际劳工组织等国际组织参与起草并制定,对国际海事立法的统一起着非常重要的作用。[②] 由于国际组织对其成员国有着一定的影响力,那么作为国际海上货物运输公约而言,与之密切相关的国际货运代理协会联合会、船东互保协会国际集团、世界航运协会、欧洲船东联合会、波罗的海国际航运公会、美国托运人协会、美国国家行业运输联盟、欧洲托运人理事会、亚洲托运人理事会、欧洲货代运输与清关协会等国际组织的态度也显得尤为重要,当然代表船方或货方某一方利益团体的国际组织或许在公约的生效态度上会倾向于有利于自己利益团体一方的选择。国际组织的分类除了以性质和职能进行划分外,还以地址位置为标准进行划分,于是就有了全球性国际组织和区域性国际组织之区别。区域性国际组织包括美洲国家组织、非洲国家组织、阿拉伯国家联盟、东南亚国家联盟和欧洲联盟等,其中欧洲联盟即欧盟,其前身欧洲共同体,是目前一体化程度最高的区域组织,其对成员国的影响力也最大,或者说该组织具有一定的超国家性,甚至会以欧盟整个单位一同加入某一项国际公约。[③] 故而,欧盟国家间所达成的对外表态也会对国际条约的生效及其生效后的发展方向起着一定的影响作用。

---

① See Jose Angelo Estrella Faria, Uniform Law for International Transport at UNCITRAL: New Times, New Players, and New Rules, *Texas International Law Journal*, Vol. 44, 2009, pp. 286 - 287.

② 参见胡正良、於世成、郏丙贵等:《〈鹿特丹规则〉影响与对策研究》,北京大学出版社2014年版,第227页。

③ 参见邵津主编:《国际法》(第5版),北京大学出版社2014年版,第311~313页。

五、国内法因素

从国际社会统一立法的角度，国家主义和民族主义仍为统一国际立法的障碍，许多国家并不愿意放弃涉及本国重大利益事项的立法权，或者不参加有关国际公约，或者在公约允许的范围内予以保留，或者对公约在适用时加以修改。[①] 这是因为依照《维也纳条约法公约》第26条的规定，凡有效之条约对各当事国有拘束力，必须由各国善意履行。[②] 国际条约作为国际法的主要渊源之一，《维也纳条约法公约》上述条款所确立的条约必须信守原则已经被国际社会所广泛接受，对于已经生效的国际公约，各缔约国有着善意履行公约的义务。换言之，国际公约的缔约国要通过国内法程序完成公约在国内的适用和实施，以免国内法与国际公约出现冲突，至于缔约国要用什么样的方式和程序完成公约在国内的适用和实施问题，则留待各国国内法去解决。这就会导致一国在批准加入公约时会考虑该公约在本国的适用问题或者说与本国现行国内法的冲突与协调问题。而公约在一国的批准加入和适用实施都会对该国产生一定的成本，这里的主要成本便是守约成本，即当事国因为批准公约而改变行为所造成的成本损失，那么国内立法与司法实践与公约要求差别越大，则守约成本越高。[③] 特别是当国际公约与一国的重大利益事项存在立法冲突时，则该国批准加入该公约的可能性就变得相对较低，除非公约本身允许对相关冲突条款的保留。

在国际公约中设置保留条款在一定程度上能有助于公约取得更多国家的接受，因为即便特定国家对公约的个别条款难以接受也可以对该条款予以保留而只接受公约的其他条款，但是公约的条款保留本身是不利于法律统一的，且会影响到公约的适用范围，使公约目的变得无法实现或实现效果大打折扣。《鹿特丹规则》第90条明确规定，不准许对本公约作出保留，这当然有助于公约生效后达到其更广泛统一之目的，但给各国

---

① 参见胡正良、於世成、郏丙贵等：《〈鹿特丹规则〉影响与对策研究》，北京大学出版社2014年版，第228页。

② See *Vienna Convention on the Law of Treaty*, Art. 26.

③ 参见王晓荣：《国际童工公约的批准影响因素研究》，载《中国青年政治学院学报》2013年第4期。

国内法与条约的冲突方面减少了一个缓冲协调的空间。[①] 换言之,在不允许作出公约保留的情况下,若是一国国内法所确立的国际海上货物运输法律制度本身跟《鹿特丹规则》的原则和规则相近或者说冲突越少,则该国批准加入《鹿特丹规则》的可能性就相对要大一些。从本质上来说,国内法因素对《鹿特丹规则》生效实施的影响实际上主要还是由该规则对特定国际的国际航运和国际贸易等方面的影响。[②]《鹿特丹规则》作为一项私法性质的国际公约,若是规则本身有利于主权国家的航运贸易,则即便出现立法冲突则该国也会选择修改国内法而去适用新公约;但若规则本身对主权国家的航运贸易甚至航运安全等都会产生重大不利影响的话,则该主权国家则会因为守约成本过高而只能选择不参加相关的国际公约。

第三节 《鹿特丹规则》被批准或加入的可能性分析

一、《鹿特丹规则》签署状况

(一)签署国状况

截至2021年1月9日,目前已有26个主权国家签署了《鹿特丹规则》,其中西班牙、多哥、刚果民主共和国、喀麦隆和贝宁这五个国家已经完成了公约的国内批准程序而递交了批准书,公约的签署国状况等数据见如表6-1所示。[③] 从这26个国家的地理位置分布来看,除了美国处于北美洲及其亚美尼亚是位于亚欧交界线可算是亚洲国家外,剩下的24个国家分别是14个非洲国家和10个欧洲国家,其中这10个欧洲国家中除了挪威和瑞士外都属于欧盟国家。也就是说,七大洲中除去没人居住的

① See *United Nations Convention on the Carriage of Goods by Sea*, Art. 90.

② 参见胡正良、於世成、郏丙贵等:《〈鹿特丹规则〉影响与对策研究》,北京大学出版社2014年版,第229页。

③ 参见联合国贸易法委员会官网:http://www.uncitral.org/uncitral/zh/uncitral_texts/transport_goods/rotterdam_status.html,最后访问日期:2021年1月8日。

南极洲外，南美洲、大洋洲也没有任何国家签署《鹿特丹规则》，亚洲国家中的亚美尼亚并不属于航运大国或贸易大国，而亚洲国家中新兴的国际航运大国中日本、韩国和中国的缺席也显得该公约尚未引起亚洲国家的普遍兴趣。换言之，《鹿特丹规则》的现有签署国在全球的地理位置分布上是不均衡的，主要集中在非洲国家和欧洲国家。

表 6－1 《鹿特丹规则》签署国状况

序号	国家	签字日期	批准、加入日期	生效日期	地理位置	欧盟国家
1	亚美尼亚	2009 年 9 月 29 日			亚洲	
2	喀麦隆	2009 年 9 月 29 日	2017 年 10 月 11 日		非洲	
3	刚果	2009 年 9 月 23 日	2014 年 1 月 28 日		非洲	
4	刚果民主共和国	2010 年 9 月 23 日			非洲	
5	丹麦	2009 年 9 月 23 日			欧洲	是
6	法国	2009 年 9 月 23 日			欧洲	是
7	加蓬	2009 年 9 月 23 日			非洲	
8	加纳	2009 年 9 月 23 日			非洲	
9	希腊	2009 年 9 月 23 日			欧洲	是
10	几内亚	2009 年 9 月 23 日			非洲	
11	几内亚比绍	2013 年 9 月 24 日			非洲	
12	卢森堡	2010 年 8 月 31 日			欧洲	是
13	马达加斯加	2009 年 9 月 25 日			非洲	
14	马里	2009 年 10 月 26 日			非洲	
15	荷兰	2009 年 9 月 23 日			欧洲	是
16	尼日尔	2009 年 10 月 22 日			非洲	
17	尼日利亚	2009 年 9 月 23 日			非洲	
18	挪威	2009 年 9 月 23 日			欧洲	否
19	波兰	2009 年 9 月 23 日			欧洲	是
20	塞内加尔	2009 年 9 月 23 日			非洲	
21	西班牙	2009 年 9 月 23 日	2011 年 1 月 19 日		欧洲	是

续表

序号	国家	签字日期	批准、加入日期	生效日期	地理位置	欧盟国家
22	瑞典	2011 年 7 月 20 日			欧洲	是
23	瑞士	2009 年 9 月 23 日			欧洲	否
24	多哥	2009 年 9 月 23 日	2012 年 7 月 17 日		非洲	
25	美利坚合众国	2009 年 9 月 23 日			北美洲	
26	贝宁		2019 年 11 月 7 日		非洲	

（二）签署国对国际贸易的影响力

国际经贸因素是影响《鹿特丹规则》能否生效及其发展方向的重要因素，那么贸易大国对于该公约的态度则显得尤为重要，而去分析《鹿特丹规则》现有签署国在全球货物贸易的影响力有助于预判该公约的生效前景。在 WTO 发布的《2016 年世界贸易统计年鉴》中所附图表 A6 所示的 2015 年全球货物贸易各国家或地区进出口额排名列明了 2015 年全球前五十名的货物出口国家或地区和进口国家或地区的名单，具体数据参见表 6－2。[①] 根据 WTO 秘书处估算提供的统计数据（其中国家或地区的进口贸易是以 FOB 价格计算），在《鹿特丹规则》现有的 26 个签署国中，美国、荷兰、法国、瑞士、西班牙、波兰、瑞典、挪威、丹麦、尼日利亚等十个国家进出口贸易均能列为全球前 50 位，进出口贸易占全球货物贸易比例均能超过 0.3%，在国际贸易中具有一定的影响力。特别是美国、法国和荷兰这三个国家在全球进口贸易排名中均能位列前十，可谓全球贸易大国。笔者根据 WTO 秘书处所提供的数据进一步统计，可以得知《鹿特丹规则》上述十个在世界货物进出口排名进前十位的签署国作为出口国在 2015 年的全球出口货物贸易总额之和约为 3736 亿美元，占全球货物出口贸易约为 22.6%，而这十个国家作为进口国在 2015 年的全球进口货物贸易总额之和为 4389 亿美元，占全球货物进口贸易 26.8%。这说明至少到目前为止能够影响全球约四分之一进出口贸易的国家已经对《鹿特

① 参见 WTO 官网：https://www.wto.org/english/res_e/statis_e/wts2016_e/wts16_toc_e.htm，最后访问日期：2017 年 6 月 4 日。

丹规则》表示了强烈的兴趣和肯定态度，若是这些签署国能决定批准加入该公约的话，《鹿特丹规则》必然对全球货物贸易产生广泛而实质的影响。①

表 6－2　2015 年全球货物贸易各国进出口额排名

排名	出口国	总额/亿美元	比例/%	年度变化/名次	排名	进口国	总额/亿美元	比例/%	年度变化/名次
1	中国	2275	13.8	－3	1	美国	2208	13.8	－4
2	美国	1505	9.1	－7	2	中国	1682	10.1	－14
3	德国	1329	8.1	－11	3	德国	1050	6.3	－13
4	日本	625	3.8	－9	4	日本	648	3.9	－20
5	荷兰	567	3.4	－16	5	英国	626	3.7	－9
6	韩国	527	3.2	－8	6	法国	573	3.4	－15
7	法国	506	3.1	－13	7	荷兰	506	3	－14
8	英国	460	2.8	－9	8	韩国	436	2.6	－17
9	意大利	459	2.8	－13	9	加拿大	436	2.6	－9
10	加拿大	408	2.5	－14	10	意大利	409	2.4	－14
11	比利时	398	2.4	－16	11	墨西哥	405	2.4	－2
12	墨西哥	381	2.3	－4	12	印度	392	2.3	－15
13	新加坡	351	2.1	－14	13	比利时	375	2.2	－17
14	俄罗斯	340	2.1	－32	14	西班牙	309	1.8	－14
15	瑞士	290	1.8	－7	15	新加坡	297	1.8	－19
16	瑞士	252	1.5	－9	16	西班牙	282	1.7	－13
17	印度	267	1.6	－17	17	阿拉伯联合酋长国	230	1.4	－8
18	阿拉伯联合酋长国	265	1.6	－29	18	澳大利亚	208	1.2	－12
19	泰国	214	1.3	－6	19	土耳其	207	1.2	－14

① 参见莫世健:《中国在“鹿特丹时代”国际海运秩序构建中角色的理性思考》,载《中国海商法年刊》2011 年第 1 期。

续表

排名	出口国	总额/亿美元	比例/%	年度变化/名次	排名	进口国	总额/亿美元	比例/%	年度变化/名次
20	沙特阿拉伯	202	1.2	-41	20	泰国	203	1.2	-11
21	马来西亚	200	1.2	-15	21	俄罗斯	194	1.2	-37
22	波兰	198	1.2	-10	22	波兰	193	1.2	-14
23	巴西	191	1.2	-15	23	巴西	179	1.1	-25
24	澳大利亚	188	1.1	-22	24	马来西亚	176	1.1	-16
25	越南	162	1	8	25	沙特阿拉伯	172	1	-1
26	捷克	158	1	-10	26	越南	166	1	-12
27	奥地利	152	0.9	-15	27	奥地利	155	0.9	-15
28	印度尼西亚	150	0.9	-15	28	印度尼西亚	143	0.9	-20
29	土耳其	144	0.9	-9	29	捷克	130	0.8	-9
30	瑞典	140	0.8	-15	30	瑞典	138	0.8	-15
31	爱尔兰	120	0.7	1	31	南非	105	0.6	-14
32	挪威	105	0.6	-27	32	匈牙利	93	0.6	-12
33	匈牙利	99	0.6	-11	33	丹麦	86	0.5	-14
34	丹麦	95	0.6	-14	34	挪威	76	0.5	-15
35	南非	82	0.5	-10	35	斯洛伐克	74	0.4	-10
36	卡塔尔	77	0.5	-39	36	爱尔兰	71	0.4	-2
37	斯洛伐克	76	0.5	-13	37	菲律宾	70	0.4	3
38	以色列	64	0.4	-7	38	罗马尼亚	70	0.4	-10
39	智利	63	0.4	-16	39	葡萄牙	67	0.4	-15
40	伊朗	63	0.4	-29	40	埃及	65	0.4	-9
41	罗马尼亚	61	0.4	-13	41	以色列	65	0.4	-14
42	芬兰	59	0.4	-20	42	智利	63	0.4	-13
43	菲律宾	59	0.4	-6	43	芬兰	60	0.4	-22
44	阿根廷	57	0.3	-17	44	阿根廷	60	0.4	-8

续表

排名	出口国	总额/亿美元	比例/%	年度变化/名次	排名	进口国	总额/亿美元	比例/%	年度变化/名次
45	葡萄牙	55	0.3	-14	45	哥伦比亚	54	0.3	-16
46	科威特	55	0.3	-47	46	伊拉克	52	0.3	-12
47	伊拉克	49	0.3	-42	47	阿尔及利亚	52	0.3	-12
48	尼日利亚	48	0.3	-49	48	尼日利亚	48	0.3	-20

(三)签署国对国际航运的影响力

同样地，国际航运因素是影响《鹿特丹规则》能否生效及其发展方向的重要因素，那么航运大国对于该公约的态度则更为重要，去分析《鹿特丹规则》现有签署国对国际航运的影响力乃是预判该公约生效前景的关键性因素。联合国贸易及发展会议(UNCTAD)根据截至2016年1月的数据发布了《世界海运发展评述2016年报告》，其中第37页所列图示2.3中列明了全球前35位船东大国排名数据，具体数据参见表6-3。[①]《鹿特丹规则》的签署国之一希腊以4136艘船舶总数及其总计运力2.93亿载重吨位，占世界海运商船运力的16.36%高居全球船东大国的榜首。再看《鹿特丹规则》现有的共26个签署国，除希腊外，还有美国(排名第8，占世界海运商船运力的3.36%)、挪威(排名第11，占世界海运商船运力的2.69%)、丹麦(排名第13，占世界海运商船运力的2.14%)、瑞士(排名第19，占世界海运商船运力的1.14%)、荷兰(排名第22，占世界海运商船运力的0.97%)，法国(排名第28，占世界海运商船运力的0.68%)，据统计，这7个国家的海运商船载重吨位占世界海运商船运力的27.34%。这说明至少到目前为止能够影响全球约四分之一海运商船运力的国家已经对《鹿特丹规则》表示了强烈的兴趣和肯定态度，如果这7个航运大国最终可以批准加入《鹿特丹规则》，且在7个国家中美国、挪威、丹麦、瑞士、荷兰和法国这6个国家还兼具贸易大国的身份，以这些国家在国际航运业的影响力则能为该公约的广泛适用和成功奠定基础。这

① See Unctad, *Review of Maritime Transport* 2016, Unctad/rmt/2016, United Nations Publication, 2016, p. 37.

些航运大国对《鹿特丹规则》所持有的肯定态度，特别是希腊作为单一的传统海运强国而非贸易大国，能够说明虽然新公约跟传统已生效的三大国际海运公约相比是大大增加了承运人的责任和义务，但是《鹿特丹规则》所体现的船方和货方利益的平衡并不导致对船方利益的不公，否则作为航运大国在对国际公约的态度上必然是要考虑本国船方利益而拒绝对船方利益不公的新公约。①

表 6-3　全球船东大国排名(数据截至 2016 年 1 月)

排序	国家或地区	船舶数量			载重吨位				
		本国旗	外国旗	总数	本国旗	外国旗	总数	外国旗占比	总数占全球比
1	希腊	728	3408	4136	64, 704, 141	228, 383, 091	293, 087, 231	77. 92%	16. 36%
2	日本	835	3134	3969	28, 774, 119	200, 206, 090	228, 980, 209	87. 43%	12. 78%
3	中国	3045	1915	4960	74, 106, 227	84, 778, 140	158, 884, 367	53. 36%	8. 87%
4	德国	240	3121	3361	11, 315, 790	107, 865, 615	119, 181, 405	90. 51%	6. 65%
5	新加坡	1499	1054	2553	61, 763, 603	33, 548, 770	95, 312, 373	35. 20%	5. 32%
6	韩国	795	839	1634	16, 107, 565	62, 726, 629	78, 834, 194	79. 57%	4. 40%
7	美国	782	1213	1995	8, 155, 717	52, 123, 421	60, 279, 138	86. 47%	3. 36%
8	英国	332	997	1329	5, 427, 009	46, 194, 091	51, 441, 100	89. 80%	2. 87%
9	百慕大群岛(英国)	14	404	418	503, 077	47, 950, 084	48, 453, 161	98. 96%	2. 70%
10	挪威	858	996	1854	17, 576, 954	30, 610, 893	48, 187, 847	63. 52%	2. 69%
11	丹麦	398	562	960	16, 079, 319	22, 234, 206	38, 313, 525	58. 03%	2. 14%
12	摩纳哥	未知	320	320	未知	29, 892, 471	29, 892, 471	100. 00%	1. 67%
13	土耳其	562	978	1540	8, 311, 987	19, 639, 445	27, 951, 433	70. 26%	1. 56%
14	意大利	575	227	802	15, 427, 422	7, 311, 946	22, 739, 369	32. 16%	1. 27%
15	比利时	93	156	249	7, 522, 451	14, 575, 301	22, 097, 752	65. 96%	1. 23%
16	印度	815	132	947	15, 699, 868	5, 977, 855	21, 677, 723	27. 58%	1. 21%
17	瑞士	47	320	367	1, 523, 873	18, 956, 258	20, 480, 131	92. 56%	1. 14%
18	俄罗斯	1325	355	1680	6, 727, 958	11, 415, 747	18, 143, 705	62. 92%	1. 01%

① 参见莫世健:《中国在"鹿特丹时代"国际海运秩序构建中角色的理性思考》，载《中国海商法年刊》2011 年第 1 期。

续表

排序	国家或地区	船舶数量			载重吨位				
		本国旗	外国旗	总数	本国旗	外国旗	总数	外国旗占比	总数占全球比
19	伊朗	168	65	233	4, 051, 601	13, 786, 700	17, 838, 301	77. 29%	1. 00%
20	荷兰	771	458	1229	6, 682, 312	10, 758, 780	17, 441, 092	61. 69%	0. 97%
21	印度尼西亚	1607	105	1712	15, 141, 943	2, 145, 145	17, 287, 088	12. 41%	0. 96%
22	马来西亚	466	155	621	8, 450, 122	8, 341, 174	16, 791, 296	49. 68%	0. 94%
23	巴西	236	151	387	3, 695, 541	12, 087, 869	15, 783, 410	76. 59%	0. 88%
24	阿拉伯联合酋长国	103	712	815	483, 733	15, 006, 924	15, 490, 657	96. 88%	0. 86%
25	沙特阿拉伯	100	146	246	2, 905, 434	11, 084, 021	13, 989, 455	79. 23%	0. 78%
26	法国	179	283	462	3, 484, 683	8, 707, 221	12, 191, 904	71. 42%	0. 68%
27	加拿大	208	154	362	2, 582, 779	7, 283, 792	9, 866, 571	73. 82%	0. 55%
28	科威特	43	37	80	5, 318, 686	3, 902, 986	9, 221, 672	42. 32%	0. 51%
29	塞浦路斯	128	144	272	3, 332, 921	5, 717, 105	9, 050, 026	63. 17%	0. 51%
30	越南	797	99	896	6, 791, 347	1, 507, 502	8, 298, 849	18. 17%	0. 46%
31	阿曼苏丹国	6	33	39	5850	7, 104, 727	7, 110, 577	99. 92%	0. 40%
32	泰国	327	62	389	5, 066, 934	1, 659, 327	6, 726, 261	24. 67%	0. 38%
33	卡塔尔	53	77	130	768, 614	5, 829, 361	6, 597, 975	88. 35%	0. 37%

注:仅统计一千总吨及以上的海运商船数据。

再结合法国航运咨询网址 Alphaliner 公布了数据截至 2017 年 5 月 17 日的全球 20 大集装箱班轮公司运力排名,笔者根据该排名对应班轮公司所属国家制作了表 6 – 4。① 根据表 6 – 4 所示,全球前 20 位运力的集装箱班轮公司中有 6 家属于中国,有 3 家属于日本,有 2 家属于韩国,有 2 家属于新加坡,有 2 家属于德国,有 1 家属于丹麦,有 1 家属于瑞士,有 1 家属于法国,有 1 家属于阿联酋,有 1 家属于以色列,也就是说上述航运公司有 5 家位于欧洲,剩余的 15 家均位于亚洲,而亚洲国家又主要是中国、韩国和日本这三家新兴航运国家。再看表 6 – 3 中全球排名前 3 位的航运公司所拥有的集装箱数和集装箱船艘数之和接近于剩下 17 个

① 参见锦程物流网:http://info.jctrans.com/news/cgs/20175182350082.shtml,最后访问日期:2017 年 6 月 5 日。

航运公司所拥有的集装箱数和集装箱船艘数之和，具体来说，前三位的航运公司所拥有的集装箱数之和为8,666,204，占这20个航运公司所拥有的集装箱总数的45.86%，而前3位的航运公司所拥有的集装箱船艘数之和为1602，占这20个航运公司所拥有的集装箱总数的48.23%。由于排名靠前3位的这三家航运公司所属国家都签署了《鹿特丹规则》，虽然有关数据有些片面，其仅与集装箱班轮运输有关，但能够从国际班轮运输的特定领域说明《鹿特丹规则》所可能产生的影响，且相关数据可以构成判断新公约前景的佐证。① 而丹麦、瑞士和法国这三个欧洲航运大国对《鹿特丹规则》所表示出来的积极态度能够有助于该公约的生效及其对国际航运产生实质性的影响，或者说新公约对国际航运的发展以及船方利益的影响将会是举足轻重的，加上欧盟对《鹿特丹规则》持有积极态度将会进一步加大欧洲航运公司适用新公约的可能性与所占比例。②

表6-4 全球20大集装箱班轮公司运力排名(截至2017年5月17日)

排名	公司	箱数	艘数	所属国家
1	马士基航运 APM-Maersk	3,323,745	628	丹麦
2	地中海航运 Mediterranean Shg Co.	3,053,914	511	瑞士
3	达飞集团 CMA CGM Group	2,288,545	463	法国
4	中国远洋海运 COSCO Shipping Co. Ltd.	1,738,621	318	中国
5	赫伯罗特 Hapag-Lloyd	1,060,169	176	德国
6	长荣海运 Evergreen Line	1,022,831	194	中国
7	东方海外 OOCL	692,566	107	中国
8	日本邮船 NYK Line	598,840	107	日本
9	阳明海运 Yang Ming Marine Transport Corp.	580,406	98	中国
10	汉堡南美 Hamburg Süd Group.	556,703	105	德国
11	商船三井 MOL	511,821	79	日本

① 参见莫世健：《中国在“鹿特丹时代”国际海运秩序构建中角色的理性思考》，载《中国海商法年刊》2011年第1期。

② 参见张丽英等：《〈鹿特丹规则〉对进出口的影响》，中国政法大学出版社2013年版，第17页。

续表

排名	公司	箱数	艘数	所属国家
12	阿拉伯航运 UASC	482, 841	50	阿拉伯联合酋长国
13	现代商船 Hyundai M. M.	374, 569	62	韩国
14	太平船务 PIL(Pacific Int. Line)	371, 712	142	新加坡
15	川崎汽船 K Line	358, 498	61	日本
16	以星航运 Zim	356, 174	77	以色列
17	万海航运 Wan Hai Lines	229, 257	88	中国
18	新加坡 X-Press Feeders Group	140, 614	87	新加坡
19	高丽海运 KMTC	124, 720	63	韩国
20	海丰国际 SITC	103, 178	77	中国

二、关键国家的态度

（一）选取理由

根据 WTO 发布的《2016 年世界贸易统计年鉴》所附图表所示的 2015 年全球货物贸易各国进出口额排名之 2015 年全球前五十名的货物出口国和进口国的名单，美国作为出口国出口贸易总额 1505 亿美元，所占全球出口贸易总额的 9.1%，在全球贸易出口国中仅次于中国名列第 2 位，而美国作为进口国进口贸易总额 2208 亿美元，所占全球进口贸易总额的 13.8%，在全球贸易进口国中名列首位。而中国作为出口国出口贸易总额 2275 亿美元，所占全球出口贸易总额的 13.8%，在全球贸易出口国中名列首位，且中国作为进口国进口贸易总额 1682 亿美元，所占全球进口贸易总额的 10.1%，在全球贸易进口国中仅次于美国名列第 2 位。相比在进出口国排分别排名都是第三位的德国（德国作为出口国出口贸易总额 1329 亿美元，所占全球出口贸易总额的 8.1%，在全球贸易出口国中名列第 3 位，而德国作为进口国进口贸易总额 1050 亿美元，所占全球进口贸易总额的 6.3%，在全球贸易进口国中名列第 3 位）和第四位的日本（日本作为出口国出口贸易总额 625 亿美元，所占全球出口贸易总额的 3.8%，在全球贸易出口国中名列第 4 位，而日本作为进口国进口贸易总额648亿美元,所占全球进口贸易总额的3.9%,在全球贸易进口国中名列第4位)这两个国家而言,中国和美国单个国家的进出口贸易总额抵得上德国和日本这两个国家之和,换言之中国和美国这两个国家相比于其他各国而言在进出口贸易总额中拥有绝对的优势,相较于排名第4位的日本而言,中国和美国单个国家的进出口贸易总额相当于其3倍左右,二者可谓是全球贸易中最有贸易话语权的两个国家。那么,从贸易大国对《鹿特丹规则》生效的影响而言,美国和中国的态度则显得尤为重要。

结合联合国贸易及发展会议发布的《世界海运发展评述2016年报告》列明的全球前35位船东大国排名数据,中国以4960艘船舶总数(船舶总数排名世界第一)及其总计运力约1.59亿载重吨位,占世界海运商船运力的8.87%位列全球船东大国第3位。若是中国内地的数据加上中国香港特区,则船舶总数能达6448艘及其总计运力总和约2.46亿载重吨位,总占世界海运商船运力的13.75%,将仅次于希腊。再结合法国航运咨询网址Alphaliner公布了最新数据之全球20大集装箱班轮公司运力排名,这全球前20位运力的集装箱班轮公司中有6家位于中国。中国是拥有全球前20位运力的集装箱班轮公司最多的国家,这6家航运公司拥有的集装箱数之和为4,366,859,占这20个航运公司所拥有的集装箱总数的24.3%,这6家航运公司所拥有的集装箱船艘数之和为882,占这20个航运公司所拥有的集装箱总数的25.25%,远超于其他任何一个国家的数据之和,可以说中国在集装箱班轮运输市场占有一定的市场地位,特别是在集装箱运输时代,各国在集装箱班轮运输的运力与整个国家的国际航运实力密切相关。故而在尚未签署《鹿特丹规则》的国家之中,结合贸易数据和航运数据,中国当然是影响其是否生效和生效后的影响力之关键国家。特别是中国作为“一带一路”的发起国,结合所有“一带一路”沿线国的贸易数据和航运数据,中国对《鹿特丹规则》的态度则是“一带一路”所有沿线国最为重要的,或者说身兼贸易大国和航运大国的中国对《鹿特丹规则》的发展方向将起着决定性的作用。而在《鹿特丹规则》的签署国中,由于作为航运大国的希腊并不具有贸易大国的身份,且在国际社会的影响力及话语权远不及美国,而美国以1995艘船舶总数及其总计运力约0.6亿载重吨位,占世界海运商船运力的3.36%位列全球船东大国第8位,是剩余的《鹿特丹规则》签署国中国际航运实力最强的。正如前文所述,以史为鉴美国对国际海上货物运输法律制度的态度直接影响着其在航运实践中的适用及其影响力,而美国的态度和美国对《鹿特丹规则》的推动影响更是各国所要接受的国际现实,故而美国作为身兼贸易大国和航运大国双重身份的世界强国对《鹿特丹规则》的生效与否及其发展方向也起着决定性的作用。故而,中国和美国的态度将直接影响着《鹿特丹规则》能否生效及其发展方向,若是中国和美国都批准加入该公约,必然会加快《鹿特丹规则》的生效步伐,且该公约会在航运实践中被广泛适用。

(二)美国

通过前文对美国在全球的进出口贸易总额和美国所占有的全球商船运力数据可以得知,美国属于兼具贸易大国和航运大国双重身份的国家,但总体来说其贸易利益重于航运利益。但不管是美国的贸易利益团体、航运利益团体还是其他主要利益团体,都会影响到美国国会对《鹿特丹规则》的批准,美国国务院国际私法法律咨询办公室带头参与该公约的制定便是受美国国内利益团体的考验,故而美国代表团也广泛听取相关利益团体的意见,从而将美国国内利益团体妥协后的基本立场和观点反映在公约的制定过程中。[①]《鹿特丹规则》于 2008 年年底通过之后,美国于 2009 年 9 月 23 日便签署了该公约,之后美国国内的各方利益团体对该公约纷纷表示支持态度也跟该公约的起草过程中已经吸纳了美国一方的主要主张有关。美国国家行业运输联盟(National Industrial Transportation League,NITL)和国际船运协会(World Shipping Council,WSC)作为美国托运人一方利益团体代表,和承运人一方利益团体代表曾于 2009 年 6 月 1 日发表联合声明,表示认同国际商会对《鹿特丹规则》的支持态度。[②] 美国国家行业运输联盟更是针对欧洲托运人理事会于 2009 年 3 月针对《鹿特丹规则》的立场一文发表了一项决议,指出新公约对全球货主的好处从而呼吁各贸易国能够接受批准《鹿特丹规则》。而作为法律方面的代表,美国律师协会对《鹿特丹规则》也表示了积极肯定的态度,并于 2010 年向

---

① 参见胡正良、於世成、郏丙贵等:《〈鹿特丹规则〉影响与对策研究》,北京大学出版社 2014 年版,第 236 页。

② See *NITL and WSC Welcome ICC Statement on Rotterdam Rules*, http://www.worldshipping.org/pdf/icc_press_release.pdf.

议会提交报告认为现有的国际海上货物运输法律制度已经不合时宜,无法应对集装箱时代下的多式联运和电子商务的发展,而《鹿特丹规则》重点解决了上述问题并能平衡各方利益从而提供了一套具有高效、统一、可预测的国际海运规则,故而美国律师协会建议并催促美国议会能够尽快批准该公约。

联合国国际贸易法委员会第三工作组美国代表团团长即美国国务院国际私法法律咨询办公室 Mary Helen Carlson 高级顾问在公约起草过程中于 2006 年 3 月 22 日发表过陈述,在结论部分认为公约草案与美国的主要目标相一致,或者说公约草案基本符合美国的利益需求,其对美国相关行业希望美国加入该公约持有乐观态度。在公约正式通过之后,Mary Helen Carlson 高级顾问又针对《鹿特丹规则》发文表达了该公约对美国的重要性,认为该公约已经能够反映美国主要利益团体的诉求,其所在的国务院国际私法法律咨询办公室会支持国会批准该公约,而美国的利益主要是考虑美国业界相关利益团体的利益,若想要美国尽快批准《鹿特丹规则》则需要美国业界主要利益团体的持续表态支持。① 综上,美国国务院及其托运人和承运人等各方利益团体对《鹿特丹规则》可谓是持有积极的肯定态度。美国在公约谈判中始终处于主导地位,美国代表团的观点获得了美国行业代表的大力支持,且《鹿特丹规则》中的诸多规定都体现了美国利益,故而国际社会都倾向于认为美国会批准该公约,其他航运国家依然在等待美国的实际行动。② 目前美国对《鹿特丹规则》的批准程序已经在进行中,但由于作为《鹿特丹规则》谈判监督人的国务院律师 Mary Helen Carlson 高级顾问在 2009 年 9 月退休以至于接任者需要投入大量的时间来熟悉该公约,且美国公有化港口经营人对公约尚有异议,以至于美国国务院还需要在《鹿特丹规则》审查档传送包送往参议院之前

---

① See Mary Helen Carlson, *U. S. Participation in Private International Law Negotiations: Why the UNCITRAL Convention on Contracts for the International Carriage of Goods Wholly or Partly by Sea Is Important to the United States*, Texas International Law Journal, 44 Tex. Int'l L. J. 269, 2009.

② 参见[美]詹姆斯·F. 斯威尼、卡罗尔·罗菲:《〈鹿特丹规则〉:过去与未来》,王伟、郭萍译,载《中国海商法研究》2016 年第 1 期。

采取措施，确保查尔斯顿港和休斯敦港能接受该公约。[①] 这些困难在一定程度上阻碍了《鹿特丹规则》被美国批准的进度，以至于美国是否会最终批准该公约及其何时会批准该公约也不得而知，虽然这也符合美国一贯以来的作风，但至少可以肯定的是，美国不管在《鹿特丹规则》的起草过程中主动参与，还是通过后其国内的主要利益团体代表的态度，其整体对《鹿特丹规则》持积极肯定的态度。美国学者詹姆斯·F. 斯威尼博士也曾撰文肯定了《鹿特丹规则》在美国支持度很高的事实，且不存在根本性的反对意见，因此美国学者和评论家对于国会批准和通过《鹿特丹规则》持有谨慎而乐观的态度，而美国海运业依然认为批准过程有希望在几年内完成。[②]

（三）中国

在《海牙规则》《维斯比规则》《汉堡规则》的起草过程中，中国都没有积极参与规则的制定，也没有加入上述任何一个国际海运公约，但从中国海商法的条文中可以看出其吸收借鉴了上述国际公约的原则和规则。而回顾此次《鹿特丹规则》的起草过程，中国海商法协会在 CMI 起草公约框架文本阶段就派专家参加“运输法专家小组”，再到联合国国际贸易法委员会运输法第三工作小组，中国也派出了仅次于美国的第二大代表团积极参与规则的制定和讨论直至公约获得通过。[③] 在整个制定过程中，中国代表团提出的书面提案数量在所有国家中位居第 3 位，积极表达了中国一方的态度。[④] 1993 年中国海商法起草人之一的大连海事大学司玉琢教授作为中国代表团团长参与了公约的整个起草讨论过程，其对《鹿特丹规则》的基本评价为“平衡利益”“寻求统一”“顺应时代”“促进发展”这十六个字的积极概括。[⑤] 司玉琢教授在近年来也受邀开展了以《鹿特丹规则》为主题的多次讲座，笔者亦有幸在 2012 年作为香港中文大学的硕

---

① 参见［美］詹姆斯·F. 斯威尼、卡罗尔·罗菲：《〈鹿特丹规则〉：过去与未来》，王伟、郭萍译，载《中国海商法研究》2016 年第 1 期。

② 同上。

③ 参见李广辉：《海上货物运输公约的新发展——〈鹿特丹规则〉之评析》，载《比较法研究》2012 年第 3 期。

④ 参见［奥地利］凯特·兰纳：《〈鹿特丹规则〉的构建》，陈琦译，载《中国海商法年刊》2009 年第 4 期。

⑤ 参见司玉琢：《〈鹿特丹规则〉的评价与展望》，载《中国海商法年刊》2009 年第 1 ~ 2 期。

士研究生受香港政府资助前往大连海事大学参加暑期课程聆听了司玉琢教授对《鹿特丹规则》的分析及其公约通过后我国随即开展的行业评估。由司玉琢教授负责的法律界评估报告对该公约持有积极的肯定态度，认为公约符合中国建设航运强国和贸易强国之需求。在其2012年主编的《国际货物运输法律统一研究》一书中对公约的评价结论有三点，分别是《鹿特丹规则》的规定符合现代航海技术的新发展，也顺应了现代航运业与国际贸易的新要求；公约的多数制度构建内容以及具备相当的合理性与可操作性；公约内容丰富在客观上增加了国际社会接受的难度，但一旦被广泛接受则能使海上货物运输领域出现前所未有的统一局面，有利于国际贸易的发展。[①] 但在交通运输部于《鹿特丹规则》通过后组织的行业评估中，除了内地港口方面全面表达赞成《鹿特丹规则》外，其他行业代表还是偏向于反对，司玉琢教授最近告知，自2015年夏开始，中国海商法协会又组织人马重新评估《鹿特丹规则》，此项工作现在进行中，尚未完成，但估计结果会客观些。[②]

考虑到《鹿特丹规则》利弊影响的评估有待全面展开，我国尚未签署该公约，商务部于2010年专门设立了“《鹿特丹规则》对我国进出口贸易影响”研究课题，委托中国政法大学国际法学院海商法研究中心就公约对我国国际贸易影响进行研究评估，并提出应对公约适用的政策措施建议。[③] 课题组于2010年7月至9月通过商务部向全国各省市多家货主和货运代理企业发放了调查问卷，加上电话问询、走访和座谈研讨等形式的调研，课题组在综合研究后发现《鹿特丹规则》的新变化对于进出口货方来说应该是有利有弊的，多数货主从整体上对新规则持积极的态度，但要

---

① 参见司玉琢主编：《国际货物运输法律统一研究》，北京师范大学出版社2012年版，第338页。

② 参见王肖卿：《就“国际社会对鹿特丹规则的态度分析”文论新修海商法货物运送章应参考〈鹿特丹规则〉》，载中华日报官网：http://www.cdnsp.com.tw/article/160111.htm，最后访问日期：2017年6月24日。

③ 参见《商务部就〈联合国全程或部分海上国际货物运输合同公约〉对我进出口的影响开展专题研究》，载中华人民共和国商务部官网：http://tfs.mofcom.gov.cn/article/bc/201007/20100707009933.shtml，最后访问日期：2017年6月24日。

从涉及利益方的角度客观全面分析，以审慎决策的态度对待《鹿特丹规则》。[①] 为了了解港航企业对《鹿特丹规则》的态度，上海海事大学海商法研究中心受中国海商法协会的委托，于2015年下半年向长江以南的多家港航运业发出调研问卷，联合国国际贸易法委员会运输法第三工作小组中国代表团成员之一的上海海事大学胡正良教授得出两个结论：“第一，就公约本体而言，航运企业间有不同意见，即有认为规则存在结构和内容过于复杂且操作性不强的反对意见，也有认为该公约内容虽复杂却含有内在逻辑及具有一定的可操作性，且在不管发展该公约的案例体系前提下其操作性会不断增强；第二，绝大多数港航企业认为我国暂时不宜参加该公约，应当观望主要航运及贸易国家的态度，但也有个别航运企业持不同意见，认为应当根据航运业周期在运费上涨时期加入该规则。”[②]以美国为代表的发达国家推动《鹿特丹规则》的态度非常积极，而广大发展中国家尚未表态，这也包括了中国，亦有观点认为，这个公约未来的命运取决于中国、美国、欧盟国家和日本的态度，但总体来说，中国的主要贸易伙伴对该公约的前景持有比较乐观的态度，于这一点而言中国应积极应对“鹿特丹时代”的可能来临。[③]

三、主要国际组织的态度

（一）利益中立的主要国际组织态度

与《鹿特丹规则》这项国际海上货物公约相关的利益中立主要国际组织包括国际海事委员会（Comité Maritime International，CMI）、联合国国际贸易法委员会（United Nations Commission on International Trade Law，UNCITRAL）、国际商会（The International Chamber of Commerce，ICC）等。国际海事委员会是于1897年创立于比利时安特卫普的一个促

---

① 参见张丽英等：《〈鹿特丹规则〉对进出口的影响》，中国政法大学出版社2013年版，第210页。

② 参见《行业大调查：港航企业对〈鹿特丹规则〉普遍持不支持态度》，载航运界官网：http://www.ship.sh/column_article.php? id=1752，最后访问日期：2017年6月24日。

③ 参见司玉琢主编：《国际货物运输法律统一研究》，北京师范大学出版社2012年版，第338页。

进海商法统一的非政府间国际组织。[①] 其实早在1992年《汉堡规则》生效后,因其未达到国际统一的目的,国际海事委员会就开始启动了海上货物运输法律法规的新一轮国际统一活动,其受联合国国际贸易法委员会的委托开始拟制新的公约草案。[②] 换言之,《鹿特丹规则》草案的框架雏形出自国际海事委员会之手,实际上《维斯比规则》《约克·安特卫普规则》等国际公约也都是由国际海事委员会草拟的。国际海事委员会于2008年10月在希腊雅典召开的第39届大会作出决议认为《鹿特丹规则》能够成功平衡海上货物运输各方当事人的利益,提供了一个在全球范围内统一和更新海商法的独特机会,故而明确表态支持该公约。[③]

联合国国际贸易法委员会于2002年年初成立了运输法第三工作小组专门用来审议国际海事委员会递交上来的《鹿特丹规则》草案。2002年至2008年,经过反复讨论、修改、协商和妥协,在联合国国际贸易法委员会的主持下终于形成了正式的公约文本并于2008年12月在联合国大会上获得通过,作为一项致力于国际海上货物运输法律制度统一的新成果确实来之不易。[④] 联合国国际贸易法委员会自1966年12月17日第2205(XXI)号决议设立以来的四十余年里被视为联合国系统在国际贸易法领域的核心法律机构,其业务是协调各种国际商法规则并使之现代化,从而促进商业交易的公平和规则的协调统一。[⑤] 联合国大会第63届会议所作出大会决议(根据第六委员会的报告〈A/63/438〉通过)亦赞扬联合国国际贸易法委员会所草拟的《鹿特丹规则》文本,对现有国际海上货物运输的法律制度予以检讨和反思,深信采用统一规则将增强法律确定性、提高国际货物运输效率和商业可预测性,减少所有国家之间国际贸易流

---

① 参见国际海事委员会官网:http://comitemaritime.org/Home/0,271,1132,00.html,最后访问日期:2017年6月8日。

② 参见吴焕宁主编:《鹿特丹规则释义》,中国商务出版社2011年版,第1页。

③ See *Resolution Adopted by the 39th CMI Conference on the UNCITRAL Draft Convention on Contracts for the International Carriage of Goods Wholly or Partly by Sea in Athens* 17 *October* 2008, http://www.uncitral.org/pdf/english/texts/transport/rotterdam_rules/CMI_endorsement_17October2008.pdf.

④ 参见吴焕宁主编:《鹿特丹规则释义》,中国商务出版社2011年版,第2页。

⑤ 参见联合国国际贸易法委员会官网:http://www.uncitral.org/,最后访问日期:2017年6月8日。

通的法律障碍。[①] 作为由联合国国际贸易法委员会主持草拟，在联合国大会获得通过的国际公约之《鹿特丹规则》，其能考虑到现代运输中的集装箱化、门到门运输合同和适用电子运输单据，平衡托运人和承运人的利益从而形成有约束力和普遍性的法律制度来支持涉及各种运输方式的运输合同的运作，当然会取得联合国国际贸易法委员会的大力支持。[②]

除了与《鹿特丹规则》文本起草有关的国际海事委员会和联合国国际贸易法委员会外，国际商会作为一个全球商事国际组织，其已经意识到建立一套统一利益平衡且规则健全的国际海上货物运输体系之重要性。国际商会认为国际海上货物运输法律制度的构建应该考虑新型发展下的运输集装箱化、多式联运和电子商务等，由于《鹿特丹规则》将有助于国际商务往来的发展，故而国际商会呼吁全球政府能够考虑批准《鹿特丹规则》。[③] 国际商会于2009年5月27日发布的对《鹿特丹规则》的评论中同时建议，政府在考虑批准《鹿特丹规则》之时要征求国际贸易各方当事人的意见，包括货方、船方、报关人和保险人等，[④]并指出各国政府在评价《鹿特丹规则》时要考虑以下几个方面的问题：第一，统一的海上货物运输及其门到门运输责任制度之重要性和应避免地方保护主义；第二，明确的当事人举证责任分配和承运人或中间人对索赔的抗辩事由；第三，纠纷解决程序的稳定性以减少多重诉讼给国际贸易带来的负担；第四，国际海上货物运输合同各方当事人应该有缔约自由能够通过合同约定排除适用国际海上货物运输法律制度中责任要求；第五，船货双方之间的利益和风险分配应该得以平衡；第六，《鹿特丹规则》对法律确定性的

---

① 参见联合国大会第六十三届会议决议（A/RES/63/122）。

② 参见李若曦：《论我国〈海商法〉第四章的修改——以〈鹿特丹规则〉为视角》，吉林大学2016年博士学位论文，第15页。

③ 参加国际商会官网：https://iccwbo.org/media-wall/news-speeches/icc-provides-business-views-on-un-transport-treaty/，最后访问日期：2017年6月8日。

④ See *Comments on the UN Convention on Contracts for the International Carriage of Goods Wholly or Partly by Sea* (*the "Rotterdam Rules"*), ICC Commission on Transport and Logistics, p. 1. http://www.uncitral.org/pdf/english/texts/transport/rotterdam_rules/ICC_statement_27May2009.pdf.

整体影响。[①] 国际商会对《鹿特丹规则》持有明确的支持态度,并期待该公约能够实现该领域在国际上的法律统一。除了上述在船货双方利益上属于中立的国际组织对《鹿特丹规则》持有明确的支持态度外,阿拉伯科学技术和海洋研究院也于2010年2月3日发表宣言,建议阿拉伯国家联盟(League of Arab States)尽快批准《鹿特丹规则》以实现该公约的生效施行。[②]

(二)船方利益的主要国际组织态度

国际船运商会(International Chamber of Shipping,ICS)、欧共体船东协会(European Community Ship-owners' Associations,ECSA)、波罗的海海事组织(Balticand International Maritime Conference,BIMCO)和国际船运协会(World Shipping Council,WSC)作为国际贸易组织能代表全球九成航运企业,这四个国际组织于2009年9月23日发表联合声明广泛支持《鹿特丹规则》,建议全球各国尽快签署、批准和执行新公约,从而实现21世纪海上货物运输领域的法律统一。[③] 在该联合声明中,上述国际组织列了如下支持《鹿特丹规则》的理由:第一,全球约有90%的世界贸易是通过海运的方式运输进行,海运作为真正的全球性行业需要一项被广泛接受的国际规则进行规制,《鹿特丹规则》能为国际海运和“海运+其他”运输提供确定而统一的法律规则;第二,《鹿特丹规则》所创设的新的责任体系更适应当下的国际海运;第三,《鹿特丹规则》涵盖了“海运+其他”运输方式的多式联运,在协调现有单一运输方式的国际公约同时也在一定程度上规范了多式联运;第四,《鹿特丹规则》填补了目前的法律空白,包括引入促进电子商务的重要规定;第五,《鹿特丹规则》在船货双

---

① See *Comments on the UN Convention on Contracts for the International Carriage of Goods Wholly or Partly by Sea* (*the "Rotterdam Rules"*), ICC Commission on Transport and Logistics, pp. 1 – 2. http://www.uncitral.org/pdf/english/texts/transport/rotterdam_rules/ICC_statement_27May2009.pdf.

② See *Alexandria Declaration* 2010, *Released on Recommendations to Arab League Countries to Jointly Sign United Nations Convention on Contracts for the International Carriage of Goods Wholly or Partly by Sea* ("*The Rotterdam Rules* 2008"), http://www.uncitral.org/pdf/english/news/ArabPressReleaseRR.pdf.

③ See *ICS / ECSA / BIMCO / WSC Press Release THE ROTTERDAM RULES Wide Support by States at Signing Ceremony in Rotterdam*, http://www.uncitral.org/pdf/english/news/ICS_ECSA_BIMCO_WSC_press_release.pdf.

方利益之间取得了平衡,新公约的利益平衡这个特征已经被船东和货主所承认,包括绝大多数的欧洲货主在内。[①]

国际海事局(International Maritime Bureau,IMB)于2009年5月21日也表明了对《鹿特丹规则》支持的立场,在声明最后第六部分总结中国际海事局认为如果《鹿特丹规则》不被批准的话,现有的国际海运责任体系并不能满足当下的贸易环境需求,特别是美国会只适用其本国法律。国际海运法律制度的区域化、不统一及其责任制度间的法律冲突都会导致法律的不确定及其因选择管辖而产生过高的法律和行政费用等,这些都会导致国际贸易遭受消极的影响。对于参与国际贸易的各方而言,统一的国际规则有助于避免法律的区域化,而《鹿特丹规则》便是法律全球化的统一结果,其提供的许多规则有助于国际贸易的发展。综上所述,《鹿特丹规则》应该被支持,国际海事局呼吁各国推广和尽快批准《鹿特丹规则》。[②] 倾向于代表船方利益的上述国际组织,考虑到《鹿特丹规则》中一系列有利于船方或者说有助于加快船方流转速度的规定,如电子运输单证,因此这一阵营的国际组织几乎一边倒地支持《鹿特丹规则》。[③]

(三)货方利益的主要国际组织态度

欧洲托运人理事会(European Shippers' Council,ESC)于2009年3月发表了有关《鹿特丹规则》的意见,认为新公约存在缺陷会给货方带来更大的风险,建议欧盟国家不要支持新公约。欧洲托运人理事会主要有七项反对理由,分别如下:第一,《鹿特丹规则》与其他公约有冲突;第二,船货双方的责任和义务不对等;第三,承运人可能会在批量合同下减轻责任限制和义务,这对货方来说是一个风险;第四,货方更难举证;第五,货方对损害赔偿的索赔变得更加困难;第六,加重了货方的责任;第七,阻碍货方将短途海运纳入门到门物流运输中,相对于单一运输模式的国际公约

---

① See *ICS / ECSA / BIMCO / WSC Press Release THE ROTTERDAM RULES Wide Support by States at Signing Ceremony in Rotterdam*, http://www.uncitral.org/pdf/english/news/ICS_ECSA_BIMCO_WSC_press_release.pdf.

② See *the Convention on Contracts for the International Carriage of Goods Wholly or Partly by Sea (the "rotterdam Rules") a Position Paper by the International Chamber of Shipping*, http://www.uncitral.org/pdf/english/texts/transport/rotterdam_rules/ICS_PositionPaper.pdf.

③ 参见张丽英等:《〈鹿特丹规则〉对进出口的影响》,中国政法大学出版社2013年版,第29页。

而言,《鹿特丹规则》下的多式联运使货方的义务和责任限制更为不利。[①] 作为欧洲货方利益代表的另一国际组织欧洲货代运输与清关协会(European Association for Forwarding, Transport, Logistic, and Customs Services, CLECAT)也于2009年5月11日发表了不支持《鹿特丹规则》立场的声明,认为新公约内容复杂,并未给货方或货运代理人以和承运人相类似的好处。欧洲货代运输与清关协会在最后的总结中认为一项可被接受的运输公约应该符合以下要件:第一,尽可能简单且具有普遍性;第二,只有少量且仔细权衡过的豁免;第三,为合同各方当事人服务且不损害第三方利益;第四,有关责任及其责任限制条款必须实际且考虑各方利益。[②] 虽然欧洲货方代表的国际组织反对《鹿特丹规则》,但必须指出的是,在新公约的问题上,欧盟就曾作出过决议,呼吁欧盟成员国尽快签署、批准和执行《鹿特丹规则》,建立新的海运责任体系。[③] 也就是说,虽然欧盟各国及各国际组织或许意见并不完全统一,但是欧盟这个超国家的国际组织对《鹿特丹规则》整体持有积极的肯定推动态度。

美国国家行业运输联盟(National Industrial Transportation League, NITL)和国际船运协会(World Shipping Council, WSC)作为美国托运人和承运人代表曾于2009年6月1日发表联合声明,表示认同国际商会对《鹿特丹规则》的支持态度。[④] 美国国家行业运输联盟更是针对欧洲托运人理事会于2009年3月针对《鹿特丹规则》的立场一文发表了一项决议,指出新公约对全球货主的好处从而呼吁各贸易国能够接受批准《鹿特丹

① See *View of the European Shippers' Council on the Convention on Contracts for the International Carrying of Goods Wholly or Partly by Sea also known as the "Rotterdam Rules"*, http://www.uncitral.org/pdf/english/texts/transport/rotterdam_rules/ESC_PositionPaper_March2009.pdf.

② See *The European Voice of Freight Logistics and Customs Representatives, RE*: 2008-*United Nations Convention on Contracts for the International Carriage of Goods Wholly or Partly by Sea-the "Rotterdam Rules"*, http://www.uncitral.org/pdf/english/texts/transport/rotterdam_rules/CLECATpaper.pdf.

③ See *European Parliament resolution of* 5 *May* 2010 *on Strategic Goals and Recommendations for the EU's Maritime Transport Policy Until* 2018 (2009/2095(INI)), 2011/C 81 E/03, http://eur-lex.europa.eu/legal-content/EN/TXT/?uri=celex%3A52010IP0128.

④ See *NITL and WSC Welcome ICC Statement on Rotterdam Rules*, http://www.worldshipping.org/pdf/icc_press_release.pdf.

规则》。在美国国家行业运输联盟针对欧洲托运人理事会有关《鹿特丹规则》立场的回应中,其列出了十项理由认为新公约对包括欧洲货主在内的全球货主是有利的,明确反对欧洲托运人理事会所认为的新公约违背现状的观点,认为新公约将有助于增强全球贸易中货主的利益。具体理由如下:第一,取消航海过失免责,航海过失免责目前常被承运人用来逃脱其疏忽航行或管理船舶过失的责任;第二,延伸承运人恪尽职守的注意义务至整个航程中,以至于适航义务不局限于开航之前;第三,跟《海牙规则》《维斯比规则》《汉堡规则》和美国海上货物运输法相比,新公约进一步提高了承运人的责任限额至每件或每个其他货运单位 875 个特别提款权,或者按照索赔或者争议所涉货物的毛重计算每公斤 3 个特别提款权,以这种较高限额为准;第四,取消了合同承运人或海运履约方因故意或过失行为造成损害的责任限制;第五,增加了迟延交付下承运人的赔偿责任,货方可向其要求承担不超过运费 2.5 倍的赔偿数额;第六,在批量合同中允许船货双方可以通过订立运输合同来分配责任以反映货方的特殊商业需求,但有关船货双方核心责任条款禁止损抑,如承运人的适航义务和托运人对危险货物的告知义务;第七,允许缔约国仅在声明适用受公约管辖和仲裁条款约束的情况下才对其具有约束力,在缔约国选择适用新公约有关管辖和仲裁的条款时,该条款则允许索赔人选择管辖法院,但所选法院是规则明确规定的与运输合同有重大关联的几个可选法院之一,这在一定程度上能限制承运人通过提单来任意规定管辖权条款;第八,诉讼时效从 1 年延伸到 2 年;第九,延伸至门到门运输;第十,制定了一系列新的规则来规范电子商务在航运交易中的广泛适用。[①] 倾向于货方利益的国际组织之间存在一定的立场分歧,其背后反映的则是更深层次的利益诉求差异,或者说各个利益团体在国际贸易中根据有关国家所处的地位和扮演的角色不同决定了其根本立场。[②]

---

① See *Response of the National Industrial Transportation League to the European Shippers' Council Position Paper on the Rotterdam Rules*, http://www.uncitral.org/pdf/english/texts/transport/rotterdam_rules/NITL_ResponsePaper.pdf.

② 参见张丽英等:《〈鹿特丹规则〉对进出口的影响》,中国政法大学出版社 2013 年版,第 29 页。

第四节 本章小结:生效可能性预测

《鹿特丹规则》的生效与否取决于多个方面的要素,而不是简单地根据法律逻辑去判断公约文本所体现的原则和规则是否解决了现有航运实践中的问题,诚然公约文本的先进性有助于获得国际社会的认可,但各主权国家针对私法性质的国际公约是否加入和批准的态度上,主要考虑的将会是本国利益。换言之,不同的国家因为自身状况不同,即便同样是贸易大国,有些国家以出口高科技产品为主而对海运的依赖度不高,而有些国家则以出口传统货物为主则严重依赖国家海运,所以各国在《鹿特丹规则》的加入和批准的问题上主要取决于其本国的行业利益团体,而不同利益团体之间的妥协则需要时间。以史为鉴,反观传统的三大国际海运公约之《海牙规则》《维斯比规则》《汉堡规则》的生效进度,《海牙规则》于1924年8月25日签署通过至1931年6月2日生效耗时近7年的时间,[①]《维斯比规则》于1968年2月23日签署通过至1977年6月23日生效耗时超9年的时间,[②]而《汉堡规则》于1978年3月31日签署通过至1992年11月1日生效耗时超14年的时间。[③] 可见一项新的国际海上货物运输公约的生效时间越来越长,《海牙规则》作为第一部国际海运公约,在制度空白的情况下统一规则的紧迫性尤为突出,亦需要7年的时间才能使之生效。而作为《海牙规则》的修订,《维斯比规则》亦消耗了9年多的时间才完成生效手续,更别提已生效公约中最近的《汉堡规则》,更是需要长达14年的时间才能生效。于2008年年底通过的《鹿特丹规则》又恰逢航运低谷,属于生不逢时,其生效亦需要更长时间,不过美国在加入《鹿特丹规则》后,其国内保持积极推进的态度,而中国虽持审慎观

---

① See Maharaj Nagendra Singh, *International Maritime Law Conventions*, Volume 4, Stevens & Sons, 1983, pp. 3037 – 3045.

② Ibid., pp. 3049 – 3050.

③ 参见联合国国际贸易法委员会官网:http://www.uncitral.org/uncitral/zh/uncitral_texts/transport_goods/Hamburg_rules.html,最后访问日期:2018年1月30日。

望的态度但也在对公约进行新一轮的评估，笔者预测《鹿特丹规则》在未来十年随着国际海运的发展会被国际社会所逐渐接受而生效并产生实质影响。

与被强烈批评为国际社会政治斗争产物而忽视国际海上货物运输实践作法并被证明为基本失败的《汉堡规则》不同，《鹿特丹规则》的宗旨和制定过程都是为了适应国际集装箱货物多式联运的发展需要和电子商务在国际海上贸易运输领域的应用前景，是为了重新平衡船货双方的利益，及其解决国际海上货物运输法律领域普遍存在的问题。[①]《鹿特丹规则》的出台是国际经济贸易发展和国际航运实践发展的双重需求，传统已生效的三大国际海运公约难以应对现代国际海上货物运输所产生的新的法律关系或问题，且《鹿特丹规则》的起草过程国际社会参与度高，耗时已久，在近几十年来也不太可能会再出台一部新的国际海上货物运输公约，故而《鹿特丹规则》是当下的最佳选择。《鹿特丹规则》所创设的原则规则既着眼于当下解决现实问题如“多式联运”“无单放货”现象，又能展望未来为电子商务的发展做好铺垫等，这些统一的原则和规则迟早是会被国际社会所认可的。从长期发展的角度看，随着国际经济和贸易的进一步发展，科技和航海技术的进一步提升，国际航运市场必然要重新平衡当下船货双方不平衡的利益局面，《鹿特丹规则》所寻求的规则理性和统一规则终会被国际社会所接受。对《鹿特丹规则》的理性接受实际上就是国际社会对法律统一化的追求，因为目前任何一个国家的国内法都不可能完全被其他国家接受，只有国际社会共同制定出来的能平衡各方利益的原则规则才会被认可。

笔者在前文曾将《鹿特丹规则》的可行性分为理论层面的可行性和实践层面的可行性。在理论层面看，《鹿特丹规则》所构建的国际海运规则是顺应时代发展而填补立法空白且合乎逻辑的，当然具有理论可行性，从实践层面看，《鹿特丹规则》依长远的角度是符合国际经贸和航运实践发展且能将船货双方利益趋于平衡，终究会被国际社会接受的规则原则，当然也具有实践可行性。实际上，在传统三大国际海运公约无法适用，而

① 参见胡正良、於世成、郏丙贵等：《〈鹿特丹规则〉影响与对策研究》，北京大学出版社 2014 年版，第 251 页。

更不可能制定一项新的国际公约来调整国际海运纠纷的时候,《鹿特丹规则》就法律统一化而言是最佳选择,也是唯一选择。否则国际海运社会依然面临法律不统一而导致不公平、不公正现象的发生。“一带一路”合作的落实实际上是放大了国际海运对统一规则的需求,这对中国来说是一个挑战,同时也是一个契机。中国并未参与传统的三大国际海运公约的制定,也未曾加入过上述任何一个公约,实际上中国是被动地接受了现有的国际海运规则体系。而《鹿特丹规则》是中国第一个主动参与制定的国际海运公约,在全程参与的过程中一方面发出了中国的声音,另一方面对公约规则的形成都有明确的认知,这对于公约在之后的适用上会有理解上的帮助。换言之,中国在国际海运规则的制定上已经从被动接受转变为积极参与,但中国所拥有的中国国际话语权依然较为软弱,这跟中国在国际海运中的实力是不相匹配的。而“一带一路”倡议合作在一定意义上恰好能够为改变中国国际话语权软弱局面提供一个良好机遇。[①] 首先,“一带一路”的发展会增强中国的经济贸易实力和国际航运实力,一国的实力是取得国际话语权的前提,身兼贸易大国和航运大国双重身份的中国在沿线各国中无疑是实力最强的,这就意味着中国在“一带一路”下的国际海运规则适用和构建上会有重要一席。其次,中国作为“一带一路”倡议合作的发起国,从“一带一路”提出至今已经引起了全球范围内世界各国的普遍关注,不管是“一带一路”还是中国都是当下热议的话题,这也意味着世界各国特别是“一带一路”沿线国愿意去听一听中国发出的声音。再次,中国已经意识到国际话语权的重要性,并试图建立新的国际经济组织从而在该组织中占有较大的投票权,这一点从中国作为发起国倡议成立亚洲基础设施投资银行并拥有26.06%的投票权就可以窥探一二。[②] 最后,“一带一路”共建原则是互利共赢,在兼顾各方利益的前提下寻求利益契合点以达到合作的最大公约数,基于公平和平等基础下的各方利益共存共荣会渐渐形成利益同盟,这将推动中国占据话语位

---

① 参见王江雨:《地缘政治、国际话语权与国际法上的规则制定权》,载《中国法律评论》2016年第2期。

② 参见AIIB官网:https://www.aiib.org/en/index.html,最后访问日期:2018年1月30日。

置。[①] 中国不可能再去加入传统已生效的三大国际海运公约，只会在是否加入《鹿特丹规则》中作出选择。而“一带一路”倡议是中国增强其在国际海运领域国际话语权的重要契机，这对《鹿特丹规则》来说固然会是个好消息。若是中国加入《鹿特丹规则》，从提升国际话语权的角度则应积极推动该公约的生效并争取主导规则的解释，争取在现有的规则空间范围内作出最有利于中国利益的解释取向。若是中国不加入《鹿特丹规则》，从提升国际话语权的角度则要去主导“一带一路”下区域性国际海运公约的制定，那么《鹿特丹规则》无疑是最好的模板，在这个基础上制定的区域性国际公约多少都会有《鹿特丹规则》的影子，实际上也是让《鹿特丹规则》所起草的国际海上货物运输规则真正生效并适用。综上，笔者对《鹿特丹规则》的前景持有积极而乐观的态度。

---

① 参见《担当更大历史使命　保障“一带一路”建设》，载《人民法院报》2015 年 7 月 9 日，第 4 版。

第七章 结 语

第一节 应对策略与我国选择

正如经济全球化下的法律统一化已被国际社会广泛接受,国际海运规则具有统一的必要性是理论界和海运界均可以达成的共识,分歧仅在于该如何统一或者说统一的规则该如何取舍。“一带一路”倡议合作的落实只是在实践层面放大了对统一的国际海运规则的迫切需求,或者说“一带一路”将加速或者催生统一的国际海运规则。通过对比现有已生效的三个国际海运公约和《鹿特丹规则》的制定背景和公约文本,唯有《鹿特丹规则》所构建的国际海上货物运输规则体系可以顺应时代之需,在填补立法空白的同时使船货双方的利益再次趋于平衡。对《鹿特丹规则》的取舍,实际上是不同价值取向分歧下的规则取舍,而谈不上规则本身的逻辑性问题。价值取向的产生与判断者的背景直接相关,这也将无意识地决定判断者的逻辑分析即判断价值过程,如追求创新还是守旧?追求完美还是现实?这些判断价值要素都会对判断者在有意识或无意识地判断《鹿特丹规则》时产生决定性影响。[①] 以凭单放货和无单放货之取舍为例,坚持要凭单放货是对交易安全这一价值取向的追求,而允许无单放货则是对交易便利这一价值取向的倾斜,而允许有条件的无单放货则是在交易安全和交易便利这二者之间做出的冲突协调。从海运规则制定之初的坚持凭单放货到《鹿特丹规则》允许法定情况下的无单放货,立法者的价值取舍之变化跟时代发展有关,这便是判断

---

① 参见莫世健:《〈鹿特丹规则〉是非论》,载《国际经济法学刊》2012 年第 2 期。

价值的变化。一方面,即便立法要求必须凭单放货,而违反法定要求进行无单放货的情形在航运实践中依然被不断重复;另一方面,凭单放货是基于交易安全的考量,而随着电子商务的发展电子提单等在实践中的运用可以在保障交易安全之同时实现交易便利。在这种情况下,立法者形成新的价值取向来解决长期以来困扰航运实践的现实难题便是追求现实的价值选择结果,至于判断者对新规则的判断就取决于其自身所信奉的价值取向了。

在“一带一路”下讨论《鹿特丹规则》或者说《鹿特丹规则》在“一带一路”语境下的取舍也存在价值判断,如是否要通过推动《鹿特丹规则》来提升我国在国际海运规则上的国际话语权。话语权,一般指言说者以语言、文字或其他的文化形式以载体,表达思想观念、解释现象、传播信息、影响舆论的权利和权力。[①] 话语权从权利延伸到权力,从其隐含的意义来说,是指能够灵活运用语言,以非强制或非暴力的方式,无形之中传递自己的思想、理想和主张、获得他人的认同和尊重,从而改变他人的行为和思想。[②] 国际话语权实际意义很明确,就是一国在国际社会中掌控国际舆论和影响国际局势发展的能力和权力。[③] 国际话语权竞争本质上是国家利益的博弈,争夺国际话语权在国际事务中则体现在基于本国利益去设置议题、制定标准和规则及其判断是非曲直。[④] 本书第六章小结中已经论述了“一带一路”是改变我国国际话语权软弱局面的良好机遇之原因,在国际海运规则方面我国理应实现从规则的被动接受者到规则的主动制定者之角色转变,更要向着积极主导者的方向去发展。就现有传统三大国际海运公约而言,我国并非参与制定也未加入其中,加之其规则无法满足当下的国际经贸和航运实践的需求,我国不可能再去加入《海牙规则》《维斯比规则》《汉堡规则》中的任意一个公约。而《鹿特丹规则》是我国全程参与制定的一项国际海运公约,我国在公约起草中能一定

---

① 参见张新平、庄宏韬:《中国国际话语权:历程、挑战及提升策略》,载《南开学报(哲学社会科学版)》2017 年第 6 期。

② 参见王志珂:《福珂》,湖南教育出版社 1999 年版,第 195 页。

③ 参见王江雨:《地缘政治、国际话语权与国际法上的规则制定权》,载《中国法律评论》2016 年第 2 期。

④ 参见张忠军:《增强中国国际话语权的思考》,载《理论视野》2012 年第 4 期。

程度上发出我国的声音，且通过对公约起草背景和谈判过程的了解更有助于去解释规则。规则的适用解释和规则的制定同样重要，如何在现有规则允许的空间范围内寻求最符合本国利益的合法解释便是考验本国法律工作者的能力和智慧了。一项国际海运公约的起草和生效都需要若干年的时间，且我国的国际话语权显然还不足以能主导一项新的国际海运规则的制定，那么在"一带一路"对国际海运规则提出了统一的迫切需求时，《鹿特丹规则》便是我国在该契机下提升国际海运方面的国际话语权之最佳选择。

在结合本国利益分析后，若是我国作出选择加入《鹿特丹规则》的决定，则应积极去推动该公约的生效从而加大其影响力。在规则既定的情况下，一国想要争取本国利益的最大化则取决于规则解释的能力，而规则的解释必然离不开航运实践的发展，我国在适用该《鹿特丹规则》后应积极去主导和丰富规则的解释。其中一个可行方案，便是通过国际海运社会易于接受的方式，即将我国海事法院的经典判例整理翻译编纂成册并公开出版，从而面对并接受国际海运社会的评论，从规则制定到规则解释上日渐提升我国在国际海运上的国际话语权。[①] 无论我国是否加入《鹿特丹规则》，都应做好应对鹿特丹时代的来临，组织相关行业人员对规则进行认真研读，其中包括公约的内容、形成背景、谈判过程、发展沿革及各国主张等。特别是要大力培养国际性的复合型法律人才，要能创造思想并使之转化为国家社会所能接受的规则。在"一带一路"下若是我国选择不加入《鹿特丹规则》，则可考虑以《鹿特丹规则》为公约模板，就《鹿特丹规则》中不满意的条款进行修正，从而提出更为合理的条款方案，但新方案的提出同样也将面临是否被沿线各国所接受的挑战。《鹿特丹规则》作为利益妥协的产物，且其规则确实能解决现行国际海上货物运输纠纷，就算是以《鹿特丹规则》为模板制定的区域性国际公约实际上也是使《鹿特丹规则》中的原则规则实际生效并应用于国际海运。无论如何，"一带一路"将我国推向了核心位置，这对我国来说是机遇，也是挑战，我国应在区域性国际海运规则的制定中发挥主导者的作用，这对提升区域

---

① 参见张丽英：《国际海事司法中心建设与海事领域国际话语权的提高》，载《人民法治》2017年第5期。

话语权乃至国际话语权都有着至关重要的作用。大胆预测,《鹿特丹规则》所制定的原则和规则终究会被国际社会所接受,我国从提升国际海运话语权的角度来说必须充分重视规则的制定和解释,尽早实现从参与者到主导者的身份转换。

第二节 研究局限

第一,主观局限性。对于《鹿特丹规则》的取舍,笔者基于自身的价值取向从而作出了积极的评价,影响价值取向的因素有很多,其中就包括国籍、法律背景、政治、经济和文化等因素。而在“一带一路”语境下讨论《鹿特丹规则》的取舍,则又是笔者在追求我国提升国际海运话语权的角度作出的价值判断。以我国利益为出发点本身就带有价值倾向性,而基于价值取向所作出的逻辑推理或者说论证过程难免无意识中是为了论证价值取向所希望得到的结果。实际上,对《鹿特丹规则》持有反对态度的专家也有自身的价值取向,甚至从某一个角度片面地去分析规则而导致对公约的不公评价。笔者一直以来都是一个务实主义者,认为国际海运规则是为国际海上货物贸易运输所服务的,在追求完美和追求现实的价值取向中,自然会坚定不移地站在追求现实以解决现实之需的立场。笔者的价值取向在无意识中会决定对公约评价的方向,这是任何判断者都难免会有的主观局限性。

第二,动态局限性。我国官方至今尚未公布“一带一路”沿线国的具体数量和明确名单,对于沿线国的统计是基于各类报道和数据而形成的,目前笔者采用的版本是我国“一带一路”网所公布的各国概述中的数据,即除我国外尚有 146 个沿线国家。笔者猜测我国并无官方档统一公布“一带一路”具体沿线国的原因在于“一带一路”倡议合作本身就秉着开放包容的原则,希望能有更多的国家参与其中。“一带一路”沿线国明细的变化,特别是沿线各国的经济贸易实力和国际航运实力的变化则可能会影响到笔者对《鹿特丹规则》前景的判断。实际上,各国的经济贸易实力和国际航运实力也都会发生一定的变化,虽然在短期内不至于有太大的变化,但各国基于本国利益亦可能会变化本国的立场,影响因素的动态变化对于结论的推导亦具有局限性。

第三,样本局限性。全球有两百多个国家或地区,而“一带一路”沿线国也有 147 个,笔者语言能力薄弱,无法对各国的海商立法逐一分析,也无法就各国对《鹿特丹规则》的态度一一论证,这对笔者来说是无法完成的一项工程。虽然笔者在书中就关键国际态度的样本选取说明了理由,但样本选取的合理性可能也会招致质疑,这亦是本书最大的局限。

第三节 研究展望

第一,我国如何提升国际话语权。国际话语权的重要性不言而喻,那么我国如何在国际事务中提升本国话语权?这里的话语权则包括经济话语权、政治话语权、外交话语权,等等。本书从提升国际海运话语权的角度认为我国要抓住“一带一路”这个契机,但是如何抓住?一国的实力是取得话语权的前提,我国应该增强哪些方面的实力?这里的实力包括硬实力及其软实力两个方面。有实力是一回事,如何运用实力又是另一回事。国家实力的运用则离不开人才,那么在人才培养上我国应如何作为?这些疑问也将构成本书研究主题的拓展,我国从国际海运话语权到国际经济话语权,再到整个国际话语权的稳步提升该采取何种策略是值得深入研究的。

第二,区域性国际海运规则的主导。若是我国不接受《鹿特丹规则》,那么就有必要去主导“一带一路”下的区域性国际海运规则的制定,但是我国是否有能力将思想转化为规则?不可否认,《鹿特丹规则》从起草到通过,整个立法过程长达十余年,是整个国际社会智慧的结晶;若是我国不接受《鹿特丹规则》,那么主要是对哪些条款的不满意?而《鹿特丹规则》中那些不被我国所接受的条款是否有更合理的修改方案?另外,要保证这些修改方案也能被“一带一路”沿线国家所接受,否则亦会是孤掌难鸣。我国若真不能接受《鹿特丹规则》,则亦可以考虑以《鹿特丹规则》为模板,在充分考虑“一带一路”沿线国利益的基础上去修正该公约,从而主导区域性国际海运规则的制定。

英文参考文献

一、著作

1. Harold J. Berman, *Law and Revolution*, Harvard University Press, 1983.

2. Maharaj Nagendra Singh, *International Maritime Law Conventions*, Volume 4, Stevens & Sons, 1983.

3. Alex Elferink, *The Law of Maritime Boundary Delimitation: A Case Study of the Russian Federation*, Springer, 1994.

4. John H. Jackson, *The World Trading System: Law and Policy of International Economic Relations*, MA MIT Press, 1997.

5. John F. Wilson, *Carriage of Goods by Sea*, 4th edition, Longman, 2001.

6. Nihan Unlu, *The Legal Regime of the Turkish Straits (International Straits of the World)*, Springer, 2002.

7. Sze Ping-fat, *Carrier's Liability under the Hague, Hague-Visby and Hamburg Rules*, kluwer Law International, 2002.

8. Eric Van Hooydonk, *English and Continental Maritime Law: After 115 years of Maritime Law Unification: A Search for Differences between Common Law and Civil Law*, Maklu Publishers, 2003.

9. Hakan Karan, *The Carrier's Liability Under International Maritime Conventions: The Hague, Hague-Visby, and Hamburg Rules*, E. Mellen Press, 2004.

10. Louis Marquis, *International Uniform Commercial Law: Towards a Progressive Consciousness*, Ashgate Publishing Limited, 2005.

11. Rhidian Thomas, *A New Convention for the Carriage of Goods by Sea-the Rotterdam Rules: An Analysis of the UN Convention on Contracts for the International Carriage of Goods Wholly or Partly by Sea*, Lawtext Publishing Ltd., 2009.

12. Alexander von Ziegler, Stefano Zunarelli, Johan Schelin, *The Rotterdam Rules* 2008: *Commentary to the United Nations Convention on Contracts for the International Carriage of Goods Wholly or Partly by Sea*, Kluwer Law International, 2010.

13. Michael F. Sturley, Tomotaka Fujita, G. J. Van der Ziel, *Rotterdam Rules: The UN Convention on Contracts for the International Carriage of Goods Wholly or Partly by Sea*, Sweet & Maxwell, 2010.

14. Rhidian Thomas, *The Carriage of Goods by Sea under the Rotterdam Rules*, Informa Law from Routledge, 2010.

15. Ognyan Savov, *Fraud in the Carriage of Goods by Sea: Protection of Third Parties when Issuing Negotiable Documents under the Hague, Hague-Visby, Hamburg and Rotterdam Rules*, Lap Lambert Academic Publishing, 2011.

16. Meltem Deniz Güner-Özbek, *The United Nations Convention on Contracts for the International Carriage of Goods Wholly or Partly by Sea: An Appraisal of the "Rotterdam Rules"*, Springer, 2014.

17. Ilian Nikolaev Djadjev, *Law and Practice of the Obligations of the Carrier over the Cargo : The Hague-Visby Rules*, University of Groningen, 2016.

二、论文

1. Lawrence Berger, *Comment: Unification of the Law of Servitudes*, 55 S. Cal. L. Rev. 1339, 1981.

2. George F. Chandler, *A Comparison of "COGSA", the Hague/Visby Rules, and the Hamburg Rules*, 15 J. Mar. L. & Com., 1984.

3. William J. Coffery, *Multimodalism and the American Carrier*, 64

Tul. L. Rev. 589,1989.

4. Michael F. Sturley, *The History of COGSA and the Hague Rules*, 22 J. Mar. L. & Com., 1991.

5. Joseph C. Sweeney, *Happy Birthday, Harter: A Reappraisal of the Harter Act on its 100th Anniversary*, 24 J. Mar. L. & Com. (1993).

6. Spencer Weber Waller, *Neo-realism and the International harmonization of Law: Lessons from Antitrust*, 42 Kan. L. Rev. 557 (1994).

7. George A. Zaphiriou, *Unification and Harmonization of Law Relating to Global and Regional Trading*, 14 N. Ill. U. L. Rev. 407 (1994).

8. Kai Schadbach, *The Benefits of Comparative Law: A Continental European View*, 16 B. U. Int'l L. J. 331 (1998).

9. Leslie Tomasello Weitz, *International Maritime Law: The Nautical Fault Debate (the Hamburg Rules, the U. S. COGSA* 95, *the STCW* 95, *and the ISM Code)*, 22 Tul. Mar. L. J. (1997 - 1998).

10. Adelle Blackett, *Globalization and Its Ambiguities: Implications for Law School Curricular Reform*, 37 Colum. J. Transnat'l L. 57 (1998 - 1999).

11. Patrick J. S. Griggs, *Uniformity of Maritime Law-An International Perspective*, 73 Tul. L. Rev. 1551 (1999).

12. Loukas A. Mistelis, *Regulatory Aspects: Globalization, Harmonization, Legal Transplants, and Law Reform—Some Fundamental Observations*, 34 INT'L L. 1055 (2000).

13. Mary Helen Carlson, *U. S. Participation in Private International Law Negotiations: Why the UNCITRAL Convention on Contracts for the International Carriage of Goods Wholly or Partly by Sea is Important to the United States*, 44 Tex. Int'l L. J. 269, 2009.

14. Felix W. H. Chan, *In Search of a Global Theory of Maritime Electronic Commerce: China's Position on the Rotterdam Rules*, 40 J. Mar.

L. & Com. 185(2009).

15. David W. Robertson & Michael F. Sturley, *Recent Developments in Admiralty and Maritime Law at the National Level and in the Fifth and Eleventh Circuits*, 33 Tul. Mar. L. J. 381(2009).

16. Gertjan van der Ziel, *Chapter* 10 *of the Rotterdam Rules: Control of Goods in Transit*, 44 Tex. Int'l L. J. 375(2009).

17. MANUEL ALBA, *Electronic Commerce Provisions in the UNCITRAL Convention on Contracts for the International Carriage of Goods Wholly or Partly by Sea*, 44 Tex. Int'l L. J. 387(2009).

18. Chester D. Hooper, *Forum Selection and Arbitration in the Draft Convention on Contracts for the International Carriage of Goods Wholly or Partly by Sea, or the Definition of Fora Conveniens Set Forth in the Rotterdam Rules*, 44 Tex. Int'l L. J. 417(2009).

19. Michael F. Sturley, *Modernizing and Reforming U. S. Maritime Law: The Impact of the Rotterdam Rules in the United States*, 44 Tex. Int'l L. J. 427(2009).

20. Kerim Atamer, *Construction Problems in the Rotterdam Rules Regarding the Performing and Maritime Performing Parties*, 41 J. Mar. L. & Com. 469(2010).

21. Theodora Nikaki, *The Carrier's Duties under the Rotterdam Rules: Better the Devil You Know?*, 35 Tul. Mar. L. J. 1(2010).

22. David W. Robertson & Michael F. Sturley, *Recent Developments in Admiralty and Maritime Law at the National Level and in the Fifth and Eleventh Circuits*, 34 Tul. Mar. L. J. 443(2010).

23. Hakan Karan, *Any Need for a New International Instrument on the Carriage of Goods by Sea: The Rotterdam Rules?*, 42 J. Mar. L. & Com. 441(2011).

24. Lorena Sales Pallares, *A Brief Approach to the Rotterdam Rules: Between Hope and Disappointment*, 42 J. Mar. L. & Com. 453(2011).

25. Yvonne Baatz, *Multimodal Transport: Jurisdiction and Arbitration*

in Multimodal Transport,36 Tul. Mar. L. J. 643(2012).

26. Duygu Damar,*Multimodal Transport*: *Breaking the Liability Limits in Multimodal Transport*,36 Tul. Mar. L. J. 659(2012).

27. Simone Lamont-Black,*Claiming Damages in Multimodal Transport*: *A Need for Harmonisation*,36 Tul. Mar. L. J. 707(2012).

28. Cecile Legros, *Multimodal Transport*: *Relations between the Rotterdam Rules and the Convention on the Carriage of Goods by Road*,36 Tul. Mar. L. J. 725(2012).

29. Bevan Marten, *Multimodal Transport*: *Multimodal Transport Reform and the European Union*: *A Treaty Change Approach*,36 Tul. Mar. L. J. 741(2012).

30. D. Rhidian Thomas, *Multimodal Transport*: *Multimodalism and Through Transport-Language*, *Concepts*, *and Categories*, 36 Tul. Mar. L. J. 76(2012).

31. Nil Kula Degirmenci,*Article* 12(3) *of the Rotterdam Rules*: *In the Middle of Serious Concerns and Important Features*,45 J. Mar. L. & Com. 233(2014).

32. David A. Bury,*Electronic Bills of Lading*:*A Never-Ending Story*?, 41 Tul. Mar. L. J. 197(2016).

33. Tianyi Jiang & Zhen Jing,*Shipper's Title to Sue After the Transfer of the Bill of Lading—A Comparative Study for the Reform of Chinese Maritime Law*,48 J. Mar. L. & Com. 155(2017).

34. Dr. MUNA AL-MARZOUQI, *Carrier Liability Regime under the Qatari Maritime Law*: *A Comparative Study*,48 J. Mar. L. & Com. 451 (2017).

致　谢

本书是在我的博士论文基础上修改完成，博导莫师说写论文要突出重点，那我先用这么一句话概括读博六年的肺腑之言，那便是："人生最美好的时光，是和您师生一场。"正是因为您的宽容和大度，以至于我在读博六年时间里活得很真实，也难得在接近而立之年还能保有一份童真，这份幸运是多少人羡慕不得的。感谢您在这六年时间里毫无保留地给予了我严格的科研训练，从最基础的文献搜索到论文选题及写作，您敏锐的学术洞察力将影响我的一生。六年师生情，犹如父母恩，点滴恩情，铭记于心。

本书的出版是我在中山大学法学院从事博士后研究工作期间，受到工作单位中山大学法学院的资助而得以完成的。首先，我要感谢我的合作导师黄瑶教授，是您担任法学院院长期间接收我到美丽的中山大学南校区从事科研工作，您严谨的治学态度将影响我的一生。作为一名海商法学者，我要格外感谢郭萍教授，没有您的指点和关爱，我未必能坚持到博士后出站。

其次，我要感谢我的父母，是你们望子成龙的殷切期盼让我坚持求学至今，二十余载的求学生涯里你们是我最坚实的后盾。在《论语·里仁》中，子曰："父母在，不远游，游必有方。"在我不能陪伴父母的时间里，感谢我的姐姐们陪伴在父母身边，让我少了些许的担忧和愧疚，谢谢家人对我的一贯的宠爱和包容。

再者，我要感谢读研至今陆续遇到的诸位恩师，分别是香港中文大学法律学院院长 Prof. Lutz-Christian WOLFF，澳门大学法学院范剑虹教授、税兵教授、蒋朝阳教授和李哲副教授，以及大连海事大学司玉琢教授，中国政法大学张丽英教授和祁欢教授等，诸位对我的关心和鼓励，在此表示诚挚感谢。

最后,我要感谢我的海商法启蒙老师闻银玲博士,同门师姐李冬青博士,以及我的兄长陈立博士,这几年的成长离不开三位的关心和爱护,更少不了诸位的费心。还有同窗好友偶尔的学术切磋讨论,及其闲暇时光放松游玩,这对我的身心健康都大有裨益,在此一并致以谢意。

白云山高,珠江水长,我们江湖再见。